TÊTE-À-TÊTE

Gina Caron ❘ Gaston Bernard

Avec la collaboration de Carole Mills

Éditions Grand Duc
Groupe Éducalivres inc.
955, rue Bergar, Laval (Québec) H7L 4Z6
Téléphone: 514 334-8466 ■ Télécopie: 514 334-8387
InfoService: 1 800 567-3671

REMERCIEMENTS

Pour leur travail de vérification scientifique, l'Éditeur témoigne toute sa gratitude à :

M. Sébastien Brodeur-Girard, Ph.D. ;
M. Guy Durand, théologien et juriste spécialisé en éthique.

Pour leurs judicieux commentaires, remarques et suggestions à l'une ou l'autre des étapes du projet, l'Éditeur tient à remercier les personnes suivantes :

M. Stéphane Arteau, Collège Durocher, Saint-Lambert ;
Mme Françoise Beaugrand, École polyvalente Saint-Jérome, Commission scolaire de la Rivière-du-Nord ;
M. Claude Benoit, Polyvalente Deux-Montagnes, Commission scolaire de la Seigneurie-des-Mille-Îles ;
Mme Valérie Bilodeau, École secondaire de Mortagne, Commission scolaire des Patriotes ;
Mme Dominique Chabot, École secondaire Louis-Jobin, Commission scolaire de Portneuf ;
Mme Line Dubé, Collège Marie-Clarac, Montréal ;
Mme Émilie Lambert, École secondaire Gérard-Filion, Commission scolaire Marie-Victorin ;
Mme Mélanie Lapalme, Polyvalente de Mortagne, Commission scolaire des Patriotes ;
Mme Mélanie Lespérance, École secondaire Jeanne-Mance, Commission scolaire de Montréal ;
Mme Véronique Truchot, Ph. D., experte-conseil en science de l'éducation.

Compte tenu des nuances possibles quant à la translittération des termes religieux, il faut noter qu'il existe d'autres façons d'écrire certains termes propres à chaque tradition religieuse.

© 2010, **Éditions Grand Duc,** une division du Groupe Éducalivres inc.
955, rue Bergar, Laval (Québec) H7L 4Z6
Téléphone : 514 334-8466 ■ Télécopie : 514 334-8387
www.grandduc.com

CONCEPTION GRAPHIQUE (COUVERTURE) : Pixailes

CONCEPTION GRAPHIQUE : Catapulte

Nous reconnaissons l'aide financière du gouvernement du Canada par l'entremise du Fonds du livre du Canada (FLC) pour nos activités d'édition.

Gouvernement du Québec – Programme de crédit d'impôt pour l'édition de livres – Gestion SODEC

CODE PRODUIT 3804
ISBN 978-2-7655-0309-5

Dépôt légal
Bibliothèque et Archives nationales du Québec, 2010
Bibliothèque et Archives Canada, 2010

Imprimé au Canada

2 3 4 5 6 7 8 9 0 S 15 14 13 12 11

TABLE DES MATIÈRES

PARTIE · DIALOGUE

PARTIE · ÉTHIQUE

▶ CHAPITRE 1 · UN MONDE DE JUSTICE

▶ **CHAPITRE 2** • UN MONDE AMBIVALENT

V

STRUCTURE DU MANUEL DE L'ÉLÈVE

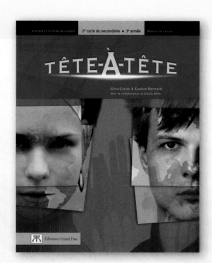

Le manuel de l'élève, *Tête-à-tête*, est un ensemble de textes qui permet une réflexion éthique, favorise une meilleure compréhension du phénomène religieux et invite à pratiquer le dialogue.

Il se divise en trois parties : le **dialogue,** l'**éthique** et la **culture religieuse.**

CHAQUE PARTIE CORRESPOND À UNE THÉMATIQUE D'ANALYSE PRÉCISE.

PARTIE **DIALOGUE**

Cette partie propose des outils, rassemblés en six tableaux, pour exercer ses compétences dans la pratique du dialogue. L'élève pourra se référer à ces tableaux tout au long de l'année.

PARTIE **ÉTHIQUE**

Cette partie approfondit les réflexions d'éthique déjà amorcées dans le manuel *Tête-à-tête* de la 2e année du 2e cycle. Quatre chapitres présentent les thèmes suivants : la justice, l'ambivalence de l'être humain, des enjeux pour l'avenir de l'humanité ainsi que la tolérance et l'intolérance.

PARTIE **CULTURE RELIGIEUSE**

Cette partie comporte trois chapitres présentant les thèmes suivants : les événements marquants des grandes religions, la dimension religieuse au 21e siècle, la critique du divin, le phénomène religieux dans l'art et la culture. En outre, des pages thématiques illustrent, pour les différentes religions, les vitraux, les fresques, les chants, les anges et l'architecture.

Avant chaque texte, une **introduction** permet de discerner l'essentiel de l'extrait proposé.

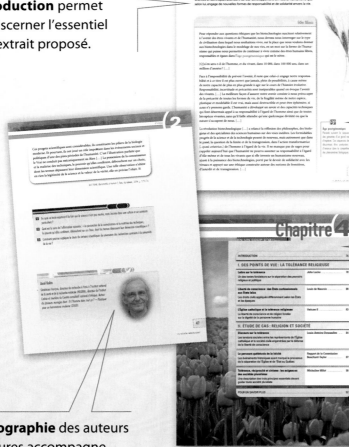

Des rubriques de **définition** de notions et de concepts facilitent la compréhension de tous les extraits.

Au début de chaque chapitre, la section **En un coup d'œil...** présente, sous forme de table des matières, les notions importantes du chapitre.

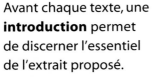

Une **biographie** des auteurs et auteures accompagne tous les textes.

À la fin de l'ouvrage, un **glossaire** regroupe tous les mots définis, ainsi que les notions et concepts vus en classe.

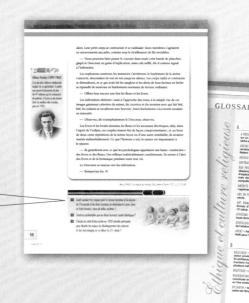

Des questions d'ouverture au **dialogue** suivent chaque extrait de texte afin d'inciter à la réflexion et à l'expression d'un point de vue.

X

Dialogue

Ce chapitre vous propose des outils, rassemblés en six tableaux, pour exercer vos compétences dans la pratique du dialogue : des formes du dialogue, des pistes pour favoriser le dialogue, des moyens pour élaborer un point de vue, des procédés susceptibles d'entraver le dialogue, des types de raisonnements et des types de jugements. Cette trousse d'outils vous sera utile tout au long de l'année. N'hésitez pas à vous y reporter régulièrement afin de vous replonger dans les définitions et de vous les approprier.

Puis, au moyen d'une réflexion entre deux élèves, vous vous interrogerez sur la pertinence de la remise en question des idées.

EN UN COUP D'ŒIL...

DES FORMES DU DIALOGUE

LA CONVERSATION	est un échange entre deux ou plusieurs personnes dans le but de partager des idées ou des expériences.
LA DISCUSSION	est un échange suivi et structuré d'opinions, d'idées ou d'arguments dans le but d'en faire l'examen.
LA NARRATION	est un récit détaillé, écrit ou oral, d'une suite de faits et d'événements.
LA DÉLIBÉRATION	est un examen, entre plusieurs personnes, des différents aspects d'une question (des faits, des intérêts en jeu, des normes ou des valeurs, des conséquences probables d'une décision, etc.) pour en arriver à une décision commune.
L'ENTREVUE	est une rencontre concertée de deux ou de plusieurs personnes pour en interroger une sur ses activités, ses idées, ses expériences, etc.
LE DÉBAT	est un échange encadré entre des personnes ayant des avis différents sur un sujet controversé.
LA TABLE RONDE	est une rencontre entre quelques personnes choisies pour leurs connaissances sur une question donnée, afin que ces personnes exposent leurs points de vue respectifs, dégagent une vision d'ensemble et échangent avec un auditoire.

D'après le *Programme de formation de l'école québécoise, secondaire, Domaine du développement de la personne, Éthique et culture religieuse,* chapitre 9, p. 48.

DES PISTES POUR FAVORISER LE DIALOGUE

Établir et respecter des règles de fonctionnement.

Cerner l'intention et les exigences du dialogue.

Exprimer correctement ses sentiments, ses perceptions ou ses idées.

Écouter attentivement les propos d'une personne pour en décoder le sens.

Manifester de l'ouverture et du respect à l'égard de ce qui est exprimé.

Être attentif à ses manifestations non verbales de communication et à celles des autres.

Se soucier de l'autre et prendre en considération ses sentiments, ses perceptions ou ses idées.

Faire le point sur le dialogue pour s'assurer qu'il s'inscrit dans la poursuite du bien commun et la reconnaissance de l'autre.

Faire le point sur l'objet du dialogue pour constater ce qui est communément accepté, ce qui est compris, ce qui crée toujours des tensions ou conflits, et ce qui fait consensus.

Apporter des nuances à ses propos et reconnaître celles apportées par les autres.

Accueillir différentes façons de penser.

Éviter les conclusions hâtives.

Prendre le temps de clarifier ses idées.

S'assurer de sa compréhension des idées émises par les autres.

D'après le *Programme de formation de l'école québécoise, secondaire, Domaine du développement de la personne, Éthique et culture religieuse,* chapitre 9, p. 48.

DES MOYENS POUR ÉLABORER UN POINT DE VUE

Moyens	Définitions	Pistes pour utiliser ce moyen
DESCRIPTION	Énumération de caractéristiques propres à une situation d'ordre éthique ou à une expression du religieux. La description doit permettre une représentation la plus complète possible de la situation d'ordre éthique ou de l'expression du religieux.	• Répondre à plusieurs de ces questions : • Qui ? (fondateur, auteur, organisateur, personne, groupe, etc.) • Quoi ? (œuvre artistique, rassemblement, événement, fait, etc.) • Quand ? (année, époque, saison, etc.) • Où ? (lieu, environnement, etc.) • Comment ? (déroulement, moyen, etc.) • Pourquoi ? (motivation, intérêt, besoin, etc.) • Combien ? (fréquence, nombre de personnes, etc.).
COMPARAISON	Établissement de différences ou de ressemblances entre deux ou plusieurs éléments.	• Décrire des situations d'ordre éthique ou des expressions du religieux. • Relever des caractéristiques permettant de mettre en rapport des différences et des ressemblances. • Tirer des conclusions. • Etc.
SYNTHÈSE	Résumé rassemblant les éléments principaux (idées, faits, expériences, arguments, etc.) d'une discussion, d'un récit ou d'un texte, dans un ensemble cohérent.	• Prendre en compte toutes les idées ou les arguments pertinents. • Ordonner les idées ou les arguments dans un ordre logique. • Présenter l'ensemble des raisons ou des idées pertinentes sous une nouvelle forme. • Etc.
EXPLICATION	Développement destiné à faire connaître ou comprendre le sens de quelque chose.	• Présenter des exemples, des définitions, des arguments, etc. • Clarifier des idées principales, des symboles, etc. • Déterminer les passages qui peuvent être sujets à interprétation et dire pourquoi. • Etc.
JUSTIFICATION	Présentation d'idées et d'arguments logiquement reliés afin de démontrer ou de faire valoir un point de vue. Une justification a pour but de présenter les motifs d'une opinion ou de convaincre les autres du bien-fondé de son point de vue.	• Soumettre ses idées au jugement critique. • Formuler un point de vue. • S'assurer que les idées, les exemples ou les arguments évoqués sont pertinents, cohérents et suffisants. • Chercher des idées ou des arguments pour appuyer un point de vue. • Interroger des arguments opposés aux siens. • Répondre aux objections. • Etc.

4

D'après le *Programme de formation de l'école québécoise, secondaire, Domaine du développement de la personne, Éthique et culture religieuse*, chapitre 9, p. 49-50.

DES MOYENS POUR INTERROGER UN POINT DE VUE
DES PROCÉDÉS SUSCEPTIBLES D'ENTRAVER LE DIALOGUE

L'argument d'autorité	consiste à faire appel incorrectement ou abusivement à l'autorité d'une personne pour appuyer un argument.
L'appel à la popularité	consiste à justifier l'idée que quelque chose est vrai ou acceptable par le simple fait qu'un grand nombre de personnes l'affirme sans en avoir vérifié l'exactitude.
L'appel au clan	consiste à faire accepter ou rejeter un argument parce qu'il est endossé par une personne ou un groupe de personnes jugées estimables ou non estimables.
La double faute	consiste à tenter de justifier un comportement en signalant que d'autres font la même faute ou pire encore.
Le faux dilemme	consiste à ne présenter que deux possibilités pour faire un choix. Comme l'une est indésirable, l'autre est inévitablement le choix à faire.
La pente fatale	consiste à affirmer qu'une action entraînera une situation épouvantable en raison d'un enchaînement de causes et d'effets qui, après examen, se révèle douteux, voire impossible.
La généralisation abusive	consiste à passer d'un jugement portant sur un ou quelques cas à une conclusion générale, mais sans s'assurer que l'échantillonnage est assez représentatif pour que la conclusion soit valide.
L'appel au stéréotype	consiste à faire appel à une image figée d'un groupe de personnes en ne tenant pas compte des singularités. Cette image est généralement négative et basée sur des renseignements faux ou incomplets.
L'appel au préjugé	consiste à faire appel à une opinion préconçue, favorable ou défavorable, et qui est souvent imposée par le milieu, l'époque ou l'éducation.
L'attaque personnelle	consiste à attaquer une personne de manière à détruire sa crédibilité plutôt que son argumentation.
La fausse analogie	consiste à tenter de justifier une conclusion à l'aide d'une analogie établie entre deux phénomènes qui ne sont pas suffisamment semblables pour justifier ce procédé.
La caricature	consiste à déformer la position ou la pensée de quelqu'un, notamment en la radicalisant ou en la simplifiant, afin de la rendre non crédible.
La fausse causalité	consiste en une argumentation qui s'appuie sur un lien douteux de cause à effet entre deux phénomènes.
Le complot	consiste à conclure qu'une personne ou un groupe de personnes qui profitent d'une situation en sont l'origine ou en sont la cause.

5

D'après le *Programme de formation de l'école québécoise, secondaire, Domaine du développement de la personne, Éthique et culture religieuse*, chapitre 9, p. 52-53.

DES MOYENS POUR INTERROGER UN POINT DE VUE
DES TYPES DE RAISONNEMENTS

L'INDUCTION	consiste à tirer de plusieurs jugements particuliers, qui ont des caractéristiques communes, une règle générale s'appliquant à l'ensemble des jugements du même type.	**Pistes de réflexion** • S'assurer que le nombre de jugements est suffisant pour arriver à la conclusion. • S'assurer que le jugement peut se vérifier dans la pratique. • S'assurer que les jugements ont un lien avec la conclusion. • S'assurer que la conclusion est acceptable.
LA DÉDUCTION	consiste à appliquer une règle générale à un jugement ou à un ensemble de jugements pour en tirer une conclusion.	**Pistes de réflexion** • S'assurer que les jugements sont acceptables ou vérifiables. • Vérifier qu'il y a un lien entre les jugements.
L'ANALOGIE	est une ressemblance établie entre des choses ou des personnes pour en tirer une conclusion.	**Pistes de réflexion** • S'assurer que les deux réalités peuvent être comparées. • S'assurer que les éléments de l'analogie sont comparables. • S'assurer que la relation qui existe entre les éléments de la première réalité est comparable à celle qui existe entre les éléments de la seconde réalité.
L'HYPOTHÈSE	est un raisonnement qui consiste, à partir d'un nombre restreint de jugements, à conclure par une hypothèse.	**Pistes de réflexion** • S'assurer que le nombre de jugements est suffisant pour en arriver à cette hypothèse. • S'interroger sur les jugements pour s'assurer qu'ils sont acceptables. • S'assurer que les jugements ont un lien avec l'hypothèse. • S'interroger sur l'hypothèse pour s'assurer qu'elle est acceptable.

D'après le *Programme de formation de l'école québécoise, secondaire, Domaine du développement de la personne, Éthique et culture religieuse,* chapitre 9, p. 54.

DES MOYENS POUR INTERROGER UN POINT DE VUE
DES TYPES DE JUGEMENTS

LE JUGEMENT DE PRÉFÉRENCE	est une « proposition subjective par rapport à des goûts ou à des préférences ». Il affirme une préférence personnelle (de goût ou de dégoût) à l'égard de quelque chose. Pour interroger ce type de jugement, il convient de chercher les raisons qui le sous-tendent.
LE JUGEMENT DE PRESCRIPTION	est une « proposition énonçant une recommandation ou une obligation. Le jugement de prescription affirme la nécessité d'accomplir un acte, de modifier une situation ou de résoudre un problème. » Pour interroger ce type de jugement, il convient d'examiner en quoi cette proposition est réaliste et vérifiable dans la pratique.
LE JUGEMENT DE VALEUR	est une « proposition privilégiant une ou plusieurs valeurs par rapport à d'autres ». Pour interroger ce type de jugement, il faut chercher les raisons qui le justifient.
LE JUGEMENT DE RÉALITÉ	est une « proposition établissant un constat qui se veut objectif par rapport à des faits observables, à un événement ou au témoignage d'une personne ». Il doit être validé par des témoignages indiscutables ou par une autorité morale ou scientifique. Pour en confirmer la pertinence, il convient de vérifier les sources.

D'après le *Programme de formation de l'école québécoise, secondaire, Domaine du développement de la personne, Éthique et culture religieuse*, chapitre 9, p. 51.

FAUT-IL OU NE FAUT-IL PAS REMETTRE EN QUESTION SES IDÉES ?

La mise en situation ci-dessous mettant en scène une étudiante et un étudiant de première année au cégep est une illustration du type d'argumentation susceptible d'être employé pour faire valoir son point de vue.

Nicole Toussaint, Gaston Ducasse, avec la collaboration de Georges A. Legault

Sophie – Alors, qu'est-ce que tu as trouvé comme idées ?

Alain – Il y a des gens qui pensent que remettre en question marginalise, que ça nuit à l'ordre social, que ça fait perdre la tranquillité d'esprit à ceux qui la pratiquent.

Sophie – Oui, et de l'autre côté, il y a tous ceux qui pensent que remettre en question permet de développer des idées personnelles, d'être libre de penser, de faire progresser les sociétés.

Alain – Voilà donc pourquoi la question « Faut-il ou ne faut-il pas remettre en question ses idées ? » soulève un vrai problème !

Sophie – Qu'est-ce que tu en penses après toutes ces lectures ?

Alain – Je pense tout simplement qu'il faut remettre en question ses idées.

Sophie – Tu es donc prêt à te demander constamment si tes idées sont bonnes !

Alain – Pas exactement. Remettre en question, ce n'est pas se demander s'il y a de bonnes ou de mauvaises idées, c'est s'interroger sur la provenance des idées qu'on a déjà. Si j'ai bien compris ce que le professeur a expliqué, nos idées, que nous croyons personnelles, pourraient être en fait les idées des autres que nous avons absorbées depuis notre enfance dans la famille, à l'école, par l'intermédiaire de la télévision, sans même nous en rendre compte. Remettre en question, ça suppose qu'on s'étonne de ce qu'on peut penser et qu'on s'arrête pour y réfléchir.

Sophie – Attends ! Je viens de noter une phrase de Karl Jaspers, philosophe allemand du 20ᵉ siècle. Il dit que « Tout se passe comme si, avec les années, nous entrions dans la prison des conventions et des opinions courantes, des dissimulations et des préjugés, perdant du même coup la spontanéité de l'enfant réceptif à tout ce qu'apporte la vie ; il sent, il voit, il interroge, puis tout cela lui échappe de nouveau. » (Karl Jaspers, *Introduction à la philosophie*, Paris, Union générale d'éditions, n° 269, 1965, p. 11 [Coll. 10/18].)

Alain – Oui, c'est ça. Lorsqu'on vieillit, on oublie de s'étonner, on oublie de se questionner. Il faut s'arrêter, suspendre ses jugements spontanés. Lorsque je dis qu'il faut remettre en question, je veux dire que j'y vois un moyen souhaitable et nécessaire d'atteindre un but qui est pour moi très important.

Sophie – De quel but peut-il bien s'agir ? Il me semble qu'on n'a pas besoin de se poser trop de questions. Réservons ça aux philosophes, aux penseurs. Je me contenterai de trouver un bon travail et une vie de famille équilibrée, ça me suffira pour être heureuse.

Alain – Pas d'accord ! Il faut remettre en question ses idées pour être libre de penser par soi-même, c'est-à-dire d'abord se débarrasser des idées toutes faites, puis choisir dans l'éventail des idées et des comportements possibles. Je ne veux pas que les autres pensent pour moi. Et je ne veux surtout pas devenir un petit robot ou la copie conforme du parfait petit consommateur. Ne jamais s'interroger sur ses idées, c'est mourir et être prisonnier. Je ne suis pas prêt à accepter la dictature des comportements et des idées imposées.

Sophie – Mais personne ne cherche à t'imposer ses idées !

Alain – T'es-tu déjà demandé pourquoi tu aimes le rock ou pourquoi tu penses que, pour être belle, il faut être bronzée ? J'ai appris dans mes cours d'histoire, il y a deux ans, qu'au 17e siècle le bronzage était considéré comme une laideur absolue. Pour être belle, il fallait avoir la peau très blanche…

Sophie – Ça veut dire, si on réfléchit bien, que sans s'en rendre compte, on suit les idées de l'époque dans laquelle on vit.

Alain – Pas seulement de l'époque, de la société aussi. Si nous étions en Inde, on n'aurait pas les mêmes idées. Être pauvre en Inde, ce n'est pas la même chose qu'être pauvre en Amérique du Nord. Je veux dire que pour un Américain, la pauvreté consiste à ne pas avoir ce que les gens du tiers-monde considèrent comme un luxe. On est influencé par le milieu, la culture. Si on ne remet pas en question, on est conditionné à penser comme la société veut qu'on pense. Pour moi, il est donc souhaitable de vouloir être libre de penser étant donné que je considère qu'un être humain n'est pas un robot que l'on peut téléguider. Et comme la remise en question est un excellent moyen d'y parvenir, c'est pourquoi j'affirme qu'il faut la pratiquer.

Sophie – J'accepte ton argument, mais il me semble que tu oublies que, plus on remet en question, plus on a des pensées originales qui s'éloignent de celles des autres, plus on est alors marginalisé. À preuve, les célèbres artistes très originaux qu'ont été Monet et Picasso. Personne ne les comprenait, et on les a rejetés assez violemment. Et pour moi, tout ce qui empêche d'être heureux est mauvais. La marginalisation isole. Peut-on être heureux lorsqu'on est seul ? Regarde les poètes « maudits » comme Rimbaud, Verlaine et Nelligan qui remettaient en question la société du 19e siècle, ils n'ont jamais été heureux parce qu'ils étaient marginaux et rejetés par leur famille et leur milieu social. Quand on est comme tout le monde, on est bien intégré, on se sent en sécurité, en confiance.

Alain – Je vois bien que tu contestes mon point de vue !

Sophie – Pas vraiment. Mais je me demande si invoquer la liberté de penser comme tu le fais, c'est suffisant pour dire qu'il faut absolument remettre en question ses idées.

Alain – Je pense que oui, mais je peux te donner une deuxième raison qui va répondre à ton objection. La remise en question de ses idées engendre aussi la créativité, pas seulement la marginalité, le rejet et la solitude. Le renouvellement et le progrès dans les sociétés proviennent

9

très souvent de ceux qui remettent en question. Une société dont les membres ne mettent jamais rien en doute ne fait que piétiner et ne connaît jamais le progrès. Les grands savants ou les grands artistes sont tous des contestataires des anciennes idées qu'ils combattent. [...]

Sophie – Et les femmes seraient encore enserrées dans des corsets et n'auraient pas le droit de vote !

Alain – Bon exemple… Il y a bien plus pour moi que la crainte d'être un marginal et d'être rejeté, il y a l'idée que, sans remise en question, on peut m'empêcher d'évoluer ; on peut entraver le progrès des connaissances et des sociétés. Le progrès qu'engendre la remise en question est bien plus important que la marginalisation de quelques-uns. Pour moi, le bien collectif l'emporte sur les inconvénients mineurs qui affectent quelques personnes. De toute façon, les créateurs sont prêts à ce genre de sacrifice pour défendre leurs idées. À la sécurité dont tu parles, Sophie, je préfère la liberté et le progrès. C'est bien plus important.

Sophie – Autrement dit, mon objection ne pèse pas lourd à tes yeux !

Alain – C'est-à-dire que je ne la trouve pas assez forte pour m'empêcher de penser qu'il faut remettre en question.

Sophie – Tu as effectivement de bons arguments !

Alain – Dans le fond, c'est simple… Étant donné qu'être libre est un but souhaitable, il faut remettre en question ses idées malgré la marginalisation qui peut en résulter, d'autant plus que la remise en question permet aussi la créativité génératrice de renouvellement et de progrès pour les sociétés, ce qui est nettement bénéfique.

Sophie – Je crois que ton argumentation sera un point de départ intéressant pour la discussion en classe. Il va sûrement y avoir des opposants.

Alain – Mais c'est normal ! L'argumentation, c'est fait pour discuter !

Nicole TOUSSAINT, Gaston DUCASSE, avec la collaboration de Georges A. LEGAULT, *Apprendre à argumenter*, Sainte-Foy, Éditions Le Griffon d'argile, 1996, p. 3-5 (Coll. Philosophie).

Éthique

Un monde de justice

« Au plan théologique du souhait de vivre bien, le juste est cet aspect du *bon* relatif à l'autre. Au plan déontologique de l'obligation, le juste s'identifie au *légal*. Reste à donner un nom au juste au plan de la sagesse pratique [...] : le juste, ce n'est plus alors ni le bon ni le légal, c'est *l'équitable*. »

Paul Ricœur

*I*l existe différentes façons de concevoir la justice. La première partie, *Des points de vue : la justice*, aborde des questions éthiques en se basant sur la connaissance des valeurs présentes dans la société. Dans le premier texte, Guy Durand expose plusieurs conceptions de la justice qui réfèrent, chacune, à des valeurs distinctes. Par la suite, Hervé Pourtois précise le sens du principe de l'égalité des chances. Enfin, Daniel A. Morales-Gómez fait état de la situation de l'injustice dans le monde afin de proposer une nouvelle théorie éthique du développement social tenant compte des aspects sociaux d'un développement durable.

Dans la deuxième partie, *Étude de cas : riche ou pauvre*, Sonia Shah soulève la question de l'expérimentation sur l'être humain au moyen de tests cliniques effectués par des laboratoires pharmaceutiques dont la nouvelle tendance est de rechercher leurs sujets d'expérimentation dans les populations du Sud. Ensuite, Claire Brisset expose les conditions de vie et de travail des enfants dans le monde, lesquelles seront particulièrement illustrées par le reportage de Jean-François Lépine et Georges Amar sur la situation des enfants en Inde. Enfin, le dernier texte, de Pierre Rimbert, propose une solution pour tenter de combler le fossé toujours plus grand entre les populations du Sud et du Nord.

DES POINTS DE VUE : LA JUSTICE

DIVERSES CONCEPTIONS DE LA JUSTICE

Dans ce texte, l'auteur définit les diverses conceptions de la justice actuellement
en cours dans les sociétés occidentales, selon les valeurs mises en avant, et aborde
les questions soulevées par l'application de chacune de ces conceptions.

Guy Durand

Le principe de justice désigne donc l'exigence de rendre à chacun son dû, rendre à chacun ce à quoi il a droit. Certains parlent alors d'un *principe formel*, car le principe en question n'a pas de contenu précis, il ne dit pas *ce qui est dû à chacun*. Il désigne plutôt un idéal, une inspiration, une orientation. […]

Il n'existe donc pas une justice absolue, capable de fournir une référence universelle qui transcende les divergences particulières. […] On peut simplement parler d'interprétation diverses de l'idéal.

Plutôt que de parler de justice en général, je m'attarderai au problème de la justice dans un contexte de rareté des ressources. Et, reprenant les propos de [certains éthiciens], je m'attarderai en particulier à la question suivante : *comment être juste, dans la distribution des soins et services de santé, dans un monde qui, déjà depuis un certain temps, commence à ressentir le fardeau de l'augmentation des besoins et des possibilités de traiter ?* À cette question, plusieurs réponses sont possibles, selon la conception de la justice qu'on défend. […]

1. ***Le mérite personnel.*** – À chacun la part qu'il mérite. Cette théorie met l'accent sur l'individu et sa performance dans l'action. Elle est largement à l'œuvre dans nos sociétés, notamment dans les écoles, les entreprises, le sport. Déjà problématique sur ce plan, cette théorie s'applique difficilement dans le monde de la santé, notamment en ce qui concerne la répartition des ressources, surtout parce que « beaucoup des problèmes de santé se produisent pour des raisons hors du contrôle des individus concernés et sont impossibles à prévoir » (J. Fortin). Pensons aux nouveau-nés handicapés, aux accidentés, aux personnes frappées d'une maladie dégénérative. Et en présence de maladies qui statistiquement sont liées à un comportement particulier (tabac, alcool, etc.), comment déterminer la part personnelle de responsabilité ?

[…]

3. *Le plus grand bien pour le plus grand nombre.* – On peut concevoir aussi la justice à partir de l'intérêt général, du bien commun. Elle consisterait alors à poursuivre le plus grand bien pour le plus grand nombre. Il y a là un objectif et une règle évidemment acceptables : « la répartition des ressources doit être telle que l'ensemble des citoyens en tire le plus de bénéfice possible » (David J. Roy). Cependant, appliquée strictement ou exclusivement, elle laisse en plan la recherche sur les maladies rares, le traitement des maladies complexes et des maladies chroniques qui exigent des coûts considérables. Elle pénalise, notamment, toutes les personnes en phase terminale de la maladie puisque c'est à ce stade que les coûts sont les plus élevés.

4. *Le respect du libre choix.* – La justice, diront certains, c'est le respect de l'autonomie de chacun dans un contexte de libre marché. Chacun choisit librement ce qu'il fait de sa propriété. « Les ressources doivent se vendre et s'acheter selon la loi de l'offre et de la demande » (David J. Roy). Il faut réduire au minimum l'intervention de l'État. À la limite, ce que l'État prend en impôt pour le redistribuer à tous est une injustice vis-à-vis des possédants. À chacun de décider des soins qu'il veut recevoir, d'en payer les frais, de prévoir des assurances privées à cet effet. [...] En dépendance étroite du libéralisme économique, cette conception de la justice, comme les précédentes, risque de laisser de côté les besoins des minorités, des défavorisés, bref, des plus pauvres de nos sociétés.

5. *La priorité aux plus démunis.* – À l'opposé de cette interprétation, certains philosophes de la politique et de l'économie publique, comme John Rawls, soutiennent que la justice consiste à essayer de rétablir librement les injustices et les inégalités produites par la nature et le sort. Dans nos sociétés, les forts, les riches peuvent s'en tirer convenablement ; le rôle de l'État est donc de privilégier les plus démunis. Il s'agit d'établir l'égalité des chances.

En santé publique, on se questionne actuellement beaucoup pour savoir si c'est le rôle de la société de donner priorité aux plus démunis, par exemple par l'intermédiaire de programmes destinés uniquement aux populations défavorisées.

6. *Les besoins fondamentaux.* – À chacun selon ses besoins. Selon ce point de vue socialiste, « chacun doit recevoir les ressources dont il a besoin et contribuer au système en fonction de sa capacité à le faire » (David. J. Roy). En matière de santé et de maladie, en effet, les besoins sont très inégaux, inégalement ressentis et, la plupart du temps, le fruit de la nature ou du hasard. Cette conception de la justice « a l'avantage de prendre en considération l'égalité fondamentale des hommes mais en même temps, l'inégalité réelle de leurs besoins » (J. Fortin). [...] Cependant, les besoins étant pour ainsi dire infinis parce que difficiles à distinguer des désirs, ils ne peuvent être totalement satisfaits dans une société, à plus forte raison en période de ressources limitées. On limite alors le concept de justice à la satisfaction des besoins fondamentaux. Mais comment les déterminer ?

Guy Durand

Théologien et juriste spécialisé en éthique, auteur de plusieurs ouvrages, notamment en bioéthique : *La bioéthique : nature, principes, enjeux* (2005) et *Histoire de l'éthique médicale et infirmière* (1999).

7. *L'égalité de traitement.* – Aussi, devant cette difficulté, certains proposent-ils une interprétation plus formelle de la justice : celle-ci exigerait un traitement semblable pour des cas similaires. À la base de cette interprétation, « tous les hommes sont traités en égaux devant la maladie, par exemple, et personne ne peut se considérer comme une exception ayant plus de droits qu'une autre face à cette règle » (J. Fortin). Quoique consistante et très répandue, cette théorie soulève cependant elle aussi des questions, aucune situation n'étant tout à fait similaire à une autre si on l'entend d'une manière globale. Ainsi, pour la mettre en pratique, il faudrait faire abstraction des distances géographiques, de l'environnement différent selon les régions. Il faudrait en outre faire abstraction de la limitation des ressources, offrant par exemple autant d'appareils de dialyse qu'il y a de patients en besoin.

8. *La référence au hasard.* – Devant l'insatisfaction des interprétations précédentes, certains penseurs ou intervenants en arrivent à se rabattre sur le hasard. « La justice consiste à refuser de faire un choix parmi des individus considérés égaux et de laisser plutôt jouer le hasard, soit par un système de loterie, soit en adoptant la règle du premier arrivé, premier servi » (J. Fortin). C'est le cas des listes d'attente. [Certains] « adhèrent assez bien à cette manière de concevoir l'égalité des chances, une fois que les besoins de traitement ont été identifiés et qu'il y a concurrence face aux ressources » (J. Fortin). Ils se basent sur l'égalité, la dignité fondamentale de chacun ainsi que sur une égale opportunité pour tous. Souvent opportune et heureuse, cette pratique provoque parfois des distorsions : patient arrivant à l'hôpital par des voies détournées (urgence), patient arrivant aux soins alors que son état s'est aggravé, etc. […]

Chacune de ces interprétations du principe de justice compte des partisans dans les pays occidentaux. […]

Si chacune des interprétations peut donner naissance à des théories spécifiques, fermées, exclusives des autres, en pratique, les théoriciens admettent tous des accommodements. […]

Dans la pratique, d'ailleurs, quel que soit le système choisi par une collectivité, l'équité exigera souvent des mesures de redressement / compensation en faveur de certaines personnes ou catégories de personnes exclues, handicapées ou fragiles. ■

Guy DURAND, *Introduction générale à la bioéthique*, Montréal, Fides, 2005, p. 272-279.

1 La question de la justice est la source de nombreux débats autour du « droit » à la santé ou aux soins. Existe-t-il un tel droit ? Sur quels fondements ?

2 La société doit-elle garantir « un traitement égal » à chaque individu ? Pourquoi ? Comment ?

3 Les meilleurs services doivent-ils être accessibles seulement aux personnes disposées à payer pour les obtenir ?

4 Dans un contexte de rareté des ressources, lorsqu'il est impossible de répondre à la demande, sur quelles bases seront prises les décisions devant exclure de l'accès aux soins une personne ou une autre ? Son âge ? Son espérance de vie ? Son mérite ? Sa contribution à la vie sociale ? Ses mauvaises habitudes de vie ?

L'ÉGALITÉ DES CHANCES

La justice sociale puise son fondement sur un principe d'égalité des chances. Chaque individu devrait disposer des ressources pour se réaliser pleinement. Hervé Pourtois distingue trois conceptions de l'égalité des chances : une conception minimale, une conventionnelle et une radicale. Ces trois conceptions réfèrent au déploiement de moyens différents pour rétablir la justice sociale.

Hervé Pourtois

L'approche égalitariste de la justice sociale prend comme principe de base que les diverses ressources doivent être produites et distribuées en accordant le même respect et la même considération aux intérêts de chaque individu. […] Dans la mesure où ces intérêts diffèrent en raison de la diversité des conceptions de la vie bonne, il importe que chacun puisse disposer de ressources qui lui permettront de réaliser, au mieux et par lui-même, sa propre conception de la vie bonne. Il en résulte une défense d'un principe d'égalité des chances. La justice exige que l'on égalise les chances dans le choix et la poursuite d'une activité sociale permettant de mener une vie bonne. Relevons que la notion de chance ne désigne pas ici la probabilité statistique mais l'opportunité, la possiblité d'atteindre l'objectif que l'on s'est donné. Mais l'égalisation des possibles peut être comprise de pluieurs manières. […]

La conception **minimale** [de l'égalité des chances] reconnaît que le bien-être des individus dépend de la position sociale qu'ils occupent dans la société et met en avant un principe de non-discrimination dans l'accès à ces positions sociales […] au sens où les possibilités d'accès devraient être uniquement déterminées par les compétences requises pour exercer la fonction correspondante et non pas par des facteurs qui semblent non pertinents tels que le sexe, la race, l'appartenance ethnique ou religieuse. C'est au nom de ce principe de non-discrimination que l'on mettra en place, par exemple, des législations sanctionnant les discriminations à l'embauche ou des campagnes de sensibilisation visant à déconstruire les préjugés racistes, sexistes, etc.

La conception **conventionnelle** reconnaît que l'accès aux positions sociales doit être déterminé par les compétences mais ajoute que chacun doit avoir la possibilité effective d'acquérir ces compétences. En effet, les origines sociales et familiales des individus peuvent affecter de manières très inégales leurs possibilités de développer les compétences requises. Or, ces inégalités sont moralement arbitraires, et donc injustes, car déterminées par les circonstances et non par le choix des individus. Il importe donc de supprimer cette forme d'inégalité en veillant à ce que, quelle que soit son origine sociale, chaque individu soit également doté, notamment en capital de formation, pour pouvoir accéder à une position sociale et atteindre le bien-être auquel il aspire. Cette conception conventionnelle peut éventuellement conduire à justifier des mesures très radicales de [...] compensation des inégalités liées aux origines sociales et familiales (en ce compris des programmes de discrimination positive). [...]

La conception **radicale** de l'égalité des chances [...] reconnaît que les différences de possibilité d'accès à des positions ne devraient pas être influencées par des facteurs circonstanciels dont les individus ne sont pas responsables. Mais elle ajoute que ces facteurs circonstanciels ne sont pas seulement sociaux (origine familiale) mais aussi naturels. La distribution des talents et handicaps naturels dont les enfants héritent n'est pas moins moralement arbitraire que leur origine sociale. La justice exige donc autant la neutralisation des effets de celle-ci sur le sort de ceux qu'elle défavorise [...] ou, à tout le moins, la compensation de celle-là. Les enfants socialement moins avantagés et naturellement moins bien dotés doivent avoir les mêmes opportunités que les enfants mieux doués et cela justifie qu'on leur consacre davantage de ressources. ■

Hervé POURTOIS, « Pertinence et limites du principe d'égalité des chances en matière d'éducation scolaire », GIRSEF, [En ligne], 2009.

Hervé Pourtois

Professeur de philosophie à l'Université catholique de Louvain. S'intéresse particulièrement aux défis du pluralisme dans les sociétés contemporaines.

1 Existe-t-il au Québec une approche égalitariste de la justice sociale ? Si oui, s'agit-il d'une conception minimale, conventionnelle ou radicale de l'égalité des chances ?

2 Comment s'appliquent concrètement les trois conceptions citées par l'auteur ? Donnez des exemples.

LA SOLIDARITÉ OU LE PARTAGE DES RESPONSABILITÉS

Qu'en est-il de la solidarité des êtres humains les uns envers les autres dans une perspective internationale ? Daniel A. Morales-Gómez dépeint ici la pauvreté dans le monde et en quoi elle provoque la nécessité d'une profonde réflexion sur les modalités d'un nouveau partage des responsabilités. L'auteur appelle ainsi à la mobilisation de tous les acteurs pour faire face à ce qu'il nomme «la crise de justice sociale».

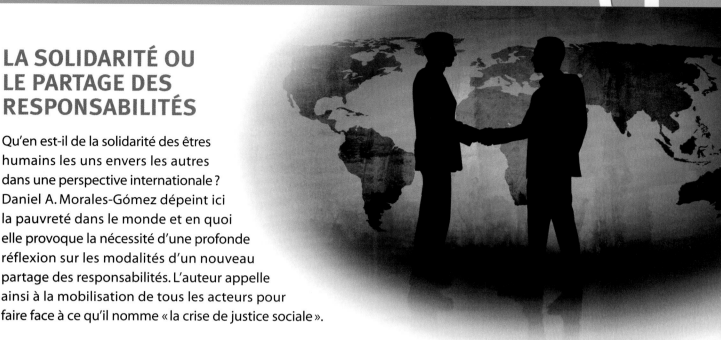

Daniel A. Morales-Gómez

[…] Le monde en est à un stade où les pratiques sociales doivent être revues. Reconnaître un nouveau partage des responsabilités est sans doute nécessaire, mais ne suffit pas à créer un nouvel équilibre entre la faisabilité économique, la croissance des besoins et l'équité pour tous. La pauvreté et ses conséquences à long terme nécessitent un regard radicalement différent sur la façon dont sont prises puis appliquées les décisions qui affectent le développement social, et sur la participation des acteurs à ces décisions.

Près de 3,9 milliards de personnes vivent aujourd'hui dans l'extrême souffrance. Soixante-treize pour cent des êtres humains ne jouissent même pas des conditions minimales de bien-être (espérance de vie, nourriture, eau salubre, soins pour les enfants, éducation de base, alphabétisation et système démocratique participatif).

Or, les besoins sociaux non satisfaits peuvent avoir des suites graves. Lorsque le développement social et ses applications politiques demeurent assujettis aux objectifs du capital privé, alors l'intégration sociale, la sécurité nationale et internationale, l'intégrité de l'environnement et la capacité à partager les progrès scientifiques et technologiques sont affaiblies. […]

Les disparités économiques actuelles sont plus profondes que jamais. Vingt pour cent des personnes les plus nanties du monde reçoivent plus de 150 fois le revenu des 20 % les plus pauvres. Ces faits se traduisent par des statistiques dramatiques, au Sud comme au Nord.

19

Dans le tiers-monde, 1,3 milliard de personnes vivent dans un état de pauvreté absolue ; 17 millions meurent de maladies évitables avec des services de santé de base ; 800 millions ne reçoivent pas une part suffisante de nourriture, bien que la Terre en produise suffisamment. Plus de 35 millions sont des réfugiés ou vivent comme personnes déplacées dans leur propre pays ; 850 millions habitent des régions en proie à la désertification. Les deux tiers des femmes restent analphabètes, et 34 000 enfants meurent chaque jour de malnutrition.

Avec plus de 100 millions de personnes vivant sous le seuil de la pauvreté et 30 millions d'autres en chômage, les pays industrialisés sont eux aussi confrontés à une crise de justice sociale. Le Canada lui-même, qui se classe pourtant parmi les pays ayant le niveau de vie le plus élevé, a plus de 1 million d'enfants qui vivent dans un état de pauvreté ; plus de 2 millions de personnes comptent sur l'assistance sociale ; 1,4 million doivent se tourner vers des banques alimentaires, et plus de 250 000 sont sans abri.

L'échec de la logique de développement économique, qui prétendait résoudre les problèmes sociaux, exige que l'on adopte une nouvelle théorie du développement social. Mais les systèmes politiques représentatifs sont l'exception plutôt que la règle, et l'inégalité est profondément ancrée dans les structures de la société. Les modèles de développement existants ne sont pas équipés pour faire face à l'accroissement des attentes sociales internes dans la perspective d'une nouvelle éthique. […]

Ces pays [en voie de développement] n'ont pas trouvé de référence précise pour un développement qui les fasse entrer dans le 21e siècle. Les aspects sociaux, économiques et environnementaux du développement durable seront les pierres d'angle pour la fondation d'un développement à long terme. Mais la nouvelle éthique sociale sur laquelle fonder ces pierres est toujours attendue. La démocratie reste insaisissable ; les marchés sont toujours prisonniers du capital ; la justice et l'égalité sociale demeurent des notions abstraites. […] L'accumulation de la richesse demeure une entrave absolue à la justice. ◼

Daniel A. Morales-Gómez

Scientifique à la direction du Centre de recherche pour le développement international (CRDI), spécialiste de l'évaluation des réformes des politiques sociales, et auteur de nombreux ouvrages et articles sur l'éducation et les politiques sociales, dont *Les politiques sociales transnationales : Les nouveaux défis de la mondialisation pour le développement* (CRDI, 2000).

Extraits de l'article de Daniel A. MORALES-GÓMEZ, « Le dilemme des besoins sociaux », *Le CRDI Explore*, vol. 21, n° 4, janvier 1994, [En ligne], 2009.

1 Selon cet auteur, à quoi sont attribuables les inégalités sociales ?

2 D'après vous, pourquoi l'auteur affirme-t-il que « l'accumulation de la richesse demeure une entrave absolue à la justice » ? Appuyez votre réponse à l'aide d'arguments pertinents.

II ÉTUDE DE CAS : RICHE OU PAUVRE

QUAND LES PAUVRES SERVENT DE COBAYES AUX PAYS RICHES

Certains laboratoires pharmaceutiques se tournent désormais vers le Sud pour effectuer leurs essais cliniques, là où ils trouvent de nombreux malades ainsi que des contraintes éthiques et juridiques moins rigoureuses que dans les pays riches. Ce constat soulève un débat en matière d'éthique : est-il juste de « délocaliser » les risques de l'expérimentation médicale sur les populations du Sud, sachant que les médicaments seront davantage destinés aux marchés occidentaux ?

Sonia Shah

Jamais les fabricants de médicaments n'ont accordé autant d'attention aux pauvres de la planète. En Afrique du Sud, non loin des taudis de la banlieue du Cap, les laboratoires rutilants de Boehringer Ingelheim tranchent sur le paysage. En Inde, dans l'immeuble immaculé de Novartis construit à proximité des bidonvilles de Bombay, des chercheurs se creusent la tête pour élaborer de nouveaux médicaments. Leurs concurrents Pfizer, GlaxoSmithKline (GSK) et AstraZeneca ont tous créé récemment d'importants centres d'essais cliniques dans ce pays. Viennent-ils guérir les maux des patients appauvris qui font la queue devant leurs cliniques neuves ? En réalité, ils s'installent dans les pays en voie de développement dans le but d'y mener des expérimentations. En 2006, plus de la moitié des tests thérapeutiques de GSK ont eu lieu hors des marchés occidentaux, avec une préférence pour les pays « à bas coûts » (Bulgarie, Zambie, Brésil, Inde...) : on parle désormais de dizaines de milliers d'essais cliniques « délocalisés ».

L'objectif des laboratoires reste de concevoir des produits destinés à la clientèle des riches pays occidentaux, avec ses problèmes de santé liés au vieillissement – maladies cardiovasculaires, arthrite, hypertension et ostéoporose. [...]

Si les Occidentaux profitent de ceux-ci [les produits ou les nouveaux médicaments], ils sont moins que jamais enclins à participer aux études cliniques indispensables à leur élaboration. Chaque médicament doit être testé sur plus de quatre mille patients pour être validé, ce qui exige de faire subir des examens préalables à plus de cent mille personnes. [...] Les besoins de l'industrie en sujets expérimentaux sont donc considérables. Pourtant, moins de 5 % des Américains acceptent de prendre part à des essais thérapeutiques. [...]

Appelées « organismes de recherche sous contrat » (ou CRO), de nombreuses sociétés se sont spécialisées dans la mise en place d'essais cliniques à l'étranger [...]

La rapidité est un atout crucial. Dans les pays occidentaux, recruter des sujets en nombre suffisant peut prendre des semaines, voire des années. Chargée d'un essai pour un vaccin expérimental, Quintiles a pu recruter, en Afrique du Sud, trois mille patients en neuf jours. Pour un autre, la société a réuni mille trois cent quatre-vingt-huit enfants en douze jours. Alors que, aux États-Unis, entre 40 % et 70 % des volontaires ont tendance à tergiverser puis à renoncer, les sociétés spécialisées en Inde assurent conserver 99,5 % des sujets volontaires.

Pour ses défenseurs, cette situation avantage tout le monde. Les centres de tests offrent des soins sans commune mesure avec ceux des cliniques locales – où il faut attendre des journées entières pour consulter un personnel débordé et dépourvu de moyens. Les participants devraient donc s'estimer privilégiés [...] Les cliniques accèdent ainsi aux technologies les plus avancées et bénéficient des équipements modernes indispensables pour réaliser les essais. « Nous avons obtenu des équipements, se souvient un chercheur indien, et ils n'ont jamais demandé qu'on les rende. »

Au demeurant, si les Occidentaux ne veulent plus se transformer en cobayes, cela ne signifie pas que c'est une mauvaise opération pour les autres ! Non seulement ils bénéficient d'un traitement de choix, mais il leur arrive aussi d'être payés en compensation. De même que l'on délocalise des usines pour profiter des salaires les plus faibles ou de contraintes environnementales moins drastiques, pourquoi – nous assure-t-on – ne pas déplacer une partie des essais cliniques ? « On m'accuse de profiter de la situation », se plaint un chercheur opérant dans des pays pauvres. « Mais sans ces essais, ces enfants seraient morts ! » Pour M. Robert Temple, directeur médical à la FDA, l'analyse coût-avantage est irréfutable : « Les gens ont, de manière générale, tout intérêt à participer. La moitié des sujets se voient administrer [un médicament actif] et de meilleurs soins, dit-il. Et l'autre moitié [reçoit] de meilleurs soins. »

Pourtant, offrir son propre corps à la science n'est pas tout à fait la même chose qu'aller pointer chaque jour à l'usine. Rien ne garantit qu'un participant se portera mieux au terme de l'expérimentation. Cette incertitude et le risque d'effets négatifs sont d'ailleurs la raison première des essais cliniques. De ce fait, le préalable absolu à la recherche éthique sur les êtres humains, tel qu'il est défini par une multitude de documents (notamment le code de Nuremberg, adopté en 1947 en parallèle au procès des médecins nazis, et la déclaration de Helsinki de l'Association médicale mondiale de 1964, révisée en 2004), pose que les

sujets concernés puissent donner un consentement éclairé (c'est-à-dire après avoir été correctement informés et avoir compris) et volontaire. La décision ne doit pas être influencée par des mesures de compensation trop généreuses. […]

Néanmoins, la réalité apparaît, selon un nombre croissant de témoignages, comme fort éloignée de cette exigence. Le taux d'abandon est un des indicateurs employés par les spécialistes de bioéthique pour mesurer la qualité du consentement. […] Dans les pays occidentaux, ce taux dépasse souvent 40 %. En comparaison, de nombreux enquêteurs cliniques actifs dans les pays en voie de développement déclarent que les sujets potentiels ne refusent *jamais* de participer […] Dans certains cas, jusqu'à 80 % des participants ignorent qu'ils sont libres d'abandonner […] Ce qui devrait constituer une preuve de coercition sert cependant d'argument pour conduire davantage d'essais […]

Dans presque tous les domaines de la pratique médicale et de la recherche en Inde, l'absence de réglementations saute aux yeux. […]

Il n'est guère surprenant, dans ces conditions, que toute une série de scandales aient éclaté. Dans les années 1970, un médicament antipaludique non autorisé, la quinacrine, a été distribué à des centaines de milliers de femmes analphabètes. Il les a rendues définitivement stériles. […]

À la fin des années 1990, des chercheurs du service public ont délibérément interrompu le traitement dont bénéficiaient des femmes analphabètes atteintes de lésions précancéreuses au niveau des vertèbres cervicales afin d'étudier la progression de la maladie. Il est apparu évident plus tard que ces sujets n'avaient pas été informés et n'avaient donné aucun consentement à cette expérimentation […] En 2003, un médicament anticancéreux expérimental a été administré à plus de quatre cents femmes qui cherchaient à améliorer leur fertilité ; le produit était toxique pour les embryons. Bien que la presse s'en soit fait l'écho, aucun de ces scandales n'a entraîné la mise en œuvre d'une quelconque protection juridique pour les personnes concernées. ◼

Sonia Shah

Née aux États-Unis de parents indiens, journaliste et coauteure de *Cobayes humains : le grand secret des essais pharmaceutiques* (2007).

Sonia SHAH, « Médicaments du Nord testés sur les pauvres du Sud », *Le Monde diplomatique*, mai 2007, [En ligne], 2009.

1 Selon vous, toutes les parties ont-elles un égal intérêt à ces expérimentations médicales comme le soulignent certains chercheurs de laboratoire ?

2 Est-il juste et éthique de s'appuyer sur l'argumentation selon laquelle les entreprises occidentales vont puiser leur main-d'œuvre dans les pays du Sud, pour justifier que les laboratoires sont bien en droit d'y puiser aussi leurs sujets d'expérimentation ? Pourquoi ? Quelle est la responsabilité sociale de toutes ces entreprises ? En quoi la responsabilité éthique des compagnies pharmaceutiques est-elle différente ?

23

LA SITUATION DES DROITS DE L'ENFANT DANS LE MONDE

Les enfants sont des sujets de droit vulnérables et ils demeurent, comme le souligne l'auteure, les premières victimes des retards du développement, des conflits ou de la violence quotidienne. Bien qu'il existe plusieurs conventions internationales reconnaissant des droits aux enfants de la Terre, les données internationales sur la situation de l'enfance illustrent l'inefficacité actuelle de ces déclarations de droits universels pour protéger, au quotidien, ces nombreux enfants.

Claire Brisset

UN TABLEAU INQUIÉTANT

Santé, accès à l'eau, nutrition : Malgré les efforts très importants déployés dans ce secteur, environ 270 millions d'enfants sont privés de tout accès aux services de santé, soit près de 15 % de tous les enfants vivant dans les pays en développement. Environ 800 millions d'enfants souffrent de malnutrition à des degrés divers – dont 90 millions de formes aiguës qui les mettent en danger immédiat. 400 millions d'entre eux ne disposent par ailleurs d'aucun accès à l'eau salubre.

L'espérance de vie d'un enfant né en 2008 dans un pays du Nord frôle ou dépasse 80 ans. À titre de comparaison, elle est de 33 ans en Zambie, notamment en raison de l'épidémie du sida qui, dans ce pays comme dans d'autres parties de l'Afrique, a considérablement dégradé les performances sanitaires des trois dernières décennies. […]

Éducation : À travers le monde, environ 100 millions d'enfants – dont les deux tiers sont des filles – sont privés de toute forme de scolarisation. L'écart entre garçons et filles reste fort au Moyen-Orient et surtout en Asie du Sud (Inde, Pakistan, Bangladesh). […]

Exploitation économique et traite d'enfants : Les statistiques sont difficiles à obtenir sur ce sujet plus encore que sur les autres, notamment parce que l'exploitation économique des mineurs est souvent cachée et clandestine, en particulier dans les pays industrialisés ou émergents. […]

Néanmoins, l'Organisation internationale du travail (OIT) estime que 218 millions d'enfants sont victimes d'exploitation économique à travers le monde, plus de la moitié d'entre eux (120 millions) travaillant dans des conditions qui mettent en danger leur santé et même leur vie : travail sur des explosifs, dans les carrières et dans les mines, dans les usines où ils manipulent des produits chimiques sans protection […]

Exploitation sexuelle : « Travail » ou crime, chacun s'accorde sur le constat : environ 2 millions de mineurs seraient prisonniers de l' « industrie du sexe » […] Selon l'OIT, l'exploitation sexuelle des enfants fait partie des formes les plus dangereuses du « travail » des enfants. L'Unicef […] la caractérise comme une activité criminelle qu'il convient non seulement d'éradiquer mais aussi de poursuivre, avec tous les moyens judiciaires possibles, en particulier par l'adoption de lois d'extraterritorialité qui permettent de juger les auteurs de ces faits dans le pays d'origine de leur auteur et non dans celui où ils ont été commis. […]

Conflits armés : Entre 1990 et 2005, une soixantaine de conflits armés ont ensanglanté la planète […] Les civils – à commencer par les femmes et les enfants – en sont désormais les premières victimes (90 %). Ces conflits, outre qu'ils tuent et blessent un nombre non négligeable d'enfants, font perdre aux survivants tout ce dont ils ont besoin pour vivre et grandir : les adultes qu'ils aiment, qui les soignent et s'occupent d'eux, les dispensaires, les écoles, les réseaux d'accès à l'eau et aux vivres, etc. C'est la guerre qui les transforme en réfugiés ou personnes déplacées dans leur propre pays : les camps de réfugiés et de personnes déplacées comptent dans le monde quelque 25 millions de personnes dont plus de la moitié sont des enfants.

Enfin, forme ultime de la destruction de l'enfance provoquée par les guerres, un certain nombre de mineurs, y compris des filles, sont recrutés de force comme soldats que l'on contraint à commettre des atrocités. Le nombre de ces enfants-soldats est estimé à environ 300 000 à travers le monde. […]

L'existence des enfants comme sujets autonomes de droit n'a commencé à être évoquée qu'au début du 20e siècle. Auparavant, jamais cette question n'avait été considérée comme digne de figurer dans les débats internationaux, fût-ce à titre humanitaire, alors même que, jusqu'au début du 20e siècle, les enfants représentaient plus de la moitié de la population mondiale. L'émergence de l'enfance comme « objet » politique, aussi bien en droit interne qu'en droit international, représente donc une transformation radicale du droit de la conception même de l'enfance. […]

25

Lorsque les Nations Unies voient le jour, elles créent très rapidement, dès 1945, une organisation de secours aux enfants meurtris par la guerre, dénutris, abandonnés ou orphelins, qui prendra en 1946 le nom de FISE (Fonds international de secours à l'enfance), devenu le Fonds des Nations Unies pour l'enfance, que l'on a pris l'habitude de désigner sous son acronyme anglais Unicef. Comme l'indique l'intitulé de ce fonds, l'accent est mis sur le secours d'urgence et la notion de droits apparaît secondaire. [...] Il faudra attendre 1959 pour que les idées des fondateurs du droit des enfants reprennent véritablement vie. L'Assemblée générale des Nations Unies adopte alors à l'unanimité une « Déclaration des droits de l'enfant » [...] et proclame que « l'humanité doit à l'enfant le meilleur d'elle-même ». [...] Le 20 novembre 1989, l'Assemblée générale des Nations Unies adopte à l'unanimité la Convention internationale sur les droits de l'enfant (CIDE) [...]

Cette convention est désormais le texte de droit international le plus ratifié au monde, puisque seulement deux pays manquent à l'appel, la Somalie et les États-Unis. [...]

Au fil des années, il est apparu indispensable d'adjoindre à la Convention deux « protocoles additionnels » : l'un sur la protection des enfants dans les conflits armés et l'interdiction de leur recrutement comme soldats, ratifié en 2007 par 119 pays membres des Nations Unies ; l'autre sur la prohibition de la vente, de la traite et de l'exploitation sexuelle des enfants, y compris dans la pornographie. En 2007, 124 pays membres des Nations Unies avaient ratifié ce texte. [...]

Le mouvement de ratification de ces deux protocoles se poursuit lentement. Il est à noter que les États-Unis [...] ont ratifié ces deux protocoles additionnels. [...]

D'une manière générale, les progrès restant à accomplir demeurent considérables si l'on veut qu'un jour les droits de l'enfant soient, sur le terrain, à la hauteur des textes qui les défendent. [...] Dans ce domaine plus encore que dans d'autres, la réalité du droit n'est pas seulement affaire de textes. Elle est tout autant, sinon plus, affaire d'engagement politique et associatif. En d'autres termes, elle implique une prise de conscience et de profondes mutations culturelles.

Le « droit de l'enfant au respect » [...] n'est alors qu'à peine amorcé dans le monde actuel. ■

Claire Brisset

Journaliste, nommée Défenseure des enfants de 2000 à 2006, auteure de *Rendre justice aux enfants* (2006).

Claire BRISSET, « Les droits de l'enfant dans le monde : un combat inachevé », *Questions internationales*, n° 34, novembre-décembre 2008, p. 99-107.

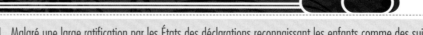

1 Malgré une large ratification par les États des déclarations reconnaissant les enfants comme des sujets de droits, comment expliquer la difficulté d'appliquer les principes de justice et la reconnaissance du droit à la dignité de chaque enfant ?

2 Quels types d'actions peut-on entreprendre pour voir reconnaître par tous les futurs habitants et habitantes de la Terre le respect dû aux enfants ?

COMMERCE DES ENFANTS : LA SITUATION EN INDE

En Inde, les droits des enfants ne sont pas toujours respectés, et l'application des principes fondamentaux contenus dans la *Déclaration des droits de l'enfant* est une route semée d'embûches. Ce texte est une synthèse d'un reportage de Radio-Canada sur les conditions de vie et de travail des enfants en Inde.

Jean-François Lépine et Georges Amar

[À Delhi, dans la capitale de la plus grande démocratie du monde, l'Inde,] on n'a qu'à faire quelques pas dans la rue pour découvrir un scandale qui serait intolérable en Occident. À elle seule, Delhi compte des centaines de milliers d'enfants exploités par des oncles, des cousins, ou des intermédiaires mafieux qui les ont amenés de provinces éloignées. Ils vivent en semi-esclavage, la plupart du temps condamnés à rembourser le prix qu'on a payé à leurs parents pour les acheter. Plus de 1200 agences font le commerce de ces enfants dans la seule ville de Delhi. Ils sont loués comme domestiques, comme ouvriers dans des usines insalubres et d'autres se retrouvent dans des bordels sinistres. Des organisations humanitaires mènent des opérations pour les libérer de la misère, mais les résultats n'empêchent pas le trafic des enfants de progresser.

Un matin à la gare de Delhi. Ici, c'est la porte d'entrée du trafic d'enfants en Inde. Ils arrivent par dizaine chaque jour. Parmi eux, trois jeunes de la même famille. La plus vieille a 11 ans, la deuxième 7 ans, et le plus jeune a à peine 5 ans [...] Ils font des spectacles dans les trains et rapportent les quelques sous qu'ils amassent à leur frère aîné qui habite en banlieue. Si la police les trouve, on les arrête immédiatement. Ils vivent constamment avec le danger, la peur de se faire prendre, de se faire voler [le] peu qu'ils ont et de se faire abuser.

Ces trois enfants, comme plusieurs autres, viennent des campagnes pauvres. Les organismes qui cherchent à enrayer cet exode tentent de convaincre les parents de ne pas laisser leurs enfants partir. Peine perdue. « On ne cesse de leur dire que l'Inde n'est pas

27

le paradis, que leur vie sera plus difficile, qu'ils seront exploités, ça ne sert à rien, ils partent quand même », explique un des représentants.

Le SACCS est une coalition d'organismes qui lutte contre l'esclavage des enfants en Inde. Son fondateur, un ex-ingénieur qui a tout abandonné pour se consacrer à cette cause, est désormais une référence internationale en ce qui concerne le travail des enfants. « Faire travailler aujourd'hui un grand nombre d'enfants, c'est créer pour plus tard, quand ils seront adultes, un grand nombre d'illettrés, assure Kailash Satyarthi, président fondateur de South Asian Coalition on Child Servitude. On a en Inde (...) 65 millions de chômeurs adultes. Qui sont-ils ? Pour la plupart, ce sont ces enfants, qui devenus adultes, ont été mis à la porte parce qu'ils étaient moins dociles. »

L'Inde compte aujourd'hui 34 % d'illettrés, hommes, femmes et enfants confondus. Malheureusement, l'UNESCO prévoit qu'en 2015, l'Inde en comptera 35 %, ce qui veut dire qu'il y aura alors 10 millions d'enfants illettrés.

Quelques tristes exemples

À la porte du bidonville de Delhi, on découvre un petit café de fortune devant une maison en construction. Comme dans tous ces commerces, c'est un enfant qui y travaille […] Il a 10 ans et il prépare les repas, fait le thé et assure les livraisons. Il vit ici avec une dame qui prétend être sa grand-mère. Elle affirme qu'ils vivent dans ce refuge depuis deux ans et qu'il n'est jamais allé à l'école.

Ailleurs, dans une zone industrielle, une petite cantine […] est ouverte de 6 h le matin jusqu'à 20 h. Comme toujours, ce sont des enfants […] qui font les plus longues heures et les travaux les plus déprimants : lavage de la vaisselle dans des eaux fétides, livraison dans le quartier, etc. Tout cela dans la crainte constante d'être battu selon l'humeur du propriétaire. […]

[Un de ces enfants] est une sorte de célébrité en Inde. Esclave domestique dans la résidence d'un haut fonctionnaire du gouvernement indien, il était battu constamment. Un jour, il a réussi à s'échapper et à retrouver sa famille. Un des bénévoles du SACCS l'a amené à l'hôpital et

l'organisation a intenté un procès exemplaire au fonctionnaire. Toute cette histoire a mené par la suite à l'adoption d'une première loi interdisant aux employés du gouvernement d'engager des enfants. Aujourd'hui, l'enfant a 8 ans, et il a retrouvé la santé.

[...]

Esclave domestique, puis esclave sexuel

Mais pour un cas dénoncé et amené en cour, des milliers d'autres restent impunis et c'est dans le secteur des aides domestiques que les abus sont les plus criants. À Delhi seulement, il y a plus de 1200 agences de placement d'enfants domestiques dont les activités échappent à la loi. Le plus souvent, après avoir été domestiques dans différentes maisons, la plupart du temps abusés aussi sexuellement, les enfants se retrouvent dans un bordel de la ville.

Le « redlight » de Delhi, un des quartiers les plus dangereux. C'est ici que les petites aides domestiques se retrouvent quand elles sont vendues comme prostituées. De la rue, on peut apercevoir leur visage à travers les ouvertures grillagées. On dit qu'une fille sur trois est mineure. L'organisation STOP lutte contre l'esclavage sexuel des mineures. Au début, la police ne collaborait pas beaucoup, elle était elle-même complice des tenanciers de bordels. Mais avec le temps, les autorités ont décidé de collaborer et aujourd'hui, elles font un très bon travail. Les filles libérées par l'organisme et la police sont envoyées dans des centres d'hébergement temporaire et retournées chez elles quand STOP est en mesure de retrouver les familles.

Le travail des organismes comme STOP, aussi courageux soit-il, n'empêche pas le trafic des enfants de progresser, malheureusement. [...] ■

Jean-François Lépine et Georges Amar

Respectivement journaliste et réalisateur à Radio-Canada.

Société Radio-Canada, « Le commerce des enfants », *Zone libre*, février 2003, [En ligne], 2009.

1 Quels sont les enjeux éthiques d'une société qui dénie le droit à l'enfance et à la dignité des enfants ?

2 Quelles solutions peut-on mettre en œuvre pour aider ces enfants à accéder à l'éducation et à une vie décente ?

LA PROTECTION UNIVERSELLE : UNE SOLUTION AUX INÉGALITÉS

Rendu public par l'Organisation mondiale de la santé (OMS) le 28 août 2008, le rapport intitulé *Combler le fossé en une génération* synthétise les résultats de trois années de recherches. Pierre Rimbert, journaliste et sociologue français, nous présente les grandes lignes de ce rapport qui propose une solution : l'adoption d'une protection universelle, soit une mobilisation mondiale pour diminuer le fossé des inégalités criantes entre le Nord et le Sud.

Pierre Rimbert

[…] « *La répartition inégale des facteurs qui nuisent à la santé n'est en aucun cas un phénomène naturel*, expliquent-ils[1]. *Elle résulte des effets conjugués de politiques et de programmes sociaux insuffisants, de modalités économiques injustes et de stratégies politiques mal pensées.* » Réduire ces inégalités passe évidemment par un accès universel aux biens élémentaires (eau, nourriture, logement, soins, énergie), mais aussi par l'éducation, la culture, un urbanisme harmonieux et de bonnes conditions de travail. En outre, le fossé sanitaire ne se comblera « *que si l'on améliore la vie des femmes, des jeunes filles et des filles* », les pouvoirs publics devant s'engager plus fermement pour mettre fin aux discriminations qui frappent ces dernières.

Ce document de 256 pages se lit en creux comme un réquisitoire contre les politiques économiques prônées par les institutions financières internationales et mises en œuvre dans de nombreux pays. Il recommande notamment de « *lutter contre les inégalités dans la répartition du pouvoir, de l'argent et des ressources, c'est-à-dire les facteurs structurels dont dépendent les conditions de vie quotidienne aux niveaux mondial, national et local* ». […]

Pour remédier aux inégalités sanitaires et aux disparités des conditions de vie quotidiennes, le rapport de l'OMS recommande l'instauration d'« *une protection sociale*

---

1. Les auteurs du rapport réunis au sein de la Commission des déterminants sociaux de la santé, créée par l'OMS en 2005.

universelle généreuse » – fonctionnant de préférence *« par répartition »* –, ainsi que d'importants investissements dans le secteur de la santé. Un tel chantier *« exige un secteur public puissant, déterminé, capable et suffisamment financé ».*

Au moment où les gouvernements des pays capitalistes avancés délèguent au secteur marchand une part toujours plus importante des activités de santé et transfèrent aux assurances privées des pans entiers de la couverture maladie, les auteurs de l'étude rappellent que *« la santé n'est pas un bien négociable ».* La fourniture des biens sociaux essentiels, comme l'accès à l'eau et aux soins, *« doit être régie par le secteur public et non par la loi du marché ».* Les membres de la commission de l'OMS insistent sur ce point : *« Comme les marchés ne peuvent fournir les biens et services indispensables de façon équitable, le financement par l'État exige du secteur public qu'il assure un encadrement solide et consente des dépenses suffisantes. »* Avant de conclure, à la barbe des partisans d'une fiscalité toujours plus réduite : *« Cela suppose un impôt progressif, car il est attesté qu'une redistribution même modeste contribue bien davantage à résorber la pauvreté que la croissance économique seule. »*

À la lumière de ces résultats, faut-il songer à imprimer sur les boîtes de médicaments les mentions *« Baisser l'impôt nuit à la santé »* et *« L'injustice sociale tue »* ? ▪

Pierre Rimbert

Journaliste au *Monde diplomatique* et spécialiste de la question des médias en France.

Pierre RIMBERT, « L'injustice sociale tue », *Le Monde diplomatique,* septembre 2008, [En ligne], 2009.

1 Le rapport de l'OMS recommande l'instauration d'« une protection sociale universelle généreuse ». Dès lors, chaque nation devrait augmenter ses impôts afin de pouvoir investir des sommes plus importantes pour contrer l'injustice dans le monde. Qu'en pensez-vous ? Sur quoi se fonde ce devoir d'ingérence humanitaire ?

2 Que font nos gouvernements ? Cela correspond-il aux demandes de l'OMS ?

3 Quels sont les obstacles à une distribution équitable et à une utilisation efficace des enveloppes budgétaires destinées à l'aide internationale et à la lutte contre les injustices sociales ?

Romans, essais

HIBBERT, Adam. *Les droits des enfants*, Montréal, Éditions École active, 2004, 32 p.

PRIOR, Katherine. *L'UNICEF*, Montréal, Éditions École active, 2002, 32 p.

Films (fictions, documentaires)

Voleurs d'enfance, Paul Arcand, Montréal, Cinémaginaire, 2005, DVD, 90 min.
Une enquête implacable sur les violences et abus sexuels faits aux enfants.

Le pouilleux millionnaire, Danny Boyle, Grande-Bretagne, Celador Films, 2008, DVD, 120 min.
Un jeune Indien sorti des taudis de Mumbai participe à la version hindoue de l'émission télévisée *Who Wants To Be a Millionaire?*.
Un film sur l'exploitation des enfants, les trafics d'organes, la prostitution.

Des marelles et des petites filles…, Marquise Lepage, Montréal, Office national du film du Canada, 1999, DVD, 52 min.
Où l'on voit que l'égalité des chances n'a pas la même valeur partout. Dans ce documentaire, on suit des petites filles de différents pays du monde : l'une se marie à 9 ans, l'autre s'occupe de ses frères, une autre est esclave.

Des billes, des ballons et des garçons, Marquise Lepage, Montréal, Office national du film du Canada, 2007, DVD, 52 min.
Même thème que le documentaire précédent, mais pour les garçons.

Un monde ambivalent

« Je n'ai encore jamais rencontré personne qui aime le sens de l'humanité autant qu'il en déteste le manque. Qui tient à la bonté, ne met rien au-dessus. Qui a l'inhumanité en horreur, ne la laisse pas le contaminer lorsqu'il pratique le bien. »

Confucius

Ce chapitre aborde la complexité de l'être humain et la cohérence, parfois difficile, entre ses actions, ses sentiments et ses idées dans des contextes particuliers.

La première partie propose des points de vue très divers sur les expressions de l'ambivalence. Tout d'abord, le journaliste Gilles Lesage présente le témoignage de Fernand Dumont. L'ambivalence de ses sentiments oscillant entre l'angoisse et l'espérance, la culpabilité et la tranquillité d'esprit ainsi que le regret et le contentement de soi permet d'engager un dialogue à partir de vos observations et de votre expérience. Ensuite, un extrait de *La chute* d'Albert Camus, pour qui la solitude radicale s'avère être, en définitive, la sentence de l'homme libre et ambivalent, ouvre une réflexion sur la liberté. Puis, pour illustrer l'ambiguïté des discours,

nous verrons comment les philosophes des Lumières ont pris nettement position contre la servitude des Amérindiens sans se préoccuper de la mise en esclavage des Africains à la même époque. Après quoi, afin d'illustrer la notion du cas de conscience, André Dumas met dans la balance les actions personnelles et les actions publiques. Finalement, le linguiste Noam Chomsky explique l'importance d'une presse pluraliste, afin de diversifier les points de vue pour se faire une opinion et prendre position.

La deuxième partie, consacrée à l'étude de cas intitulée « Guerre ou paix », évoque l'ambiguïté des actions humaines. Dans un premier temps, en brossant le portrait de Fritz Haber,

le généticien Axel Kahn amène à une réflexion sur les bienfaits et les méfaits de la science. Puis, l'écrivain, poète et chansonnier Boris Vian développe son point de vue sur la guerre. Enfin, le dernier cas est sans doute l'expression la plus marquée de l'ambivalence du pouvoir en matière de guerre et de paix : Barack Obama, le président des États-Unis, pays en guerre sur deux fronts (Irak et Afghanistan), reçoit la plus prestigieuse distinction et défend la difficile position de chef d'un État en guerre et d'homme de paix.

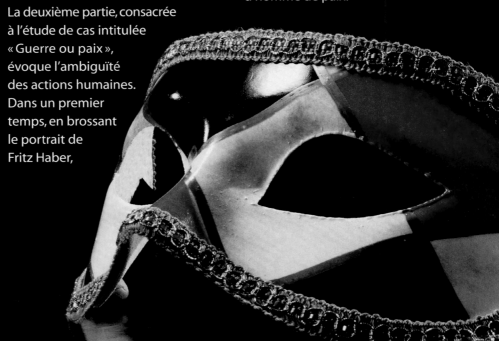

Chapitre 2

I DES POINTS DE VUE : DES EXPRESSIONS DE L'AMBIVALENCE

Fernand Dumont a beaucoup contribué à la vie intellectuelle du Québec. Dans les derniers mois de sa vie, il a écrit ses mémoires *Récit d'une émigration*, dans lesquelles il révèle avec une grande transparence et beaucoup d'humilité, l'ambivalence de ses sentiments tout au long de son existence, oscillant entre l'angoisse et l'espérance, la culpabilité et la tranquillité d'esprit, le regret et le contentement de soi. Le journaliste Gilles Lesage présente ici une critique de cet ouvrage.

Gilles Lesage

FERNAND DUMONT, DE L'ANGOISSE À L'ESPÉRANCE

Juste avant son décès, le 1ᵉʳ mai dernier [1997], Fernand Dumont avait eu le temps de réviser les épreuves de ses mémoires. [...] À vrai dire, plus que de mémoires formels, c'est d'un cheminement exceptionnel, d'un itinéraire exemplaire dont il s'agit ici. [...] Cette autobiographie intellectuelle et spirituelle est comme un point d'orgue à une œuvre dense et nécessaire. Ces **réminiscences** finement ciselées, tel [un] bijou de grand prix, éclairent les immenses chantiers que M. Dumont a ouverts pendant 45 ans. Elles font ressortir les lignes de tension qui, de la culture populaire à la culture savante, de l'angoisse à l'espérance, témoigne d'un enracinement profond et d'un engagement marqué par l'urgence. [...]

Comme il arrive souvent, la maladie a attrapé l'éminent sociologue au détour de sa retraite universitaire, il y a cinq ans. Les uns après les autres, il a dû laisser de côté des projets trop lourds ou des œuvres trop denses. [...] [Il] a résolu d'écrire ces souvenirs, dont les huit chapitres s'offrent comme des points de repère essentiels. [...] Le dernier chapitre est particulièrement bouleversant. M. Dumont brosse à larges traits ce qu'il ferait si... et si... En filigrane de ce long conditionnel, la progression du mal se fait pressante ; il ne peut l'oublier, certes, mais il poursuit sa route, tête haute, parlant presque avec détachement de l'intrus, du gêneur, qui faillit à troubler la sérénité que donne l'espérance. [...]

Réminiscence

Chose, expression dont on se souvient sans avoir conscience de son origine : souvenir imprécis. (*Le petit Larousse illustré*, édition 2005)

L'armure n'est pas sans faille, on s'en doute bien. « Je me rends compte, écrit-il au cours de ce dernier hiver terrible, que les interrogations qui soutienent une aventure intellectuelle sont, en définitive, sans réponse arrêtée. Même si on a beaucoup écrit, on ne laisse que les débris d'un édifice imaginaire. » Cet aveu d'échec témoigne surtout d'une exigence très haute, presque implacable, envers soi-même, alors même que les pairs célèbrent vos mérites et que la collectivité vous témoigne sa reconnaissance. […]

Délibérément discret sur sa vie privée, il n'en confie pas moins que le meilleur de sa vie, il le doit à sa compagne et aux cinq enfants qui ont peuplé leur maison. « Moi qui avais été un enfant triste et un adolescent désespéré, leur présence m'aura apaisé, de même que la tendresse de mon épouse m'aura sauvé de l'angoisse stérile. »

S'il est un secret que l'on apprend de ces propos et confidences, c'est que, à côté ou en marge des savantes études philosophiques, culturelles et religieuses de M. Dumont, la poésie aura été pour lui, de la jeune vingtaine à la mûre soixantaine, havre, baume et phare. De *L'ange du matin* à *La part de l'ombre,* il a publié quatre recueils dont il confie ceci : « On peut tout dire à l'abri du poème. Quand j'ai relu ces recueils, j'ai été frappé par la continuité thématique où se redit une angoisse inguérissable mais aussi une espérance obstinée. Il me semble qu'à mesure qu'on avance dans la lecture, on pressent une décantation, un dépouillement qui ne sont pas que du langage. Il y a certainement un décalage entre les poèmes des vingt ans, où la tristesse est trop appuyée et un peu complaisante, et une certaine paix des années de maturité où l'amour a empêché la **déréliction** de tarir les sources. »

Que dire encore qui incite le lecteur à lire ce palpitant *Récit d'une émigration* ? Qu'il éclaire et explique la démarche du penseur de haut vol, resté fidèle à ses idées et au devoir de mémoire vive. Nostalgie peut-être, mais aussi patiente recherche de l'équilibre précaire entre la culture des campagnes d'autrefois et l'actuelle culture de consommation. « Cela m'aura servi à cultiver l'utopie d'une authentique culture populaire que n'aboliraient pas la culture des spécialistes ou les industries culturelles. Il se cachait là quelque sentiment de culpabilité. Car il m'a toujours paru que c'est aux dépens d'une culture, pour avoir profité de sa destruction, que j'ai pu devenir intellectuel. » ■

Gilles LESAGE, « Fernand Dumont, de l'angoisse à l'espérance », *Le Devoir*, 15 novembre 1997, [En ligne], 1997.

Déréliction
État d'abandon et de solitude morale complète. (*Le petit Larousse illustré*, édition 2005)

Fernand Dumond (1927-1997)

Sociologue et philosophe, professeur à l'Université Laval, président-directeur général de l'Institut de recherche sur la culture (IRC) jusqu'en 1990 et membre actif de nombreuses sociétés savantes.

Gilles Lesage
Journaliste politique québécois.

1 Au terme de sa vie, Fernand Dumont a exprimé dans ses mémoires des réflexions qui démontrent la complexité de son être. Pensez-vous qu'il en est ainsi pour tous les êtres humains ?

2 Comment expliquer les sentiments ambivalents (angoisse et espérance, regret et contentement de soi) exprimés par Fernand Dumont ?

Cet extrait du livre d'Albert Camus, *La chute,* exprime notamment comment avec le sentiment de liberté vient aussi la responsabilité de nos libres choix, de nos moments de gloire comme de nos moments de chute… mais surtout la solitude qu'il nomme la « sentence » de la liberté.

Albert Camus (1913-1960)

Journaliste et écrivain qui a marqué la littérature française, prix Nobel de littérature en 1957, auteur de plusieurs romans, dont le plus célèbre est *L'étranger* (1942), de nouvelles, de pièces de théâtre et d'essais.

Albert Camus

LA CHUTE

Autrefois, je n'avais que la liberté à la bouche. Je l'étendais au petit déjeuner sur mes tartines, je la mastiquais toute la journée, je portais dans le monde une haleine délicieusement rafraîchie à la liberté. J'assenais ce maître mot à quiconque me contredisait, je l'avais mis au service de mes désirs et de ma puissance. Je le murmurais au lit, dans l'oreille endormie de mes compagnes, et il m'aidait à les planter là. Je le glissais… Allons, je m'excite et je perds la mesure. Après tout, il m'est arrivé de faire de la liberté un usage plus désintéressé et même, jugez de ma naïveté, de la défendre deux ou trois fois, sans aller sans doute jusqu'à mourir pour elle, mais en prenant quelques risques. Il faut me pardonner ces imprudences ; je ne savais pas ce que je faisais. Je ne savais pas que la liberté n'est pas une récompense, ni une décoration qu'on fête dans le champagne. Ni d'ailleurs un cadeau, une boîte de chatteries propres à vous donner des plaisirs de babines. Oh ! non, c'est une corvée, au contraire, et une course de fond, bien solitaire, bien exténuante. Pas de champagne, point d'amis qui lèvent leur verre en vous regardant avec tendresse. Seul dans une salle morose, seul dans le box, devant les juges, et seul pour décider devant soi-même ou devant le jugement des autres. Au bout de toute liberté, il y a une sentence ; voilà pourquoi la liberté est trop lourde à porter, surtout lorsqu'on souffre de fièvre, ou qu'on a de la peine, ou qu'on n'aime personne. ■

Albert CAMUS, *La chute,* Paris, Gallimard, 1956, p.138-139 (Coll. Folio).

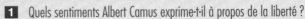

1 Quels sentiments Albert Camus exprime-t-il à propos de la liberté ?

2 Expliquez par vos propres mots les raisons qui peuvent conduire certaines personnes à être ambivalentes face à la liberté.

3 Quelle est, selon vous, la définition la plus juste de la liberté ? Peut-elle comporter des aspects négatifs ? Si oui, donnez un exemple.

Dans cet article, Alain Gresh relève la position ambiguë des philosophes des Lumières qui dénoncent les pratiques esclavagistes des Espagnols en Amérique, sans, par ailleurs, s'inquiéter de l'esclavage pratiqué par les Français envers les Africains à la même époque.

Alain Gresh

L'INDIGNATION SÉLECTIVE DES PHILOSOPHES DES LUMIÈRES

« Hélas ! Nos citoyens enchaînés en ces lieux, servent à cimenter cet asile odieux ; ils dressent, d'une main dans les fers avilie, ce siège de l'orgueil et de la tyrannie. Mais, crois-moi, dans l'instant qu'ils verront leurs vengeurs, leurs mains vont se lever sur leurs persécuteurs. Eux-mêmes ils détruiront cet effroyable ouvrage, instrument de leur honte et de leur esclavage. »

Ainsi, un « Américain » du Pérou appelle-t-il à la libération de son peuple réduit en esclavage par les Espagnols. *Alzire, ou les Américains,* un drame écrit par Voltaire et représenté pour la première fois en 1736, s'apitoie sur le sort des esclaves du Nouveau Monde, sympathise avec leur révolte et salue la réconciliation finale fondée sur la libération de tous.

Originaire de Nantes, Joseph Mosneron assiste en 1766 à la représentation de cette pièce à bord du *Comte d'Hérouville.* Il est ému par les vers qu'il entend, même si la princesse Alzire, l'héroïne éponyme, est jouée par un vigoureux matelot aux allures d'Hercule. Pourtant, dans les cales, sous le pont qui sert de scène aux acteurs, croupissent des centaines d'êtres humains capturés en Afrique et que le navire s'apprête à transférer aux Caraïbes.

Comment expliquer cette schizophrénie ? Le texte même d'*Alzire* y contribue, qui évoque l'esclavage des « Américains », mais omet toute mention du trafic transatlantique des Africains, qui est à son apogée quand Voltaire écrit. L'universitaire américain Christopher L. Miller, qui relate l'épisode du *Comte d'Hérouville* dans *The French Atlantic Triangle,* note : « Les marins – et je dirais aussi Voltaire – étaient ainsi capables de "compartimenter" les problèmes, à tel point qu'ils pouvaient s'émouvoir du sort d'une princesse péruvienne alors que, sous leurs pieds, des Africains enchaînés attendaient la grande traversée et, s'ils survivaient, une vie d'esclavage. »

[…] Si les écrivains français dénoncent l'extermination des Indiens par l'Espagne, championne de l'intégrisme catholique, ils restent très discrets sur ces navires qui appareillent de Bordeaux ou de Nantes, sillonnent fièrement l'océan chargés de « bois d'ébène » et sont parfois baptisés *Le Voltaire* ou *Le Contrat social*…

Le siècle des Lumières, qui voit les philosophes se dresser contre la royauté, l'absolutisme et l'Église, est aussi celui de l'expansion maximale de la traite. Au total, un million cent mille esclaves africains environ sont transportés par la France dans ses colonies (Guadeloupe, Martinique, l'île Bourbon – La Réunion, l'île de France – qui deviendra l'île Maurice –, etc., et, surtout, Saint-Domingue – future Haïti), avant l'interdiction définitive de ce « commerce » en 1831 – l'esclavage, lui, sera aboli en 1848. Quatre-vingt-dix pour cent de ces esclaves sont déportés au 18e siècle, dont deux cent soixante-dix mille pour la décennie 1780.

[…] Malgré les débats que suscite cette expansion de l'esclavage, « durant tout le 18e siècle, note Miller, le climat intellectuel français ne fut pas terriblement inconfortable pour les marchands d'esclaves, alors même que les principes abolitionnistes prenaient forme ». […] Montesquieu, par exemple, dont le livre 15 de *L'Esprit des lois,* publié en 1758, porte tout entier sur l'esclavage, se borne à des considérations générales sur l'histoire, sur Rome ou sur la Grèce. Il consacre, certes, un petit chapitre ironique à la traite des Noirs, mais, quelques pages plus loin, il justifie l'esclavage en invoquant la différence entre les climats de l'Afrique et de l'Europe et met en garde contre une abolition trop rapide. […]

Le travail de Miller, sous-titré « Littérature et culture de la traite », ne se limite pas aux philosophes. Il se concentre principalement sur les […] grandes « vagues » de fictions qui ont pour thème principal le trafic des esclaves : les écrivains femmes à la charnière des 18e et 19e siècles (Olympe de Gouges, Mme de Staël et Claire de Duras), sensibles à la souffrance humaine, mais victimes des préjugés contre les « nègres » ; les romanciers hommes de l'après-Restauration, chantres des aventures maritimes, des récits épiques, peu portés sur la dénonciation (Prosper Mérimée, Eugène Sue, le baron Roger, Édouard Corbière). ■

Alain Gresh

Journaliste français spécialiste du Proche-Orient, directeur adjoint du mensuel *Le Monde diplomatique.*

Alain GRESH, « De l'esclavage et de l'universalisme européen », *Le Monde diplomatique,* avril 2008, [En ligne], 2008.

1 Comment expliquer l'ambivalence contenue dans le discours des philosophes français du 18e siècle ? Quel en est l'enjeu ?

2 Pouvez-vous trouver un exemple plus contemporain d'ambivalence dans le discours ? Ou encore, de contradiction entre les paroles et les actes ?

3 Malgré les Déclarations des droits de l'homme, considérez-vous qu'il y a aujourd'hui dans le monde de nouvelles formes d'esclavage ? Si oui, l'Occident peut-il y faire quelque chose ?

En général, on définit l'objecteur de conscience comme une personne « qui refuse d'accomplir ses obligations militaires, en alléguant que ses convictions lui enjoignent le respect absolu de la vie humaine » (*Le Petit Robert*). Toutefois, l'objection de conscience a parfois un sens plus étendu. André Dumas expose ici les différents aspects de cet acte de jugement critique qui relève de cas de conscience difficiles à résoudre.

André Dumas

L'OBJECTION DE CONSCIENCE

Les objecteurs de conscience sont tous ceux qui font appel des lois et règles en usage dans leur communauté à une plus irrépressible obligation, qu'elle soit intérieure ou transcendante, spirituelle ou politique. Ils désobéissent à l'ordre en raison d'une obéissance plus contraignante à une conviction propre. Leur action se veut publique, car ils entendent non pas se réserver une liberté intouchable, mais peser sur l'ordre régnant, afin de dénoncer l'injustice ou l'absurdité qu'il perpétue. Cependant, cette action est éminemment personnelle ; elle vise à témoigner et à impressionner plus qu'à conquérir le pouvoir par les procédures de l'élection ou par le coup de force de la révolution : un objecteur de conscience est plus un témoin public qu'un opposant légal ou un conspirateur organisé. On constate que l'objection de conscience revêt une grande force quand les projets poursuivis par la communauté apparaissent odieux ou chimériques et quand les moyens utilisés par elle sont tellement corrompus qu'ils détruisent la crédibilité des buts officiellement visés. L'objection de conscience fait ainsi éclater le scandale des fins vides et des moyens inhumains ;

elle rappelle que l'État n'est pas la « conscience des consciences », comme le proclamait Mussolini. Einstein exhortait à l'objection de conscience en affirmant : « Ne faites jamais rien contre votre conscience, même si l'État vous le demande. » […]

Selon son étymologie grecque (*suneidèsis*) et latine (*conscientia*), le terme de conscience signifie que l'homme peut porter des jugements convaincus, impératifs et intérieurs sur les événements extérieurs qui l'entourent. L'homme est habité d'une persuasion qui résiste aux arguments employés pour l'intimider, l'effriter et le réduire.

[…]

De manière précise, l'objection de conscience se présente aujourd'hui comme un refus du service militaire en protestation contre l'autosatisfaction des justifications nationales, et contre la course aux armements qui rend dérisoire la course pour faire échec au sous-développement croissant des deux tiers de l'humanité. Le développement de l'arsenal nucléaire et la folie de son utilisation possible confèrent à l'objection de conscience une signification d'alerte politique universelle. ■

André DUMAS, « Objecteurs de conscience », *Encyclopédie Universalis*, [En ligne], 2009.

1 Quels sentiments et quelles valeurs peuvent entrer en contradiction chez un objecteur de conscience ?

2 À quelles conditions l'individu peut-il s'opposer aux injonctions de sa collectivité, sans détruire le lien d'appartenance qui fait de lui un membre responsable de cette collectivité ?

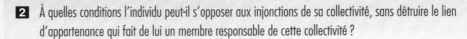

André Dumas (1918-1996)

Pasteur de l'Église réformée de France, à Pau et à Strasbourg, professeur et doyen de 1973 à 1975 de la chaire de philosophie et d'éthique à la Faculté libre de théologie protestante de Paris.

Dans cet entretien, Noam Chomsky expose son point de vue sur
le fonctionnement médiatique et la censure non avouée des journalistes,
ainsi que sur la manière dont s'installent les idéologies dans l'opinion publique.

Noam Chomsky

COMMENT LES JOURNALISTES S'AUTOCENSURENT

Daniel Mermet : *Commençons par la question des médias. En France,
en mai 2005, lors du référendum sur le traité de Constitution européenne, la plupart des organes de presse étaient partisans du « oui »,
et, cependant, 55 % des Français ont voté « non ». La puissance
de manipulation des médias ne semble donc pas absolue. Ce vote
des citoyens représentait-il aussi un « non » aux médias ?*

Noam Chomsky : Le travail sur la manipulation médiatique ou la
fabrique du consentement fait par Edward Herman et moi n'aborde
pas la question des effets des médias sur le public. C'est un sujet
compliqué, mais les quelques recherches en profondeur menées sur
ce thème suggèrent que, en réalité, l'influence des médias est plus
importante sur la fraction de la population la plus éduquée. La masse de
l'opinion publique paraît, elle, moins tributaire du discours des médias.

Prenons, par exemple, l'éventualité d'une guerre contre l'Iran : 75 % des Américains
estiment que les États-Unis devraient mettre un terme à leurs menaces militaires et
privilégier la recherche d'un accord par voie diplomatique. Des enquêtes conduites
par des instituts occidentaux suggèrent que l'opinion publique iranienne et celle des
États-Unis convergent aussi sur certains aspects de la question nucléaire : l'écrasante
majorité de la population des deux pays estime que la zone s'étendant d'Israël à l'Iran
devrait être entièrement débarrassée des engins de guerre nucléaires, y compris
ceux que détiennent les troupes américaines de la région. Or, pour trouver ce genre
d'information dans les médias, il faut chercher longtemps.

[…]

D. M. : *Chaque fois qu'on demande à un journaliste vedette ou à un présentateur d'un
grand journal télévisé s'il subit des pressions, s'il lui arrive d'être censuré, il réplique qu'il
est entièrement libre, qu'il exprime ses propres convictions. Comment fonctionne le contrôle
de la pensée dans une société démocratique ? En ce qui concerne les dictatures, nous
le savons.*

43

Noam Chomsky

Linguiste rendu célèbre par ses recherches dans le domaine de la linguistique. Se démarque aussi par son engagement social, ses critiques sur la politique étrangère américaine et le fonctionnement des médias.

Daniel Mermet

Journaliste à la station de radio française France Inter.

N. C. : Quand des journalistes sont mis en cause, ils répondent aussitôt : « Nul n'a fait pression sur moi, j'écris ce que je veux. » C'est vrai. Seulement, s'ils prenaient des positions contraires à la norme dominante, ils n'écriraient plus leurs éditoriaux. La règle n'est pas absolue, bien sûr ; il m'arrive moi-même d'être publié dans la presse américaine, les États-Unis ne sont pas un pays totalitaire non plus. Mais quiconque ne satisfait pas certaines exigences minimales n'a aucune chance d'être pressenti pour accéder au rang de commentateur ayant pignon sur rue.

C'est d'ailleurs l'une des grandes différences entre le système de propagande d'un État totalitaire et la manière de procéder dans des sociétés démocratiques. En exagérant un peu, dans les pays totalitaires, l'État décide de la ligne à suivre et chacun doit ensuite s'y conformer. Les sociétés démocratiques opèrent autrement. La « ligne » n'est jamais énoncée comme telle, elle est sous-entendue. On procède, en quelque sorte, au « lavage de cerveaux en liberté ». Et même les débats « passionnés » dans les grands médias se situent dans le cadre des paramètres implicites consentis, lesquels tiennent en lisière nombre de points de vue contraires.

Le système de contrôle des sociétés démocratiques est fort efficace ; il instille la ligne directrice comme l'air qu'on respire. On ne s'en aperçoit pas, et on s'imagine parfois être en présence d'un débat particulièrement vigoureux. Au fond, c'est infiniment plus performant que les systèmes totalitaires. […]

N'oublions pas comment s'impose toujours une idéologie. Pour dominer, la violence ne suffit pas, il faut une justification d'une autre nature. Ainsi, lorsqu'une personne exerce son pouvoir sur une autre – que ce soit un dictateur, un colon, un bureaucrate, un mari ou un patron –, elle a besoin d'une idéologie justificatrice, toujours la même : cette domination est faite « pour le bien » du dominé. En d'autres termes, le pouvoir se présente toujours comme altruiste, désintéressé, généreux. […] ▪

Noam CHOMSKY, « Le lavage de cerveaux en liberté », *Le Monde diplomatique,* août 2007, [En ligne], 2007.

1 À votre avis, les journalistes dont parle Noam Chomsky éprouvent-ils ou elles de l'ambivalence ?

2 Décrivez une situation où un ou une journaliste ressentirait de l'ambivalence.

3 Les pressions extérieures, même subtiles, peuvent-elles provoquer de l'ambivalence ?

I ÉTUDE DE CAS : GUERRE OU PAIX

DES GRANDEURS ET DES CÔTÉS SOMBRES DE L'HUMANITÉ

Le paradoxe de la science capable à la fois de sauver la vie et de la détruire trouve une illustration éloquente en la personne de Fritz Haber qui sauva de la famine des millions d'hommes et de femmes, et, en même temps, mit au point le gaz qui servira plus tard à exterminer des millions de Juifs dans les chambres à gaz. Sa femme Clara, quant à elle, se suicida.

Axel Kahn

FRITZ ET CLARA HABER, CONSCIENCE ET INCONSCIENCE DE LA SCIENCE

Des affirmations tant de fois répétées telles que « On n'arrête pas le Progrès » témoignent de la permanence d'une vision déterministe d'un Progrès aux injonctions duquel on ne saurait se soustraire.

En réalité, si le progrès de l'éducation des sciences et des techniques est bien un moyen pour l'homme d'exercer sa liberté, cela n'implique nullement qu'il en fera un usage au bénéfice de l'humanité. Les exemples de cette évidence ne manquent pas. La figure emblématique de Fritz Haber en est un. Ce grand chimiste allemand est un bienfaiteur de l'humanité, lauréat du prix Nobel de Chimie, en 1918, au lendemain de la Grande Guerre. On lui doit la synthèse industrielle de l'ammoniac. Les engrais azotés qui en découleront permettront une augmentation considérable des rendements agricoles, alors même que s'épuisaient les engrais organiques traditionnels. Grâce à lui, des dizaines de millions de personnes ont échappé à la famine. Haber était

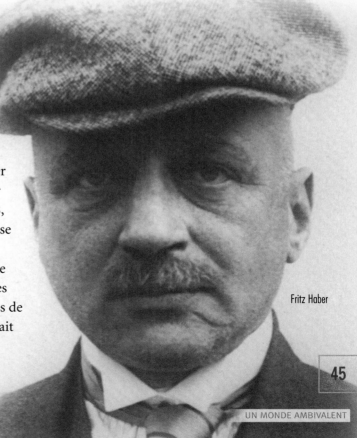

Fritz Haber

45

Clara Haber

aussi un patriote entièrement dévoué au succès des armées du Reich. Mis à la disposition du ministère de la Guerre dès le début des hostilités, après avoir supervisé, en 1915, les premières attaques au chlore dont seront victimes, près de la ville belge d'Ypres, les troupes franco-sénégalaises, il devient, en 1916, directeur des services chimiques de l'armée, responsable des gaz de combat. À partir de 1916, la responsabilité de Haber dans la préparation de gaz encore plus redoutables – le phosgène, puis l'ypérite – est totale. À la toute fin du conflit, Haber et son équipe mettent au point le Zyklon B, qui sera utilisé dans les chambres à gaz du Reich nazi. Pour se conformer aux conditions de l'armistice, ce produit sera fabriqué en tant qu'insecticide.

Fritz Haber, qui est juif, démissionnera de son poste à l'université en 1933, après la promulgation des premières lois raciales du chancelier Hitler. Il mourra peu après, et ne sera pas témoin de l'élimination de ses coreligionnaires à l'aide de sa dernière invention. En 1915, après que les troupes allemandes, conseillées par Fritz, ont fait usage du chlore, sa femme Clara, elle-même chimiste de talent, lui fait de vifs reproches. Pour elle, la science qui se fixe pour but de tuer est dévoyée. Fritz Haber ne veut rien entendre. Clara, le soir venu, se saisit de l'arme de service de son époux et se donne la mort. Fritz et Clara. […] Deux visages de la science, deux types d'expression de la responsabilité du scientifique.

Le drame de Fritz Haber, l'ambiguïté de son personnage, ne sont pas sans relation avec un deuxième exemple, illustrant ici la dissociation radicale entre la valeur scientifique d'une découverte et ses conséquences sociales et morales. Les pseudo-théories scientifiques fondant la politique d'hygiène raciale du Reich ont été plus ou moins approuvées, ou au moins tolérées, par une grande partie des biologistes allemands, y compris les plus remarquables. Dans presque tous les pays du monde, les sociétés de génétique s'appellent sociétés d'eugénique avant la Seconde Guerre mondiale, par référence à la théorie eugéniste qui conclut à la nécessité de l'amélioration des lignages humains. La mise en œuvre de politiques eugénistes aboutira à la stérilisation de centaines de milliers de personnes dans le monde. Cette effervescence idéologique est l'une des conséquences du progrès des sciences biologiques aux 19e et 20e siècles : théorie de l'évolution de Jean-Baptiste de Lamarck et de Charles Darwin, découverte des lois de la génétique par Gregor Mendel en 1865, et surtout leur redécouverte, dès l'année 1900.

Ces progrès scientifiques sont considérables, ils constituent les piliers de la biologie moderne. Et pourtant, ils ont joué un rôle important dans les événements sociaux et politiques d'une des pires périodes de l'humanité. C'est l'illustration parfaite que le Vrai ne conduit pas mécaniquement au Bien […] La possession de la connaissance et la maîtrise des techniques, le pouvoir qu'elles confèrent, débouchent sur un choix, dont les termes dépassent leur dimension scientifique. Une telle observation n'altère en rien la légitimité de la science et la valeur de la vérité, elle en précise l'objet. ■

Axel KAHN, *Raisonnable et humain ?*, Paris, Nil éditions, 2004, p. 173-176.

1 En quoi ce texte exprime-t-il le fait que la science n'est pas neutre, mais inscrite dans une culture et un contexte particuliers ?

2 Quel est le sens de l'affirmation suivante : « La possession de la connaissance et la maîtrise des techniques, le pouvoir qu'elles confèrent, débouchent sur un choix, dont les termes dépassent leur dimension scientifique » ?

3 Comment peut-on expliquer le choix de certains scientifiques de poursuivre des recherches contraires à la pérennité de la vie ?

Axel Kahn

Généticien français, directeur de recherche à Paris à l'Institut national de la santé et de la recherche médicale (INSERM), directeur de l'Institut Cochin et membre du Comité consultatif national d'éthique. Auteur de plusieurs ouvrages dont : *Et l'Homme dans tout ça ? – Plaidoyer pour un humanisme moderne* (2000).

Boris Vian (1920-1959)

Écrivain français, poète, parolier, chanteur. Auteur de plus de 400 chansons et d'une dizaine de romans dont *L'écume des jours* (1947).

---

1 Comment se pose le dilemme moral ?

2 Comment décririez-vous l'ambivalence des sentiments soulevés par ce cas de conscience ?

3 En défiant les lois militaires, le déserteur est-il un héros ou une personne lâche ? Une personne insoumise ou un objecteur de conscience ? Commentez.

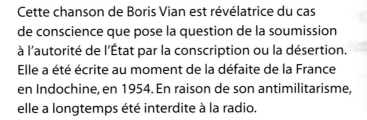

Cette chanson de Boris Vian est révélatrice du cas de conscience que pose la question de la soumission à l'autorité de l'État par la conscription ou la désertion. Elle a été écrite au moment de la défaite de la France en Indochine, en 1954. En raison de son antimilitarisme, elle a longtemps été interdite à la radio.

Boris Vian

LE DÉSERTEUR

Monsieur le Président
Je vous fais une lettre
Que vous lirez peut-être
Si vous avez le temps
Je viens de recevoir
Mes papiers militaires
Pour partir à la guerre
Avant mercredi soir
Monsieur le Président
Je ne veux pas la faire
Je ne suis pas sur terre
Pour tuer des pauvres gens
C'est pas pour vous fâcher
Il faut que je vous dise
Ma décision est prise
Je m'en vais déserter

Depuis que je suis né
J'ai vu mourir mon père
J'ai vu partir mes frères
Et pleurer mes enfants
Ma mère a tant souffert
Elle est dedans sa tombe
Et se moque des bombes
Et se moque des vers

Quand j'étais prisonnier
On m'a volé ma femme
On m'a volé mon âme
Et tout mon cher passé
Demain de bon matin
Je fermerai ma porte
Au nez des années mortes
J'irai sur les chemins

Je mendierai ma vie
Sur les routes de France
De Bretagne en Provence
Et je dirai aux gens :
Refusez d'obéir
Refusez de la faire
N'allez pas à la guerre
Refusez de partir
S'il faut donner son sang
Allez donner le vôtre
Vous êtes bon apôtre
Monsieur le Président
Si vous me poursuivez
Prévenez vos gendarmes
Que je n'aurai pas d'armes
Et qu'ils pourront tirer ■

Boris VIAN, « *Le déserteur*, 1954 », [En ligne], 2009.

Quand, en novembre 2009, le comité Nobel du Parlement norvégien annonce l'attribution du Nobel de la paix 2009 au président Barack Obama «pour ses efforts extraordinaires en vue de renforcer la diplomatie internationale et la coopération entre les peuples. Le Comité [ayant] attaché une importance particulière à la vision et aux efforts de M. Obama pour un monde sans armes nucléaires», nombre de journaux et d'opinions publiques firent état de leur étonnement : comment un président, en train de mener deux guerres, pouvait-il recevoir une telle distinction ?

Le texte qui suit est le discours d'acceptation de son prix, le 10 décembre 2009 à Oslo.

Barack Obama

UN NOBEL DE LA PAIX CHEF DE GUERRE

Je reçois cet honneur avec une profonde gratitude et une grande humilité. [...]

Et pourtant, j'aurais tort d'ignorer la controverse considérable que votre décision généreuse a soulevée : d'une part, parce que je suis au début, non à la fin, de mes efforts sur la scène mondiale. En comparaison de certains des géants qui ont reçu ce prix – Schweitzer et King ; Marshall et Mandela* – mes réalisations sont faibles. [...]

Mais l'interrogation la plus profonde peut-être qui entoure mon attribution de ce prix a trait au fait que je suis le commandant en chef d'une nation engagée dans deux guerres. L'une de ces guerres est en voie d'achèvement. L'autre est un conflit que l'Amérique n'a pas cherché et auquel quarante-deux autres pays – dont la Norvège – se sont joints afin de se défendre et de défendre toutes les nations contre de nouvelles attaques.

Néanmoins, nous sommes en guerre, et je suis responsable du déploiement de milliers de jeunes Américains sur un champ de bataille lointain. Certains d'entre eux vont tuer, certains vont être tués. C'est pourquoi je me présente ici avec un sens profond du coût des conflits armés – rempli d'interrogations difficiles sur les relations entre la guerre et la paix et sur nos efforts visant à passer de l'une à l'autre.

[...]

Je n'apporte pas aujourd'hui avec moi une solution définitive à ces problèmes de guerre. Ce que je sais, cependant, c'est que la réponse à ces défis exigera la même clairvoyance, le même labeur et la même opiniâtreté que possédaient les hommes et les femmes qui ont agi de façon si audacieuse il y a quelques décennies. Et elle exigera que nous repensions les notions de guerre juste ainsi que les impératifs d'une juste paix.

Nous devons tout d'abord admettre une dure vérité : nous n'allons pas éradiquer les conflits violents de notre vivant. Il y aura des moments où des nations, agissant seules ou de concert, trouveront le recours à la force non seulement nécessaire mais aussi moralement justifié.

Barack Obama

Président des États-Unis d'Amérique depuis 2009.

49

* Albert Schweitzer (1952), Martin Luther King (1964), George C. Marshall (1953) et Nelson Mandela (1993).

1 Selon vous, à quel dilemme doit faire face ce chef d'État ?

2 Comment entreprend-il de concilier guerre et paix ?

Cela, je le dis pleinement conscient de ce que Martin Luther King déclara jadis, dans le cadre de cette même cérémonie : « La violence n'apporte jamais la paix permanente. Elle ne règle aucun problème social : elle ne fait qu'en créer de nouveaux et de plus compliqués. » Moi qui me trouve ici en conséquence directe de l'œuvre de Martin Luther King, je suis la preuve vivante de la force morale de la non-violence. Je sais qu'il n'y a rien de faible, rien de passif, rien de naïf, dans le credo et dans la vie de Gandhi et de Martin Luther King.

Mais en ma qualité de chef d'État qui a juré de protéger et de défendre son pays, je ne puis me guider d'après leurs seuls exemples. Je suis confronté au monde tel qu'il est et ne puis rester passif face aux menaces qui pèsent sur le peuple américain. Car ne vous leurrez pas : le mal existe dans le monde. Ce n'est pas un mouvement non violent qui aurait pu arrêter les armées d'Hitler. Aucune négociation ne saurait convaincre les chefs d'Al-Qaïda de déposer leurs armes. Dire que la guerre est parfois nécessaire n'est pas un appel au cynisme, c'est la reconnaissance de l'histoire, des imperfections de l'homme et des limites de la raison.

Je soulève ce point, je commence par ce point parce que dans de nombreux pays on éprouve actuellement une profonde ambivalence au sujet de toute action militaire, quelle qu'en soit la cause. Parfois, il s'y greffe une méfiance réflexive à l'égard de l'Amérique, la seule superpuissance militaire du monde.

[…]

Donc oui, les outils de guerre ont un rôle à jouer pour préserver la paix. Et pourtant cette vérité doit coexister avec une autre : aussi justifiée soit-elle, la guerre promet une tragédie humaine. Par son courage et par son sacrifice, le soldat se couvre de gloire car il exprime son dévouement à sa patrie, à sa cause, à ses camarades de combat. Mais la guerre elle-même n'est jamais glorieuse et nous ne devons jamais la claironner comme telle.

C'est ainsi que notre défi consiste en partie à concilier ces deux vérités apparemment inconciliables, à savoir que la guerre est parfois nécessaire et qu'elle est, à un certain niveau, une expression de la folie humaine. Concrètement, nous devons centrer nos efforts sur la tâche à laquelle le président Kennedy nous a appelés, il y a longtemps : « Concentrons-nous, dit-il, sur une paix plus pratique, plus réalisable, basée non sur une soudaine révolution de la nature humaine, mais sur une évolution progressive des institutions humaines. » […]

Département d'État des États-Unis, « America.gov – *les États-Unis dans le monde aujourd'hui* », 10 décembre 2009, [En ligne], mars 2010.

Chapitre 2 POUR EN SAVOIR PLUS

Romans, essais

CYRULNIK, Boris, et Edgar MORIN. *Dialogue sur la nature humaine,* Paris, Éditions de l'Aube, 2004, 72 p.

DUMONT, Fernand. *Récit d'une émigration,* Montréal, Boréal, 1997, 268 p.

KAHN, Axel. *Raisonnable et humain ?,* Paris, Nil éditions, 2004, 316 p.

KEY, Joshua. *Putain de guerre ! : le témoignage choc d'un déserteur américain qui refuse de faire la guerre en Irak,* Paris, Albin Michel, 2007, 262 p.

Le monde de demain

« L'humanité de l'Homme n'est ni un "constat" vérifiable,
ni le résultat d'une recherche, ni un héritage : c'est un projet.
Ce projet, sans cesse, est devant nous, aléatoire et menacé,
comme le sont les projets humains. »

Jean-Claude Guillebaud

Chapitre 3

EN UN COUP D'ŒIL...

*J'*il existe différentes façons
d'envisager l'avenir
de l'humanité. Ce chapitre
traite des diverses conceptions
imaginaires et visionnaires du devenir
des sociétés.

La première partie présente l'étude
d'œuvres littéraires et cinématographiques mettant en scène des utopies.
Dans *L'Utopie*, – d'après le nom d'une
île imaginaire où se situe l'action –,
l'humaniste anglais Thomas More
décrit une société idéale et égalitaire.
Le meilleur des mondes, un roman
d'Aldous Huxley, met en scène une
société totalement régie par les
biotechnologies. L'étude du film de
Charles Chaplin, *Les temps modernes,*
permet d'aborder l'organisation
scientifique du travail instaurée dans
les grandes industries occidentales
à partir des années 1930. Brièvement
résumé ici, l'essai d'Albert Jacquard,
Mon utopie, présente une critique de
la société néolibérale contemporaine
et donne des points de repères pour
aider à léguer aux générations futures
une société plus humaine et lucide
par rapport aux enjeux décisifs de leur
époque. Dernier document, un scénario
fictif publié par la revue britannique
New Scientist et écrit en réaction aux
risques d'une économie de croissance
propose un projet de société construit
sur une économie durable.

La deuxième partie offre des extraits
de textes qui précisent le sens du
questionnement éthique et du nouvel
humanisme, défis inédits lancés par
le développement économique et
technoscientifique.

I DES POINTS DE VUE : DES UTOPIES

UN RÊVE D'ÉGALITÉ TOTALE

Avec *L'Utopie,* Thomas More entreprend de décrire une société idéale où tout appartient à tous et toutes, et où tous les gens vivent dans l'abondance (extrait 1). La liberté de religion y est la règle (extrait 2), et chaque individu y contribue en fonction de ses facultés (extrait 3). C'est en fait une critique sévère de la vie en Angleterre au 16ᵉ siècle, où la population rurale est menacée au profit d'un capitalisme naissant.

Thomas More

Extrait 1

La cité entière se partage en quatre quartiers égaux. Au centre de chaque quartier, se trouve le marché des choses nécessaires à la vie. L'on y apporte les différents produits du travail de toutes les familles. [...]

Chaque père de famille va chercher au marché ce dont il a besoin pour lui et les siens. Il emporte ce qu'il demande, sans qu'on exige de lui ni argent ni échange. On ne refuse jamais rien aux pères de famille. L'abondance étant extrême en toute chose, on ne craint pas que quelqu'un demande au-delà de son besoin. En effet, pourquoi celui qui a la certitude de ne manquer jamais de rien chercherait-il à posséder plus qu'il ne lui faut ? [...]

En Utopie, [...] où tout appartient à tous, personne ne peut manquer de rien, une fois que les greniers publics sont remplis. Car la fortune de l'État n'est jamais injustement distribuée en ce pays ; l'on n'y voit ni pauvre ni mendiant, et quoique personne n'ait rien à soi, cependant tout le monde est riche. Est-il, en effet, de plus belle richesse que de vivre joyeux et tranquille, sans inquiétude ni souci ?

Extrait 2

Au reste, malgré la diversité de leurs croyances, tous les Utopiens conviennent en ceci : qu'il existe un être suprême, à la fois Créateur et Providence. [...]

Utopus, en décrétant la liberté religieuse, n'avait pas seulement en vue le maintien de la paix que troublaient naguère des combats continuels et des haines implacables, il pensait encore que l'intérêt de la religion elle-même commandait une pareille

mesure. Jamais il n'osa rien statuer témérairement en matière de foi, incertain si Dieu n'inspirait pas lui-même aux hommes des croyances diverses, afin d'éprouver, pour ainsi dire, cette grande multitude de cultes variés. Quant à l'emploi de la violence et des menaces pour contraindre un autre à croire comme soi, cela lui parut tyrannique et absurde. Il prévoyait que si toutes les religions étaient fausses, à l'exception d'une seule, le temps viendrait où, à l'aide de la douceur et de la raison, la vérité se dégagerait elle-même, lumineuse et triomphante, de la nuit de l'erreur.

Extrait 3

Le but des institutions sociales en Utopie est de fournir d'abord aux besoins de la consommation publique et individuelle, puis de laisser à chacun le plus de temps possible pour s'affranchir de la servitude du corps, cultiver librement son esprit, développer ses facultés intellectuelles par l'étude des sciences et des lettres. C'est dans ce développement complet qu'ils font consister le vrai bonheur.

Les Utopiens distinguent diverses sortes de vrais plaisirs : les uns se rapportent au corps, les autres à l'âme.

[…]

Ils se livrent par-dessus tout aux plaisirs de l'esprit, qu'ils regardent comme les premiers et les plus essentiels de tous les plaisirs ; ils mettent au rang des plus purs et des plus souhaitables la pratique de la vertu et la conscience d'une vie sans souillures. ■

Thomas MORE, *L'Utopie*, traduction française de Victor Stouvenel, 1842, édition électronique par Jean-Marie Tremblay, Bibliothèque Paul-Émile-Boulet de l'Université du Québec à Chicoutimi, 2002, p. 49, 51, 64-65, 85-86, 94 (Coll. Les classiques des sciences sociales).

Thomas More (1478-1535)

Historien, juriste, philosophe, théologien et humaniste proche du roi d'Angleterre Henri VIII, lequel est à l'origine du schisme de l'Église anglicane. Exécuté le 6 juillet 1535 pour avoir refusé de prêter serment à son suzerain par fidélité à une chrétienté unie. A publié *L'Utopie* en 1516.

Humaniste

Savant de la Renaissance qui aide à la redécouverte des philosophes de l'Antiquité et affirme la valeur de l'être humain et de son savoir.

1 Si vous deviez imaginer une société utopique, quels aspects de la société dans laquelle vous vivez changeriez-vous ? Quelles seraient les valeurs premières structurant l'organisation sociale et politique de votre société utopique ? Pourquoi ?

2 Quels effets concrets aurait l'adoption de ces valeurs sur la société rêvée ?

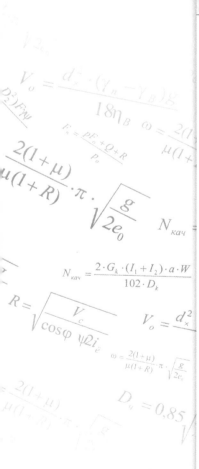

UN MONDE TROP PARFAIT

Dans la société utopique d'Aldous Huxley, la natalité est entièrement sous le contrôle des scientifiques. Les êtres humains sont fécondés en laboratoires (extrait 1) et le destin de chaque individu est déterminé dès le stade embryonnaire (extrait 2). En réaction à une société de plus en plus tournée vers l'automatisation et inquiet des découvertes scientifiques, Huxley présente dans *Le meilleur des mondes* un scénario des dérives possibles de la science.

Aldous Huxley

Pendant la visite de l'usine d'incubation, le directeur présente à un groupe d'étudiants les avantages du mode d'incubation des embryons appelé « le procédé Bokanovsky ».

Extrait 1

— Mon bon ami! Le Directeur se tourna vivement vers lui, vous ne voyez donc pas? Vous ne voyez pas? Il leva la main; il prit une expression solennelle. Le Procédé Bokanovsky est l'un des instruments majeurs de la stabilité sociale! [...]

— Quatre-vingt seize jumeaux identiques faisant marcher quatre-vingt-seize machines identiques! – Sa voix était presque vibrante d'enthousiasme. – On sait vraiment où l'on va. Pour la première fois dans l'histoire. – Il cita la devise planétaire: «Communauté, Identité, Stabilité.» Des mots grandioses. Si nous pouvions bokanovskifier indéfiniment, tout le problème serait résolu.

Résolu par des Gammas du type normal, des Deltas invariables, des Epsilons uniformes. Des millions de jumeaux identiques. Le principe de la production en série appliqué enfin à la biologie.

En poursuivant la visite, le directeur entre dans la salle de conditionnement néo-pavlovien.

Extrait 2

Les infirmières se raidirent au garde-à-vous à l'entrée du D.I.C. [directeur].

— Installez les livres, dit-il sèchement.

En silence, les infirmières obéirent à son commandement. Entre les vases de roses, les livres furent dûment disposés, une rangée d'in-quarto enfantins, ouverts d'une façon tentante, chacun sur quelque image gaiement coloriée de bête, de poisson ou d'oiseau.

— À présent, faites entrer les enfants.

Elles sortirent en hâte de la pièce, et rentrèrent au bout d'une minute ou deux, poussant chacune une espèce de haute serveuse chargée, sur chacun de ses quatre rayons en toile métallique, de bébés de huit mois, tous exactement pareils (un Groupe de Bokanovsky, c'était manifeste), et tous (puisqu'ils appartenaient à la caste Delta) vêtus de kaki.

— Posez-les par terre.

On déchargea les enfants.

— À présent, tournez-les de façon qu'ils puissent voir les fleurs et les livres.

Tournés, les bébés firent immédiatement silence, puis ils se mirent à ramper vers ces masses de couleurs brillantes, ces formes si gaies et si vives sur les pages blanches. Tandis qu'ils s'en approchaient, le soleil se dégagea d'une éclipse momentanée où l'avait maintenu un nuage. Les roses flamboyèrent comme sous l'effet d'une passion interne soudaine ; une énergie nouvelle et profonde parut se répandre sur les pages luisantes des livres. Des rangs des bébés rampant à quatre pattes s'élevaient de petits piaillements de surexcitation, des gazouillements et des sifflotements de plaisir.

Le Directeur se frotta les mains :

— Excellent ! dit-il. On n'aurait guère fait mieux si ç'avait été arrangé tout exprès.

Les rampeurs les plus alertes étaient déjà arrivés à leur but. De petites mains se tendirent, incertaines, touchèrent, saisirent, effeuillant les roses transfigurées, chiffonnant les pages illuminées des livres. Le Directeur attendit qu'ils fussent tous joyeusement occupés. Puis :

— Observez bien, dit-il. Et, levant la main, il donna le signal.

L'Infirmière-Chef, qui se tenait à côté d'un tableau de commandes électriques à l'autre bout de la pièce, abaissa un petit levier.

Il y eut une explosion violente. Perçante, toujours plus perçante, une sirène siffla. Des sonneries d'alarme retentirent, affolantes.

Les enfants sursautèrent, hurlèrent ; leur visage était distordu de terreur.

— Et maintenant, cria le Directeur (car le bruit était assourdissant), maintenant nous passons à l'opération qui a pour but de faire pénétrer la leçon bien à fond, au moyen d'une légère secousse électrique.

Il agita de nouveau la main, et l'Infirmière-Chef abaissa un second levier. Les cris des enfants changèrent soudain de ton. Il y avait quelque chose de désespéré, de presque dément, dans les hurlements perçants et spasmodiques qu'ils lancèrent

Aldous Huxley (1894-1963)

L'un des plus brillants intellectuels anglais de sa génération. A publié une œuvre foisonnante de plus de 47 volumes qui se composent de poèmes, d'essais et de romans dont *Le meilleur des mondes*, paru en 1932.

alors. Leur petit corps se contractait et se raidissait : leurs membres s'agitaient en mouvements saccadés, comme sous le tiraillement de fils invisibles.

— Nous pouvons faire passer le courant dans toute cette bande de plancher, glapit le Directeur en guise d'explication, mais cela suffit, dit-il comme signal à l'infirmière.

Les explosions cessèrent, les sonneries s'arrêtèrent, le hurlement de la sirène s'amortit, descendant de ton en ton jusqu'au silence. Les corps raidis et contractés se détendirent, et ce qui avait été les sanglots et les abois de fous furieux en herbe se répandit de nouveau en hurlements normaux de terreur ordinaire.

— Offrez-leur encore une fois les fleurs et les livres.

Les infirmières obéirent ; mais à l'approche des roses, à la simple vue de ces images gaiement coloriées du minet, du cocorico et du mouton noir qui fait bêê, bêê, les enfants se reculèrent avec horreur ; leurs hurlements s'accrurent soudain en intensité.

— Observez, dit triomphalement le Directeur, observez.

Les livres et les bruits intenses, les fleurs et les secousses électriques, déjà, dans l'esprit de l'enfant, ces couples étaient liés de façon compromettante ; et, au bout de deux cents répétitions de la même leçon ou d'une autre semblable, ils seraient mariés indissolublement. Ce que l'homme a uni, la nature est impuissante à le séparer.

— Ils grandiront avec ce que les psychologues appelaient une haine « instinctive » des livres et des fleurs. Des réflexes inaltérablement conditionnés. Ils seront à l'abri des livres et de la botanique pendant toute leur vie.

Le Directeur se tourna vers les infirmières.

— Remportez-les. ■

Aldous HUXLEY, *Le meilleur des mondes*, Paris, éditions Pocket, 1977, p. 25, 37-40.

1 Quels seraient les risques pour la nature humaine et le devenir de l'humanité si les êtres humains se destinaient à vivre, dans un futur lointain, dans de telles sociétés ?

2 Serait-ce souhaitable que les êtres humains soient identiques ?

3 L'étude de cette fiction écrite en 1932 est-elle pertinente pour déceler les enjeux du développement des sciences et des technologies en ce début du 21e siècle ?

L'HOMME-MACHINE DES *TEMPS MODERNES*

Dans son chef-d'œuvre *Les temps modernes* réalisé en 1936, Charlie Chaplin pose avec une violente tension dramatique la question de la mécanisation et de la place de l'être humain dans les usines déshumanisées.

Georges Sadoul

Charlot avait […] choisi dans *Les temps modernes* un métier assez nouveau. Il était ouvrier dans une grande usine. Le film se présentait, dans son avertissement, comme *l'histoire de l'industrie, de l'entreprise individuelle, de l'humanité à la conquête du bonheur…*

Dans cette énorme fabrique, tout est mécanisé, et, par la télévision, le directeur est partout visible et présent. Les ouvriers se rendent à leur travail comme les moutons à l'abattoir. De temps à autre une distraction de l'ouvrier Charlot trouble la chaîne de fabrication, où il a la tâche mécanique de serrer éternellement le même boulon.

Après avoir constaté l'échec de la « machine à manger », le directeur ordonne d'augmenter la cadence. La monotonie et l'accélération de la chaîne font perdre la raison à Charlot. Il danse comme un faune, il prend pour des boulons les boutons des femmes, il asperge d'huile noire les contremaîtres, les agents de police et les infirmiers. On l'enferme dans une maison de fous… Il en sort guéri, mais chômeur.

Errant dans les rues il ramasse machinalement un chiffon rouge tombé d'un camion. Derrière lui débouche une manifestation. La police l'accuse d'en être l'instigateur. Elle l'arrête. Il est mis dans une prison qui lui rappelle son ancienne usine, en plus confortable. Libéré, il est embauché dans un chantier naval et envoie couler dans la mer un navire inachevé.

Charlot, à nouveau chômeur, cherche à se faire arrêter pour avoir en prison le vivre et le couvert. Il est embarqué dans une auto cellulaire. Il y rencontre une « gamine », sorte de sœur aînée de Gavroche, arrêtée pour avoir chapardé quelque nourriture. Il en tombe amoureux, et ils s'échappent du panier à salade. Ils vont vivre dans une cabane en planches, au bord de la mer. ■

Georges SADOUL, *Charlie Chaplin*, Paris, Bibliopoche, 1991, p. 116 (Coll. Ramsay Poche Cinéma).

**Georges Sadoul
(1904-1967)**

Journaliste et écrivain, auteur
de très nombreux ouvrages sur
le cinéma.

**Charles Chaplin
(1889-1977)**

Acteur, cinéaste et musicien, qui
« à l'aube du cinéma, incarnait
la poésie, la révolte et la liberté »
(Georges Sadoul). A sans doute
été l'homme le plus célèbre de
son temps.

1 Le film de Chaplin caricature les cadences infernales
et l'emprise des machines sur l'être humain. Selon
vous, cette préoccupation est-elle d'un autre temps
ou toujours actuelle ?

2 *Les temps modernes* aborde la survie de l'être
humain dans le contexte industriel, économique et
social du 20ᵉ siècle. Ce message reste-t-il valable
pour le 21ᵉ siècle ? Justifiez votre réponse en
donnant des exemples.

3 L'industrialisation a-t-elle eu des impacts positifs ?
Si oui, lesquels ?

REPENSER L'ÉDUCATION POUR VIVRE LIBRE

Dans son essai intitulé *Mon utopie,* dont nous proposons ici un résumé, Albert Jacquard pose un regard critique sur les enjeux des sociétés modernes. Conscient de la finitude de la Terre, de l'épuisement de ses ressources et des enjeux liés aux développements fulgurants des sciences et des technologies, il estime que la survie même de notre espèce dépend de la capacité des êtres humains à se concevoir comme des êtres capables d'agir sur leur devenir.

Mon utopie, résumé

RÉSUMÉ DE *MON UTOPIE*[1]

Le projet social proposé par Albert Jacquard repose, en grande partie, sur la reformulation des finalités du système d'éducation. Car, contrairement à ce que l'on pourrait croire, la fonction du système éducatif n'est plus de fournir au système économique les personnes compétentes dont il prétend avoir besoin. Sa tâche est bien plus décisive. Elle est d'aider chacun à devenir lui-même en rencontrant les autres et à devenir ainsi, chaque jour, un peu plus humain.

D'après Albert Jacquard, l'école n'a pas comme principale fonction de préparer à la vie active. L'école, qui mesure la réussite sur une logique compétitive entre les élèves, évalue les compétences techniques en omettant de développer la principale performance de chacun : la capacité à développer sa singularité, à s'insérer dans un « nous » et à participer à l'intelligence collective.

L'auteur de *Mon utopie* insiste sur l'urgence de reformuler le rôle de l'école afin de la considérer d'abord comme le lieu par excellence de l'apprentissage de la démocratie participative. D'elle dépend la paix sociale dans les sociétés civiles et la possibilité, pour chacun et chacune, de prendre part aux décisions qui les concernent d'une manière ou d'une autre. C'est pourquoi le rôle fondamental de l'école est-il avant toute autre chose d'éduquer à la liberté de penser et d'agir. Car la finalité première des milieux éducatifs n'est-elle pas de former des êtres humains dotés de conscience, de liberté de choix et de pouvoir de décision ? Pour ce faire, toutes les activités éducatives comme les pratiques d'intervention devraient converger vers un but unique : entrer en humanité. ■

1. Albert JACQUARD, *Mon utopie,* Paris, Éditions Stock, 2006, 193 p.

Albert Jacquard

Scientifique français spécialiste de la génétique ; homme engagé dans les débats éthiques concernant les enjeux que soulève le développement des sciences et des technologies pour la conscience humaine.

1 Pourquoi Albert Jacquard appuie-t-il tout son raisonnement sur la reformulation du système éducatif ? Êtes-vous d'accord avec lui ? Pourquoi ?

2 D'après vous, que signifie « entrer en humanité » ?

L'ÉCONOMIE DURABLE, UNE UTOPIE ÉCOLOGISTE

Dans cet article, la revue britannique *New Scientist* propose un scénario fictif où les nations ont fait le choix politique de s'investir dans le développement d'une économie durable.

New Scientist

Londres

Nous sommes en 2020, dix ans après le lancement de l'énorme expérience visant à donner à notre pays une économie durable. Nous suivons deux principes de base : nous n'utilisons pas les ressources naturelles plus vite qu'elles ne se renouvellent et nous ne rejetons pas nos déchets plus vite qu'ils ne peuvent être absorbés.

Dans notre société, ce sont les scientifiques qui fixent les règles. Ils déterminent quels niveaux de consommation et d'émissions sont acceptables. [...] Les économistes doivent ensuite trouver le moyen de respecter ces limites et d'encourager l'innovation afin de tirer le maximum de ressources naturelles que nous utilisons.

Ils ont pour cela recours à deux mécanismes principaux. Le premier est un système de plafonnement et d'échange qui permet aux entreprises d'acheter et de vendre des permis d'émission de gaz à effet de serre. [...] Le second mécanisme consiste à changer la logique de la fiscalité. Nous avons progressivement aboli l'impôt sur le revenu (une décision très populaire !) pour encourager les gens à ajouter autant de valeur que possible aux ressources dont ils se servent. Nous taxons désormais ces ressources au moment où elles sont retirées de la biosphère : le pétrole lorsqu'il est extrait du sol, ou les poissons lorsqu'ils sont pêchés dans la mer. Cela augmente leur prix et incite tout le monde à les utiliser avec parcimonie.

Un avantage annexe de cette fiscalité est qu'elle est facile à faire respecter. Les tricheurs ne peuvent plus échapper aux impôts en cachant leurs revenus. Mais elle a malheureusement un inconvénient : les pauvres finissent par consacrer une plus grande partie de leurs revenus à l'achat de biens de consommation que les riches. Nous pallions à cela en allouant une partie des recettes au financement d'allocations et de projets sociaux.

Nous ne fabriquons désormais que ce dont nous avons besoin

Comme nous ne pouvons plus compter sur la croissance économique pour augmenter les revenus, nous devons lutter différemment contre la pauvreté. Nous redistribuons

progressivement les richesses en fixant une limite aux inégalités économiques. Il a été difficile d'établir un éventail de revenus susceptible de récompenser les vraies contributions au lieu de multiplier les privilèges. […] Notre premier objectif a été de réduire l'écart général à un rapport de 1 à 100 ; par exemple, si, dans une entreprise, le salaire le plus bas est de 10 000 $, un dirigeant ne pourra pas toucher plus de 1 million de dollars. Nous essaierons par la suite d'arriver à un éventail de 1 à 30.

Mais que devient la croissance, me demanderez-vous ? Elle reste autorisée tant qu'elle ne dépasse pas les limites fixées par les écologistes. […] Les progrès de la technologie et une meilleure efficacité nous permettent d'exploiter les ressources naturelles de façon de plus en plus optimale, ce qui renforce notre économie.

Lorsque nous avons entamé cette transition, nous avons imposé une taxe carbone qui a rendu les transports fonctionnant au pétrole hors de prix. Cela a limité les déplacements en voiture, mais aussi suscité une vague d'investissements massifs dans les transports publics et dans les technologies requises pour faire fonctionner les véhicules avec des énergies renouvelables. Les recherches ont payé, et ces véhicules deviennent de plus en plus abordables. […]

Les objets que nous produisons sont également d'un type différent. Maintenant que nous payons le coût environnemental de ce que nous utilisons, il n'est plus intéressant d'un point de vue économique de fabriquer des marchandises jetables ou à courte durée de vie. Nous ne fabriquons que ce dont nous avons besoin, et les choses sont faites pour durer : plus de gadgets de haute technologie périmés au bout de six mois. […]

Nous sommes peut-être tous un peu plus heureux

La croissance économique étant moins forte, nous ne pouvons pas assumer le plein-emploi – il est vrai que notre ancienne économie n'y parvenait pas non plus. Nous travaillons à temps partiel, généralement en tant que copropriétaire d'une entreprise plutôt que comme employés. Le rythme de vie est plus détendu. Les revenus sont plus bas, mais nous sommes riches d'une chose que beaucoup d'entre nous ne connaissaient pas avant : le temps. […]

Au bout de dix ans, nous pouvons dire que les sacrifices consentis ont été moins durs que nous ne le craignions. Nous sommes sortis du modèle de la croissance économique – qui est condamné – et personne n'est moins bien loti qu'avant. Nous sommes peut-être même tous un peu plus heureux. Et il est bon de savoir que nos petits-enfants ont désormais une chance d'avoir une vie meilleure. ■

« En 2020 quand le monde sera enfin écolo », *New Scientist,* repris et traduit par *Courrier international*, n° 945, du 11 au 17 décembre 2008, p. 38-40.

1 En quoi le modèle de croissance économique tel qu'il existe aujourd'hui se distingue-t-il fondamentalement du modèle de développement durable proposé dans cet extrait ?

2 À votre avis, revient-il aux scientifiques plutôt qu'aux économistes de fixer les règles des niveaux de consommation et d'émission de rejets acceptables dans une collectivité ? Pourquoi ?

I ÉTUDE DE CAS : IMAGINER DEMAIN

PROMÉTHÉE DÉCHAÎNÉ : LA MENACE NUCLÉAIRE EN QUESTION

Dans cet extrait de *La légende de demain,* Albert Jacquard décrit le pouvoir illimité que les êtres humains du présent siècle accordent à la technique en illustrant, plus particulièrement, les dangers de l'énergie nucléaire pour l'avenir de l'humanité.

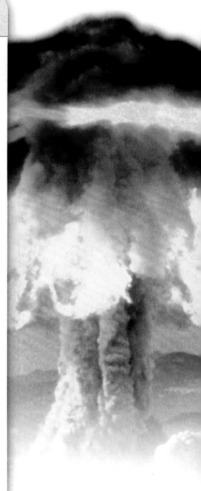

Albert Jacquard

Longtemps les humains se sont contentés de ce que la nature leur offrait ; la cueillette des fruits et des plantes, la chasse leur procuraient le nécessaire. [...] Puis, il y a une centaine de siècles environ, certains hommes ont imaginé de contraindre la Terre à faire des cadeaux plus abondants. Ils ont pratiqué l'élevage et la culture, qui fournissaient des richesses nouvelles au prix d'une activité que ne connaissait aucune espèce : le travail. *Homo* fut si fier d'être devenu *faber* qu'il a inventé des légendes mêlant les divinités à cet exploit : un Titan, un demi-dieu, Prométhée, lui aurait transmis des secrets que Zeus avait pourtant bien cachés, persuadé que l'homme en ferait mauvais usage. Cet exploit lui valut d'être enchaîné et soumis à la torture : un aigle, éternellement, lui dévore le foie.

[...] Depuis deux siècles, les scientifiques ont permis une meilleure compréhension de la nature. Prenant le relais, les techniciens ont mis au point de nouveaux procédés, ils ont transformé en outils les forces que nos ancêtres avaient craintes ou combattues. L'orage était source de frayeur, l'électricité est source de confort ; cette puissance de la nature est domptée, mise à notre service.

Sans l'avoir vraiment voulu, les hommes ont libéré Prométhée. Déchaîné, il n'en finit pas de trahir le dieu qui l'avait condamné au silence et de nous révéler de nouveaux secrets [...] Grâce à ces mystères enfin compris, [...] nous sommes désormais capables, pour nous libérer, d'utiliser les forces de la nature qui nous menaçaient ou nous emprisonnaient. [...]

Gustave Moreau, *Le supplice de Prométhée*,
1868. Huile sur toile, 205 × 122 cm.
Musée national Gustave-Moreau, Paris.

Prométhée est aveugle. [...] Émerveillés par
les pouvoirs nouveaux qu'il nous procure,
nous avons longtemps admis [...] que le but
de la connaissance est de réaliser tout ce qui
est possible. Aucune limite n'est alors assignée
aux pouvoirs que nous nous attribuons. Cet
optimisme s'est amoindri devant les progrès
fabuleux de ces pouvoirs.

La crainte que ces derniers inspirent est
apparue brutalement le 6 août 1945. Le cadeau
de Prométhée était, ce jour-là, vraiment trop
énorme. Certes, la «bombe» avait permis à
son possesseur de terminer victorieusement
la guerre ; mais sa puissance était telle qu'elle
menaçait l'existence même de l'humanité.
Cette terreur a immédiatement été ressentie
de façon diffuse par les peuples ; elle a été
exprimée clairement par certains scientifiques.
[...] Hélas, [...] leur voix n'a pas été entendue
par les gouvernants. Ceux-ci n'ont songé
qu'à poursuivre la logique des affrontements
d'autrefois, où la seule stratégie était de disposer d'une puissance supérieure à celle de
l'adversaire. Ils ont ainsi fait entrer l'ensemble
des hommes dans le «couloir de la mort» [...]

L'exemple de la France est significatif. Ses
gouvernants successifs ont choisi de fonder
son indépendance sur la dissuasion nucléaire.

Pour que cette stratégie soit efficace, il faut que l'outil de la dissuasion, la «bombe», soit
techniquement au point. S'il y a le moindre doute sur sa fiabilité, il importe de réaliser
les expériences permettant de lever ce doute. Il n'est donc pas étonnant qu'à l'unanimité
les experts aient conclu, en 1995, à la nécessité des essais programmés à Mururoa.

Mais cette condition n'est pas suffisante. Pour que la stratégie de la dissuasion soit
efficace, il faut que la menace d'utiliser la bombe soit crédible. Il s'agit de faire peur
à l'adversaire ; mais celui-ci n'aura peur que s'il est persuadé qu'après la menace le
responsable passera aux actes et appuiera sur le «bouton nucléaire». Quel président
en sera capable, connaissant les conséquences de cet acte ?

Or, de ces conséquences, il est rarement question. Pourtant, il importe avant tout de
regarder avec lucidité les effets de l'utilisation réelle des bombes sur la population

66

des belligérants, et, plus largement, sur l'humanité. Satisfaits de leur **machiavélisme**, les responsables balaient ces perspectives et affirment que ces armes terribles ne seront jamais utilisées : leur finalité n'est pas de détruire, mais de menacer et de dissuader ; il n'est pas question de les employer réellement.

Imaginons donc que, pour défendre son indépendance, l'un des membres du « club nucléaire » envoie quelques mégatonnes sur Moscou, ou sur Paris, Pékin, Tripoli, New York ou Bagdad (tout est possible puisque les fusées sont « tous azimuts »). Quelques millions de morts [...] mettraient aussitôt en évidence la puissance de cet État, et ses gouvernants pourraient fêter la victoire. Du moins le temps d'un discours, car il est peu probable que le conflit cesserait aussitôt. Dès les heures suivantes, l'agresseur recevrait une réplique qui l'anéantirait. Pour sauver son indépendance, il se serait suicidé. [...]

Ainsi, la Cour internationale de justice de La Haye, estimant que ces armes ont « le pouvoir de détruire toute civilisation et tout l'écosystème de la planète », a conclu en août 1996 que leur usage et même la menace de leur usage étaient contraires à la loi internationale. Le recours à la dissuasion est donc déclaré illégal. En septembre 1996, cent cinquante-huit pays, lors de l'assemblée générale de l'ONU, ont approuvé le traité interdisant les essais nucléaires. [...] C'est au nom d'une morale humaine que, peu à peu, la lucidité face à l'abomination nucléaire se répand. [...]

Les dirigeants des principaux pays semblent avoir enfin compris quel danger collectif faisait courir à tous les hommes leur acharnement à raisonner en termes de puissance militaire. Un début de destruction de ces armes a été programmé. Mais réduirait-on le stock de bombes au dixième de sa capacité actuelle que le danger resterait immense.

Il ne suffit pas d'en interdire la possession ; il faut transformer la logique qui a conduit à leur production. [...] Voilà une des tâches urgentes pour demain : faire comprendre à Prométhée que les exploits techniques, si grandioses soient-ils, sont néfastes s'ils menacent l'avenir de l'homme. ■

Machiavélisme
Doctrine de l'homme politique italien Machiavel ; attitude d'une personne qui emploie la ruse et la mauvaise foi pour parvenir à ses fins. Une manœuvre ou un procédé machiavélique.

Albert JACQUARD, *La légende de demain*, Paris, Éditions Flammarion, 1997, p. 151-162.

1 Selon l'auteur, les progrès techniques censés libérer les êtres humains se retournent aujourd'hui contre eux et brident leur liberté. Êtes-vous d'accord avec cette position ? Pourquoi ?

2 Devons-nous assigner des limites aux possibilités qu'offrent les sciences et les technologies ? Pourquoi ? Selon quels critères ?

3 L'humanité doit-elle cesser de faire de la recherche scientifique ?

4 Quels critères devraient être retenus pour établir les recherches acceptables et celles à proscrire ?

67

LE SCULPTEUR ET LA PIERRE
OU LA TECHNIQUE AU SERVICE DE L'HUMANISME

Dans ce texte, Jean-François Malherbe pose la question éthique que soulève le développement des sciences et des techniques. Il puise chez Aristote les fondements de son argumentaire.

Jean-François Malherbe

La « technique », ou plutôt « les techniques » occupent une place enviée dans la culture occidentale de ce début de siècle. Le développement technique fascine l'imagination. Ses performances spectaculaires impressionnent les esprits. La plupart de nos concitoyens admettent son existence comme une évidence, comme un fait **irréfragable**, ou comme une fatalité. D'un autre côté, l'humanisme semble en perte de vitesse. [...]

Par *humanisme*, j'entends « le souci de l'humain ». Par *technique*, j'entends « l'art de mettre en œuvre les moyens les plus efficients d'atteindre une fin ». Ces deux définitions indiquent déjà le sens global de la thèse que je veux soutenir : la technique n'a de sens qu'en rapport à une finalité et cette finalité ne peut être définie qu'à partir du souci de l'humain en quoi consiste l'humanisme. [...]

Pour définir l'éthique et la technique de façon à faire apparaître leur articulation la plus intime, je voudrais emprunter quelques concepts à Aristote. Le philosophe nous explique notamment que pour comprendre un changement, une transformation – et la technique ne consiste-t-elle pas précisément à produire des changements ? –, il est nécessaire de se poser quatre questions :

a) Qu'est-ce qui change ? Quelle est la *matière* du changement ?
b) En quelle *transformation* consiste le changement ?
c) Quels sont les gestes *efficaces* qui produisent ce changement ?
d) En vue de quoi ce changement est-il opéré ? Quelle est sa *finalité* ?

[Pour mieux saisir le sens de ces propos d'Aristote, laissez-moi vous raconter une anecdote.] On raconte qu'un petit garçon passait chaque matin et chaque soir, sur le chemin entre l'école et la maison, devant l'atelier d'un sculpteur. Il s'arrêtait chaque fois quelques instants pour observer l'artiste au travail. Au bout de quelques semaines, il lui demanda comment il avait pu savoir que la grosse pierre qu'il martelait avec zèle contenait le cheval qui en émergeait petit à petit. Le sculpteur lui répondit que ce n'était pas la pierre qui contenait le cheval, mais plutôt sa relation difficile avec la pierre qui

Irréfragable
Se dit d'un argument qu'on ne peut récuser.

avait engendré le cheval. […] Le sculpteur, par l'ensemble de ses gestes efficaces, dégage une forme équestre de la matière informe. Ainsi considéré, nous pouvons dire du sculpteur qu'il fait un travail de *technicien*. Cette définition articule entre elles les trois premières questions qu'Aristote suggérait que nous nous posions pour étudier un changement. La quatrième question – celle de la finalité – reste en suspens. Pourquoi ou pour quoi le sculpteur fait-il ce travail? Cette quatrième question ressortit précisément de l'éthique. C'est la question de la «raison d'être». C'est la question de la finalité. C'est la question éthique par excellence.

Plus exactement, la question éthique se dédouble. Elle consiste, en effet, à s'interroger d'une part sur la finalité en tant que telle: *Cette finalité est-elle justifiée?*

Et d'autre part sur le rapport entre cette finalité et les moyens (techniques) mis en œuvre pour l'atteindre: *Les moyens sont-ils en harmonie avec la fin que vise leur mise en œuvre?* ■

Jean-François MALHERBE, *Technique et humanisme*, Sherbrooke, CGC éditions, 2000, p. 1-4 (Coll. Essais et conférences).

Aristote
(384 av. J.-C. – 322 av. J.-C.)

Philosophe grec considéré, avec Platon, comme étant le plus grand philosophe de l'Antiquité.

Jean-François Malherbe

Philosophe belge de renommée internationale; auteur de nombreux ouvrages en éthique tels que: *Les crises de l'incertitude* (2006), *Déjouer l'interdit de penser* (2005), *Engendrés par la science: Enjeux éthiques des manipulations de la procréation* (1985).

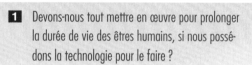

1 Devons-nous tout mettre en œuvre pour prolonger la durée de vie des êtres humains, si nous possédons la technologie pour le faire?

2 Est-il acceptable de permettre aux personnes et aux entreprises de polluer si elles couvrent les coûts économiques de leurs activités polluantes?

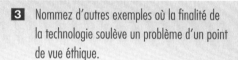

3 Nommez d'autres exemples où la finalité de la technologie soulève un problème d'un point de vue éthique.

REDÉFINIR L'HOMME

Dans *Le principe d'humanité*, Jean-Claude Guillebaud expose une question éthique fondamentale concernant les nouveaux pouvoirs de la science génétique, dont le développement fulgurant s'inscrit dans une logique de progrès et de profit.

Jean-Claude Guillebaud

Jean-Claude Guillebaud
Écrivain, journaliste et éditeur.

1 Qu'est-ce que l'être humain ? Qu'est-ce qui le distingue des autres espèces vivantes ?

2 Comment pouvez-vous définir l'humanité de l'homme et de la femme ?

Qu'est-ce qu'un homme, au juste ? Que signifie le concept d'humanité ? [...] Chose incroyable, ces nouvelles mises en cause de l'humanisme ne sont pas exprimées, comme jadis, par des dictateurs barbares ou des despotes illuminés, elles sont articulées par la science elle-même en ses nouveaux états. Elles sont même corrélées aux promesses étourdissantes de ladite science ; comme si c'était le prix à payer ou le risque à prendre. Mettre l'homme en question pour mieux le guérir... [...]

Écoutons mieux les débats innombrables que font naître, aussi bien dans la presse que devant les tribunaux, les avancées de la bioscience – clonage, procréation médicalement assistée, recherches sur l'embryon, manipulations génétiques, greffes d'organes, appareillage du corps, etc. –, et constatons qu'une même interrogation les traverse tous. De part en part. Une interrogation si radicale, si « énorme » que, devant elle, la pensée hésite, la jurisprudence bafouille, les tribunaux s'égarent [...]

Humanité, humain, espèce humaine... Nous sentons bel et bien, là sous nos pas, que s'entrouvre une faille. Devant ce vide annoncé, nous sommes pris de vertige. [...] Comment pourrons-nous promouvoir les droits de l'homme si la définition de l'homme est scientifiquement en question ? Comment conjurerons-nous les crimes contre l'humanité si la définition de l'humanité elle-même devient problématique ? [...]

Ce qui est en cause aujourd'hui, ce n'est pas seulement la « survie de l'humanité », définie comme communauté habitant la planète Terre, mais bien, en chacun de nous, *la persistance de l'humanité de l'homme* ; cette qualité universelle [...] qui fait véritablement de la personne un être humain. [...]

Oui, un seuil prodigieux est en train d'être franchi. [...]

Une chose est sûre : nous hésitons soudain devant notre propre témérité technoscientifique. Les instruments que nous avons entre les mains nous ouvrent les portes d'une aventure sans équivalent dans notre histoire. Le pouvoir nous est donné de reculer les frontières biologiques, de défier le destin corporel, de conjurer les anciennes fatalités de la physiologie ou de la généalogie, de guérir les maladies incurables, etc. L'orgueil humain qui habite l'époque n'est pas, de ce point de vue, tout à fait abusif. Mais l'effroi terrible qui l'accompagne est tout aussi fondé. ■

Jean-Claude GUILLEBAUD, *Le principe d'humanité*, Paris, Éditions du Seuil, 2001, p.15-18.

VERS UN NOUVEL HUMANISME

L'anthropologue Gilles Bibeau s'interroge sur le sens du nouvel humanisme que les sciences et techniques attendent de leur développement. Un nouvel humanisme qui, selon lui, engage de nouvelles formes de responsabilité et de solidarité envers la vie.

Gilles Bibeau

Pour répondre aux questions éthiques que les biotechnologies suscitent relativement à l'avenir des êtres vivants et de l'humanité, nous devons nous interroger sur le type de civilisation dans lequel nous souhaitons vivre, sur la place que nous voulons donner aux biotechnologies dans le modelage de nos vies, en un mot sur la forme de l'humanisme qui puisse nous permettre de continuer à vivre comme des êtres humains libres, responsables et égaux dans l'**âge postgénomique** qui est le nôtre.

[Q]u'en sera-t-il de l'homme, et du vivant, dans 10 000, dans 100 000 ans, dans un million d'années ? […]

Face à l'impossibilité de prévoir l'avenir, il reste que celui-ci engage notre responsabilité et à ce titre il est plus ouvert que jamais, plein de possibilités, à cause même de notre capacité de plus en plus grande à agir sur le cours de l'histoire évolutive. Responsabilité, incertitude et précarités sont inséparables quand on évoque l'avenir des vivants. […] La meilleure façon d'assurer notre avenir consiste à nous préoccuper de la précarité de toutes les formes de vie, de la fragilité même de notre espèce, plastique et modelable il est vrai, mais aussi destructible et peut-être éphémère, si nous n'y prenons garde. L'humanité a développé un savoir et des capacités techniques qui font désormais appel à sa responsabilité à l'égard de l'homme ainsi que de toutes les espèces vivantes, sans qu'il faille attendre qu'une quelconque divinité ou que la nature s'occupent de nous. […]

La révolution biotechnologique […] a relancé la réflexion des philosophes, des biologistes et des spécialistes des sciences humaines sur des voies inédites. Les formidables progrès de la science et de la technologie posent de nouveau, mais autrement que dans le passé, la question de la limite et de la transgression, dans l'action transformatrice [, quasi créatrice,] de l'homme à l'égard de la vie. Il ne manque pas de sages pour rappeler aujourd'hui que l'humanité ne pourra assumer sa responsabilité à l'égard d'elle-même et de tous les vivants que si elle invente un humanisme nouveau, ajusté à la puissance des biotechnologies, porté par le devoir de solidarité avec les vivants et appuyé sur une éthique construite autour des notions de frontières, d'interdit et de transgression. […]

Âge postgénomique
Période suivant le séquençage des génomes d'un grand nombre d'espèces. Ces séquences doivent désormais être analysées afin d'avancer dans la compréhension des phénomènes biologiques.

Notre responsabilité à l'égard de la vie ne peut s'exercer qu'à deux conditions. D'une part, l'humanité doit assumer, au cœur d'une civilisation devenue de plus en plus biotechnique, un rapport critique vis-à-vis de son savoir et de ses pouvoirs sur la vie ; d'autre part, il faut formuler un nouvel humanisme organisé autour de la notion même de vie plutôt que de celle de matière, [...] un humanisme qui devrait se diffuser dans l'ensemble de la société, chez les scientifiques de même que chez le plus de gens possible. Ce nouvel humanisme n'aidera l'homme à prendre soin de la vie que s'il s'ouvre à la reconnaissance de la pluralité des formes de vie en même temps qu'à la diversité culturelle du monde humain, des langues, des religions, des philosophies. Il ne suffirait pas ici de respecter la diversité du vivant et des cultures, il faudrait aussi la faire fructifier, dans une responsabilité conçue comme un gardiennage.

[...] Que serait une civilisation que la science aurait construite sans le secours de la conscience ? Que restera-t-il de la « nature humaine » lorsque les biotechnologies et le génie génétique auront transformé l'être humain ? ■

Gilles BIBEAU, *Le Québec transgénique*, Montréal, Boréal, 2004, p. 328-333.

1 Selon vous, que veut dire l'auteur lorsqu'il parle des dangers d'une science construite sans le secours de la conscience ?

2 Comment la notion de « vie », retenue comme valeur fondamentale d'une philosophie humaniste, peut-elle modifier notre rapport critique envers les biotechnologies ?

3 Quelles nouvelles formes de responsabilité et de solidarité envers la vie incombent aux êtres humains du 21e siècle ?

Gilles Bibeau

Anthropologue spécialisé en anthropologie de la santé qui enseigne à l'Université de Montréal. Auteur de plusieurs ouvrages, dont *Le Québec transgénique* (2004).

BÂTIR ET IMAGINER LE 21ᵉ SIÈCLE

La réflexion éthique occupe l'espace à tous les niveaux de décision. Voici un extrait des réflexions éthiques des Nations unies concernant les enjeux du 21ᵉ siècle. L'auteur attire notre attention sur l'importance d'une éthique du long terme comme finalité de nos actions présentes.

Federico Mayor

L'action de l'Unesco repose sur la conviction qu'il est possible d'agir sur le cours du monde, que le futur se construit dès à présent. Et cette construction est d'autant plus solide qu'elle s'appuie sur une conscience aiguë de la distance qui sépare ce qui existe de ce qui devrait exister et sur une visée éthique claire.

Or, de réelles menaces planent sur l'avenir de l'humanité. En trop d'endroits du globe, la dignité de l'être humain continue à être bafouée par la guerre et l'exclusion qui frappe les plus vulnérables et les plus démunis. Les inégalités et la pauvreté croissent ; les murs de l'apartheid urbain s'élèvent ; l'éducation des femmes est oubliée. Et la violence que l'homme fait subir à l'homme se double de la violence qu'il fait subir à la nature, hypothéquant ainsi son propre avenir. La recherche de gains rapides et le manque de prévoyance ont conduit à l'exploitation intensive des ressources naturelles, aux catastrophes écologiques, à l'aggravation des problèmes de l'eau et de la désertification, à la pollution sous toutes ses formes. Qui nous garantit que, désormais, les avancées scientifiques et technologiques seront plus porteuses de solutions que de nouveaux périls ? L'essor des biotechnologies et la possibilité pour l'homme de modifier son propre patrimoine génétique remettent en cause la définition même de l'humain. Nous risquons d'être asservis par nos propres inventions, de devenir les prisonniers du labyrinthe que nous avons créé, faute d'une approche éthique et d'une vigilance sans faille.

Le souci du futur impose l'une et l'autre : l'avenir ne saurait être livré au déchaînement de forces aveugles et cyniques. Les déficits éthiques me paraissent plus graves, à long terme, que les déficits budgétaires. L'éthique du futur se nourrit de la conviction qu'il n'y a pas d'opposition entre la solidarité envers les générations présentes et celle qui doit nous relier aux générations futures : l'une et l'autre expriment le même refus de l'exclusion et de l'injustice, le même rappel du lien qui unit tous les membres de l'humanité en un corps unique. Cette éthique ne consiste pas en de vaines prescriptions pour un avenir indéfiniment retardé : elle commence ici et maintenant, dans l'attention prêtée aux autres et la volonté de transmettre aux futures générations un héritage qui ne soit pas irrévocablement compromis.

1. Quels sont les avantages d'une vision à long terme pour une décision portant sur le présent ?

2. Donnez des exemples, pris dans votre société, de la différence entre des actions s'appuyant sur une vision à court terme ou à long terme.

« L'avenir est trop complexe et trop incertain, contentons-nous du présent », entend-on dire. Je réponds qu'il est trop simple d'attendre que les difficultés surgissent pour tenter d'y apporter une réponse, et de n'agir que dans l'urgence. Cette logique à court terme n'offre d'autres choix que de se plier ou de s'adapter aux événements. Pour ne pas être à leur merci, pour retrouver la maîtrise de notre propre devenir, […] nous devons réhabiliter le temps long en portant notre regard le plus loin possible afin d'anticiper les évolutions. Seule cette vision du long terme pourra contrer l'incertitude de l'avenir et ménager quelques espaces pour une action dans le présent. Car c'est bien d'action qu'il s'agit : anticiper, c'est combattre l'apathie et l'indifférence, alerter les consciences, ouvrir les yeux sur les risques de demain et réorienter, au besoin, les décisions d'aujourd'hui. L'anticipation est la condition d'une pratique efficace.

Cette anticipation se résume en deux mots : comprendre et imaginer. Comprendre, parce que le futur n'émerge pas du néant : il renvoie à des états de connaissance antérieurs, à des règles ou une absence de règles dont il faut saisir les ressorts. En reliant ainsi le présent et le futur, l'effort prospectif unifie le monde et le transforme en une totalité, réalisant ce « prendre ensemble », cette saisie générale qui correspond très exactement à la définition du verbe « comprendre ». Enfin, cet effort resterait abstrait s'il n'était pas approfondi et éclairé par le travail de l'imagination. Réfléchir au 21e siècle, c'est aussi s'autoriser à rêver, à bâtir des scénarios peut-être paradoxaux, à créer des mondes et des utopies. S'autoriser à comprendre le réel et imaginer le possible, réaliser le possible et tenter l'impossible. ■

Federico MAYOR, « Bâtir et imaginer le 21e siècle », *Le Courrier de l'UNESCO,* [En ligne], novembre 1998.

Federico Mayor

Directeur général de l'UNESCO (Organisation des Nations unies pour l'éducation, la science et la culture), de 1987 à 1999.

Chapitre **3** | POUR EN SAVOIR PLUS

Romans, essais

ORWELL, George. *1984,* Paris, Gallimard, 2006, 407 p.

VIAN, Boris. *Et on tuera tous les affreux,* Paris, Le Livre de Poche, 2001, 221 p.

WELLS, H. G. *L'île du docteur Moreau,* Paris, Gallimard, 1977, 185 p.

WESTERFELD, Scott. *Uglies,* Paris, Pocket, 2007, 432 p. (Coll. Pocket Jeunesse).

Films (fictions, documentaires)

Une vérité qui dérange, Davis Guggenheim, États-Unis, Paramount Home Entertainment, 2007,
DVD, 98 min.
Promu par l'ancien vice-président américain Al Gore, ce documentaire dénonce les dangers
du réchauffement climatique.

Home, Yann Arthus-Bertrand, 2009, [En ligne], 93 min.
Un constat terrible sur l'épuisement des ressources de la planète. Disponible en ligne.

Et si on changeait le monde?, Julie Huard, Montréal, Office national du film du Canada, 2006,
DVD, 48 min.
Comment, par l'engagement et le don de soi, on peut espérer changer le cours des choses.

Le nœud cravate, Jean-François Lévesque, Montréal, Office national du film du Canada, 2008,
DVD, 12 min.
Un film d'animation muet qui soulève une réflexion sur le travail, en lien avec *Les temps modernes*
de Charlie Chaplin.

Un monde de tolérance

« La liberté de conscience et la création de consensus sont […] des réalités indissociables dans l'apprentissage de l'éthique. Comment […] exercer une authentique liberté de conscience hors de l'élaboration des consensus nécessaires à la vie dans une société multiculturelle et pluraliste ? »

Jean-François Malherbe

Il existe différentes façons d'envisager la tolérance. La première partie présente des réflexions sur la tolérance religieuse. Avec le philosophe anglais John Locke, nous abordons la séparation des pouvoirs religieux et politique. Puis, pour expliquer la mise en œuvre de cette séparation, Louis de Naurois développe, dans une approche historique, les particularités des relations entre l'Église et l'État dans le monde. Enfin, le texte extrait du concile Vatican II précise la position de l'Église catholique sur la liberté religieuse.

Dans la deuxième partie, plusieurs auteurs réfléchissent sur l'indifférence, l'intolérance et la limite de la tolérance, toujours dans la perspective de la tolérance religieuse et la laïcité au Québec. Louis-Antoine Dessaulles illustre les tensions entre les représentants de l'Église et la société civile à la fin du 19e siècle. Puis, un exposé issu du rapport de la Commission Bouchard-Taylor décrit le processus ayant conduit à la laïcisation de l'État québécois. Enfin, la sociologue Micheline Milot expose les trois qualités qui, selon elle, assurent les fondements d'une société pluraliste : la tolérance, la réciprocité et le civisme.

I DES POINTS DE VUE : LA TOLÉRANCE RELIGIEUSE

LETTRE SUR LA TOLÉRANCE

La *Lettre sur la tolérance* est écrite en 1689 en Angleterre dans un climat de conflits religieux entre les catholiques et les protestants. John Locke entend délimiter les rapports entre pouvoir politique et religieux, tout en réfléchissant sur la nature de la foi. Selon le philosophe, on ne peut imposer des croyances religieuses, car elles relèvent de la conscience personnelle. Ce texte a profondément influencé les discours politiques sur la séparation de l'Église et de l'État.

John Locke

Il me semble que l'État est une société d'hommes constituée à seule fin de conserver et de promouvoir leurs biens civils.

J'appelle biens civils la vie, la liberté, l'intégrité du corps et sa protection contre la douleur, la possession de biens extérieurs tels que sont les terres, l'argent, les meubles, etc.

Il est du devoir du magistrat civil d'assurer au peuple tout entier et à chaque sujet en particulier, par des lois imposées également à tous, la bonne conservation et la possession de toutes les choses qui concernent cette vie. [...]

Premièrement, parce que le magistrat civil, pas plus que les autres hommes, n'a été chargé du soin des âmes. Ni par Dieu, parce qu'il n'apparaît nulle part que Dieu ait attribué à des hommes sur des hommes une autorité telle qu'ils puissent contraindre les autres à embrasser leur religion. Ni par des hommes qui ne peuvent attribuer au magistrat un pouvoir de cette sorte ; parce que personne ne peut abandonner le soin de son salut éternel au point de laisser à un autre, qu'il soit prince ou sujet, le soin de lui prescrire un culte ou de lui imposer nécessairement une foi ; parce que personne ne peut, quand même il le voudrait, croire sur l'ordre d'autrui. [...]

En second lieu, le soin des âmes ne saurait appartenir au magistrat civil parce que tout son pouvoir consiste dans la contrainte. Mais comme la religion vraie et salutaire consiste dans la foi intérieure de l'âme, sans quoi rien ne vaut devant Dieu, telle est la nature de l'entendement humain qu'il ne peut être contraint par aucune force extérieure; que l'on confisque les biens, que l'on accable le corps par la prison et la torture, ce sera en vain, si l'on veut par ces supplices changer le jugement de l'esprit sur les choses.

Mais, direz-vous, le magistrat peut se servir d'arguments, de raisons pour conduire les hérétiques à la vérité et pour les sauver. Soit. Mais il a ceci en commun avec les autres hommes: s'il enseigne, s'il instruit, s'il corrige, en argumentant, celui qui se trompe, il fait seulement ce que tout homme de bien doit faire. Il n'est donc pas nécessaire au magistrat de cesser d'être un homme ou un chrétien. Mais c'est une chose de persuader et une autre de commander; une chose d'agir par des arguments, une autre d'agir par des édits. Ceux-ci relèvent du pouvoir civil, ceux-là de la bienveillance humaine. Chaque mortel a la charge d'avertir, d'exhorter, de dénoncer les erreurs et de mener les autres à ses propres idées par des arguments; mais il appartient en propre au magistrat d'ordonner par des édits et de contraindre par le glaive. Voici ce que je veux dire: le pouvoir civil ne doit pas prescrire des articles de foi par la loi civile, qu'il s'agisse de dogmes ou de formes du culte divin. […]

En troisième lieu, le soin du salut des âmes ne saurait appartenir au magistrat civil; parce que, même si l'on admettait que l'autorité des lois et la force des peines étaient efficaces pour obtenir la conversion des esprits, elles ne serviraient en rien au salut des âmes. Puisque la vraie religion est unique, puisqu'il y a un seul chemin qui conduit aux demeures des bienheureux, quelle espérance y aurait-il pour qu'un plus grand nombre d'hommes y parviennent, même si l'on mettait les mortels dans une condition telle que chacun devrait rejeter au second plan les décrets de sa raison et de sa conscience et embrasser aveuglément les dogmes de son prince et adorer Dieu selon les lois de sa patrie? […]

Ces raisons seules, sans compter bien d'autres que l'on aurait pu apporter ici me paraissent suffire pour conclure que tout le pouvoir de l'État ne concerne que les biens civils, qu'il est borné au soin des choses de ce monde et qu'il ne doit toucher à rien de ce qui regarde la vie future. ■

John Locke (1632-1704)

Philosophe anglais, un des plus importants penseurs des Lumières (*Enlightenment*) et considéré comme l'un des fondateurs du libéralisme.

John LOCKE, « Lettre sur la tolérance », cité dans Julie Saada-Gendron, *La tolérance*, Paris, Flammarion, 1999, p. 127-130.

1 Selon vous, est-il exact d'affirmer qu'aucun être humain ne peut en contraindre un autre à croire en Dieu ou aux dogmes d'une religion? Pourquoi?

2 À votre avis, que veut dire l'affirmation de John Locke: « [il est] une chose d'agir par des arguments, une autre d'agir par des édits » ?

LIBERTÉ DE CONSCIENCE : DES ÉTATS CONFESSIONNELS AUX ÉTATS LAÏCS

Au 18ᵉ siècle, certains pays, comme les États-Unis et la France, proclament les libertés fondamentales, dont la liberté de pensée, de conscience et de religion, dans les déclarations des droits : la Déclaration d'indépendance américaine de 1776 et la Déclaration des droits de l'homme et du citoyen de 1789, en France. Deux siècles plus tard, la reconnaissance des libertés a pris une dimension internationale au moment de l'adoption, le 10 décembre 1948, par l'Assemblée des Nations Unies, de la Déclaration universelle des droits de l'homme.

Louis de Naurois

Historiquement, pendant fort longtemps, jusqu'à la fin du 18ᵉ siècle environ, tous les États ont été confessionnels. Si l'on s'en tient aux grandes religions monothéistes à vocation universaliste (le judaïsme, le christianisme, l'islam), on constate ceci : le judaïsme de l'Ancien Testament ne connaît pas la distinction du spirituel et du temporel, les autorités religieuses ne sont pas nettement séparées des autorités étatiques, la loi étatique n'est autre que la loi religieuse, le Livre (la Bible). Le même trait caractérise l'islam, qui s'inspire du judaïsme en même temps que du christianisme ; le Coran sert de règle pour la vie sous tous ses aspects. L'État d'Israël et les États musulmans sont confessionnels par essence. [...]

Le système est mis en cause pour la première fois par les jeunes États-Unis d'Amérique. La Déclaration d'indépendance de 1776 invoque encore le « Dieu de la nature », le « Créateur », le « Juge suprême de l'Univers », la « Divine Providence » ; mais, dès 1791, le premier amendement à la Constitution fait défense au Congrès de « faire aucune loi concernant l'établissement d'une religion ou interdisant son libre exercice », disposition adoptée ensuite par la plupart des États membres de l'Union. [...]

La France de la Révolution reste d'abord théoriquement fidèle au principe de l'État confessionnel avec la Constitution civile du clergé de 1790, puis les cultes de la Raison et de l'Être suprême de 1793 et 1794 ; mais, lasse des guerres de religion que toutes ces dispositions ont entraînées, la Convention [...] abroge, le 18 septembre 1794, les cultes de la Raison et de l'Être suprême et établit, par la loi du 21 janvier 1795, la séparation complète des cultes et de l'État [...]

Au cours du 19ᵉ siècle, l'État se « déconfessionnalise » progressivement ; en 1904, le gouvernement français dénonce le concordat de 1801, et le Parlement vote, le 9 décembre 1905, la loi « sur la séparation des Églises et des États » : désormais, la France est, dans toute la rigueur du terme, un État non confessionnel, « laïque » (hormis l'Alsace et la Moselle, qui, redevenues françaises après la Première Guerre mondiale, sont aujourd'hui encore régies par le concordat de 1801). [...]

Dans les pays à population musulmane, on trouve encore une grande diversité : la Turquie kémaliste (qui n'est pas arabe) a résolument opté pour la laïcité de l'État ; la Syrie adopte, dans la Constitution de 1973, une formule transactionnelle, constatant que la majorité du peuple professe l'islam et le proclame, en conséquence, source principale d'inspiration de la législation. De même, la Constitution de 1959 de la Tunisie du président Bourguiba déclare simplement que « la Tunisie est un pays... de religion musulmane », sans proclamer l'islam religion d'État. La plupart des autres États de population musulmane ont adopté le régime de l'État confessionnel et fait de l'islam la religion d'État [...]

On peut dire que le principe de la liberté religieuse fait aujourd'hui partie du droit commun des pays civilisés ; il est formulé par la Déclaration universelle des droits de l'homme de [1948], par la Convention européenne des droits de l'homme et des libertés fondamentales de [1950] et par d'autres déclarations internationales. La plupart des constitutions le proclament, en des termes divers, plus ou moins précis. [...] On trouve ainsi, entre autres précisions sur le contenu de la liberté religieuse, l'affirmation que nul ne doit être privilégié ou pénalisé en raison de ses croyances, que toutes les confessions religieuses sont également libres devant la loi, qu'elles ont le droit de s'organiser selon leurs statuts propres, etc. [...] Cela ne signifie pas pourtant, et il s'en faut, que le régime de la liberté religieuse soit le même partout [...] ■

Louis de Naurois

Spécialiste des relations entre les droits canonique et civil, et auteur de divers ouvrages sur le sujet, a longtemps enseigné à l'Institut catholique de Toulouse.

Louis de NAUROIS, « De l'État confessionnel à l'État non confessionnel », *Encyclopédie Universalis*, [En ligne], 2008.

1 Que révèle ce bref historique de la reconnaissance de la séparation des pouvoirs religieux et politique, selon les États ?

2 Qu'est-ce qui a poussé les rédacteurs des diverses déclarations à inscrire, en plus des droits fondamentaux (par exemple, liberté et égalité), ceux de la liberté d'expression et de culte ?

3 L'adoption d'une religion d'État est-elle compatible avec la liberté religieuse ? Expliquez votre réponse.

4 En quoi la liberté religieuse est-elle liée au principe de tolérance ?

DÉCLARATION D'INDÉPENDANCE AMÉRICAINE, 1776

Adoptée le 4 juillet 1776, la Déclaration d'indépendance « considère comme des vérités évidentes par elles-mêmes que les hommes naissent égaux, que leur Créateur les a dotés de certains droits inaliénables parmi lesquels sont la vie, la liberté, la recherche du bonheur, que les gouvernements humains ont été institués pour garantir ces droits ». L'Acte de Confédération impose aux colonies libérées de s'unir entre elles pour se défendre « contre toute violence ou attaque qui, pour cause de religion, de souveraineté, de commerce, ou sous tout autre prétexte, atteindrait toutes ou l'une d'elles ». (Article 3)

DÉCLARATION DES DROITS DE L'HOMME ET DU CITOYEN, FRANCE, 1789

Article 10 : Nul ne doit être inquiété pour ses opinions, même religieuses, pourvu que leur manifestation ne trouble pas l'ordre public établi par la loi.

Article 11 : La libre communication des pensées et des opinions est un des droits les plus précieux de l'homme ; tout citoyen peut donc parler, écrire, imprimer librement, sauf à répondre de l'abus de cette liberté dans les cas déterminés par la loi.

DÉCLARATION UNIVERSELLE DES DROITS DE L'HOMME, ORGANISATION DES NATIONS UNIES (ONU), 1948

Article 18 : Toute personne a droit à la liberté de pensée, de conscience et de religion ; ce droit implique la liberté de changer de religion ou de conviction ainsi que la liberté de manifester sa religion ou sa conviction seule ou en commun, tant en public qu'en privé, par l'enseignement, les pratiques, le culte et l'accomplissement des rites.

L'ÉGLISE CATHOLIQUE ET LA TOLÉRANCE RELIGIEUSE

La déclaration sur la liberté religieuse, *Dignitatis Humanæ*, adoptée par l'Église catholique à la suite du concile Vatican II[1], en 1965, reconnaît l'importance accrue accordée à la dignité personnelle et à la liberté de conscience et de religion.

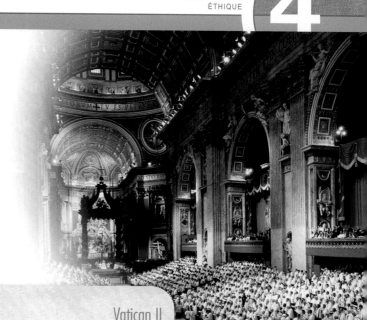

Vatican II

Le concile du Vatican déclare que la personne humaine a droit à la liberté religieuse. Cette liberté consiste en ce que tous les hommes doivent être soustraits à toute contrainte de la part soit des individus, soit des groupes sociaux et de quelque pouvoir humain que ce soit, de telle sorte qu'en matière religieuse nul ne soit forcé d'agir contre sa conscience, ni empêché d'agir, dans de justes limites, selon sa conscience, en privé comme en public, seul ou associé à d'autres. Il déclare, en outre, que le droit à la liberté religieuse a son fondement dans la dignité même de la personne humaine telle que l'a fait connaître la Parole de Dieu et la raison elle-même. Ce droit de la personne humaine à la liberté religieuse dans l'ordre juridique de la société doit être reconnu de telle manière qu'il constitue un droit civil.

En vertu de leur dignité tous les hommes, parce qu'ils sont des personnes, c'est-à-dire doués de raison et de volonté libre, et par suite, pourvus d'une responsabilité person-nelle, sont pressés par leur nature même et tenus par obligation morale à chercher la vérité, celle tout d'abord qui concerne la religion. [...] Or, à cette obligation les hommes ne peuvent satisfaire, d'une manière conforme à leur propre nature, que s'ils jouissent, outre la liberté psychologique, de l'immunité à l'égard de toute contrainte extérieure. Ce n'est donc pas dans une disposition subjective de la personne mais dans sa nature même qu'est fondé le droit à la liberté religieuse. C'est pourquoi le droit à cette immunité persiste en ceux-là même qui ne satisfont pas à l'obligation de chercher la vérité et d'y adhérer ; son exercice ne peut être entravé dès lors que demeure sauf un ordre public juste. ■

VATICAN II, Déclaration « La liberté religieuse », 1965, publiée dans Sylvie Bessette, *Grands textes de l'humanité*, Montréal, Fides, 2008, p. 202.

1 Selon vous, pourquoi le Vatican a-t-il émis cette déclaration en 1965 ?

2 Est-il normal qu'une organi-sation religieuse donne son avis dans le but d'influencer l'organisation civile ? Expliquez votre réponse.

---

1. Sur le concile Vatican II, voir chapitre 5, à la page 109.

II ÉTUDE DE CAS : RELIGION ET SOCIÉTÉ

DISCOURS SUR LA TOLÉRANCE

L'Institut canadien de Montréal est fondé en 1844 par des intellectuels libéraux, défenseurs de la liberté de conscience, d'opinion et de la presse. Dès sa création, l'Institut ouvre une bibliothèque dont la particularité est de regrouper, entre autres, des auteurs (Voltaire, Diderot, Victor Hugo ou Lamartine) dont les œuvres sont interdites par l'Église catholique ou de diffuser des journaux interdits tel *Le Semeur,* un journal protestant. Très rapidement, l'Institut attire des hommes prestigieux de toutes confessions, grâce à ses grandes conférences. Les protestants adhèrent aux idéaux de l'Institut, et certains y collaborent, dont les pasteurs Narcisse Cyr et Théodore Lafleur. Toutefois, en 1858, plusieurs de ses membres démissionnent pour fonder l'Institut canadien-français de Montréal qui se soumet à la doctrine de l'Église catholique et dont la bibliothèque ne prêtera pas de livres interdits. Mgr Ignace Bourget, alors évêque de Montréal, excommunie les membres de l'Institut canadien, qui restent sur leurs positions, et leur refuse l'inhumation en terre consacrée dans les cimetières catholiques.

C'est lors du 24e anniversaire de l'Institut que Louis-Antoine Dessaulles, premier lieutenant de l'Institut canadien de Montréal, donne cette conférence sur la tolérance dont devraient faire preuve les chrétiens envers leurs prochains en ce milieu du 19e siècle. L'Institut ferma ses portes en 1880.

Louis-Antoine Dessaulles

Mesdames et Messieurs,

[…] Ayant malheureusement à lutter sans cesse contre l'esprit d'intolérance que l'on semble cultiver avec tant de soin au milieu de nous ; étant constamment en butte aux attaques et même aux calomnies d'un parti qui semble avoir pris pour mission de détruire

84

CHAPITRE 4

toute indépendance d'esprit et toute liberté de pensée et de discussion dans notre société, […] nous nous sentons heureux de pouvoir de temps à autre réaffirmer les principes qui ont présidé à la formation de l'Institut et l'ont toujours guidé dans sa carrière ; et rappeler au public quelles sont les seules idées inspiratrices de notre action commune.

[…]

Nous formons une société ayant pour but l'étude et l'enseignement mutuel. Le principe fondamental de notre association est la tolérance, c'est-à-dire le respect des opinions des autres. Nous invitons tous les hommes de bonne volonté, à quelque nationalité ou quelque culte qu'ils appartiennent. Nous voulons la fraternité générale et non l'éternelle hostilité des races ! Nous voulons que des chrétiens s'entr'aiment, au lieu de se regarder éternellement comme des ennemis, et cela au nom de Dieu ! Nous voulons que la religion cesse d'être une cause constante de mépris et d'insultes mutuelles ! […] Ne pouvons-nous rester fidèles à notre culte tout en vivant en bons termes avec ceux qui ne pensent pas comme nous ?

[…]

On a osé écrire en toutes lettres qu'admettre des gens de diverses croyances dans notre Institut, c'était montrer qu'on les acceptait toutes, conséquemment que l'on n'en avait aucune. Ainsi donc, vivre en paix avec son voisin, c'est admettre que l'on partage toutes ses opinions. Voilà les habiles conclusions de la réaction ! Si le catholique ne dit pas Raca au protestant, cela prouve qu'il est lui-même protestant ! […]

Nous formons donc une société littéraire *laïque !* Notre but est le progrès, notre moyen est le travail, et notre lien est la tolérance. Nous avons les uns pour les autres ce respect que les hommes sincères ne se refusent jamais. […]

Qu'est-ce au fond, que la tolérance ? C'est l'indulgence réciproque, la sympathie, la charité chrétienne. C'est le bon vouloir mutuel, donc le sentiment que doivent entretenir les uns pour les autres *les hommes de bonne volonté.* […]

La tolérance, c'est l'une des applications pratiques du plus grand de tous les principes moraux, religieux et sociaux : « Faites aux autres ce que vous voulez qui vous soit fait à vous-même. » La tolérance, c'est donc la fraternité, l'esprit de religion bien comprise.

Louis-Antoine Dessaulles (1818-1895)

Seigneur, journaliste, auteur, homme politique et fonctionnaire qui, en raison de son combat anticlérical, fut excommunié par l'Église catholique.

La charité est la première vertu du chrétien, la tolérance est la seconde. La charité, c'est l'amour actif, le secours ; c'est le bon Samaritain pansant le lépreux. La tolérance, c'est le respect du droit d'autrui, c'est l'indulgence pour l'erreur ou la faute, c'est le Christ disant aux accusateurs de la femme adultère : « Que celui d'entre vous qui est sans péché lui jette la première pierre. »

La tolérance, c'est, au fond, l'humilité, l'idée que les autres nous valent ; c'est aussi la justice, l'idée qu'ils ont des droits qu'il ne nous est pas permis de violer. Mais l'intolérance, c'est l'orgueil ; c'est l'idée que nous valons mieux que les autres ; c'est l'égoïsme ou l'idée que nous ne leur devons rien ; c'est l'injustice ou l'idée que nous ne sommes pas tenus de respecter leur droit de créatures de Dieu.

[…]

Et pourquoi donc faire de l'intolérance aujourd'hui, dans la seconde moitié du 19e siècle : du siècle qui a forcé tous les fanatismes de reconnaître […] l'indépendance de la pensée humaine ; du siècle qui fait disparaître les castes et consacre peu à peu en faveur des peuples le grand dogme de l'égalité politique et civile ; du siècle qui a irrévocablement substitué le principe de la persuasion à celui de la contrainte ; du siècle conséquemment qui a substitué l'esprit de fraternité à celui de la rivalité hostile ; du siècle qui a plus fait pour consacrer les libertés publiques que tous ceux qui l'ont précédé, réunis ; […] du siècle enfin qui a plus fait pour l'avancement de l'humanité que tous les autres ensemble, puisqu'il a, par la presse et par la vapeur, fait parvenir le livre et le journal jusque dans les recoins les plus reculés des pays les plus inconnus. […]

Louis-Antoine DESSAULLES, *Discours sur la tolérance*, Montréal, XYZ éditeur, 2002, p. 29-32 (Coll. Documents).

1 Quelle tension entre les représentants de l'Église catholique et la société civile est mise en lumière par la création d'une association se réclamant ouvertement de la laïcité ?

2 Quels sont les enjeux de ce débat social pour le devenir de la société québécoise ?

LE PARCOURS QUÉBÉCOIS DE LA LAÏCITÉ

Cet extrait du rapport de la Commission de consultation sur les pratiques d'accommodement reliées aux différences culturelles dite «Commission Bouchard-Taylor» retrace le chemin qui a conduit, peu à peu, à la laïcisation de l'État québécois.

Commission Bouchard-Taylor

Nous ne saurions refaire ici toute l'histoire des rapports entre l'État, la religion et la société au Québec. Disons seulement que l'une des caractéristiques centrales de la laïcité québécoise est qu'elle s'est définie de façon implicite. En conséquence d'une série d'événements historiques et de décisions politiques, le pouvoir politique de l'Église a décru, l'État québécois a cheminé vers la neutralité religieuse, l'autonomie réciproque de l'Église et de l'État s'est affirmée, et la liberté de conscience et de religion des citoyens s'est trouvée respectée. Contrairement à une croyance populaire assez largement répandue, le processus de laïcisation du Québec n'a pas débuté dans les années 1960 avec la Révolution tranquille. […]

Des mesures de tolérance religieuse sont instituées dès le 18e siècle afin d'assurer la paix sociale et la stabilité politique dans le contexte de la cohabitation forcée entre Canadiens français et Canadiens anglais. Le Traité de Paris de 1763 et l'Acte de Québec de 1774 reconnaissent la liberté de culte des catholiques. Ce régime de reconnaissance du pluralisme religieux et de tolérance a sans conteste souffert d'exceptions, mais il n'en demeure pas moins que l'expérience de la tolérance religieuse plonge ses racines loin dans l'expérience du Canada.

L'Acte de l'Amérique du Nord britannique (AANB) de 1867 vient préciser, malgré son mutisme sur la question, le rapport […] entre l'Église et l'État au Canada. La nouvelle Constitution fédérale canadienne n'érige pas formellement, contrairement à la Constitution américaine, de «mur de séparation» […] entre l'Église et l'État, mais elle n'établit pas pour autant une ou des Églises officielles. La Couronne, ni fédérale ni provinciale, ne sera pas sous la tutelle de l'Église. Aucune référence à Dieu n'est insérée dans le préambule. La Constitution de 1867 instaure donc implicitement une séparation entre l'Église et l'État, ainsi qu'un régime partiel, mais assez avancé, de neutralité religieuse. L'indépendance de l'État par rapport aux Églises se trouve silencieusement affirmée. […]

La Révolution tranquille marque néanmoins une accélération du processus de laïcisation de l'État québécois. Des secteurs longtemps laissés sous la responsabilité de l'Église, comme l'éducation, la santé et les services sociaux, sont progressivement pris en charge par l'État-providence naissant. Des phénomènes comme la transformation du rapport au catholicisme des Québécois d'origine canadienne-française et la croissance de la diversité culturelle font que l'Église catholique n'est plus le pôle de régulation sociale qu'elle a déjà été.

L'un des éléments les plus déterminants de l'approfondissement de la laïcité québécoise se trouve dans la culture des droits de la personne qui s'est graduellement affirmée au Québec et au Canada dans la deuxième moitié du 20ᵉ siècle, comme en témoigne la *Déclaration canadienne des droits* adoptée par le gouvernement Diefenbaker, la *Charte des droits et libertés de la personne* du Québec de 1975 ainsi que la *Charte canadienne des droits et libertés* de 1982. […] les chartes protègent les droits et libertés fondamentaux des individus, dont l'égalité de traitement devant la loi et la liberté de conscience et de religion, et interdisent plusieurs formes de discrimination, y compris celle fondée sur la religion. Des lois favorisant une religion ou faisant indûment obstacle à la liberté de conscience d'un citoyen sont, depuis l'adoption des chartes, susceptibles d'être invalidées par les tribunaux. La laïcité de l'État québécois et de ses institutions se trouve ainsi approfondie et consolidée sous l'influence de l'institutionnalisation de cette culture des droits et libertés.

La laïcité québécoise n'est donc pas née d'un énoncé constitutionnel ou d'un acte législatif lui étant explicitement consacré. Si au départ, la tolérance religieuse et la séparation partielle de l'Église et de l'État étaient davantage dictées par le fait que le Régime anglais devait s'assurer un certain degré de collaboration de la part des sujets catholiques que par une philosophie politique, la laïcité est graduellement devenue un mode de gouvernance au service de la reconnaissance de l'égalité des cultes, dans le contexte d'une société marquée à la fois par la diversité des rapports au religieux et par la diversité religieuse elle-même.

Cette laïcité fait maintenant face à des nouveaux défis liés à la diversification de la société québécoise, défis qui exigent de penser d'une nouvelle façon la mise en œuvre de ses principes fondamentaux. […]

Le ralliement autour de la laïcité ouverte

[…]

Il est possible, nous semble-t-il, de dégager un consensus assez large parmi les organismes qui ont réfléchi à la laïcité québécoise dans la dernière décennie. Il s'agit d'un accord sur ce qui fut appelé, dans le rapport Proulx, une laïcité « ouverte ». Une laïcité ouverte reconnaît la nécessité que l'État soit neutre – les lois et les institutions publiques ne doivent favoriser aucune religion ni conception séculière –, mais elle reconnaît aussi l'importance pour plusieurs de la dimension spirituelle de l'existence et, partant, de la protection de la liberté de conscience et de religion. […] La laïcité, au Québec, permet aux citoyens d'exprimer leurs convictions religieuses dans la mesure où cette expression n'entrave pas les droits et libertés d'autrui. C'est un aménagement institutionnel qui vise à protéger les droits et libertés, et non, comme en France, un principe constitutionnel et un marqueur identitaire à défendre. La neutralité et la séparation de l'État et de l'Église ne sont pas vues comme des fins en soi, mais comme des moyens permettant d'atteindre le double objectif, fondamental, de respect de l'égalité morale et de la liberté de conscience. ■

Gérard BOUCHARD et Charles TAYLOR, rapport de la Commission de consultation sur les pratiques d'accommodement reliées aux différences culturelles, *Fonder l'avenir. Le temps de la conciliation,* Gouvernement du Québec, 2008, p. 139-141.

Gérard Bouchard

Historien, sociologue et professeur au Département des sciences humaines de l'Université du Québec à Chicoutimi.

1 Quelles situations, au Québec, ont fait l'objet de débats publics concernant les symboles religieux dans l'espace public ?

2 Selon certaines personnes, la manifestation d'appartenance à une religion dans l'espace public présente inéluctablement un risque de recul des acquis de la société moderne ? Qu'en pensez-vous ?

3 Le rapport de la Commission Bouchard-Taylor recommande d'interdire le port de signes religieux aux agents et agentes de l'État : dans la magistrature et la police, au personnel pénitentiaire, à la présidence et vice-présidence de l'Assemblée nationale, mais de l'autoriser au personnel de l'enseignement et de la santé, aux fonctionnaires, ainsi qu'aux autres agents et agentes de l'État. Qu'en pensez-vous ?

4 Depuis 2008, selon la politique d'immigration du gouvernement du Québec, chaque immigrant ou immigrante doit reconnaître trois valeurs de la nation québécoise : la séparation du politique et du religieux, l'égalité entre les femmes et les hommes, et la langue française comme langue usuelle. Selon certaines personnes, un tel acte de foi civique a comme effet de diminuer la neutralité de l'État ou d'affaiblir le principe de liberté de conscience et de religion. Pour d'autres, le rôle du politique est de protéger la culture et les valeurs communes qui en sont le fondement. Qu'en pensez-vous ?

Charles Taylor

Auteur, philosophe et professeur émérite de science politique et de philosophie à l'Université McGill.

TOLÉRANCE, RÉCIPROCITÉ ET CIVISME : LES EXIGENCES DES SOCIÉTÉS PLURALISTES

Pour la sociologue Micheline Milot, la tolérance, la réciprocité et le civisme sont trois principes dont l'école devrait faire la promotion dans une société pluraliste comme le Québec. Elle expose la teneur de ces principes dans les extraits suivants.

Micheline Milot

Docteure en psychopédagogie, professeure titulaire de sociologie à l'Université du Québec à Montréal (UQÀM) et auteure de nombreux ouvrages et articles traitant particulièrement de la laïcité, de la dimension religieuse dans l'éducation interculturelle et des tensions qui en résultent.

Micheline Milot

La tolérance

[…] La tolérance, au sens faible, rend possible une pacification sociale (disons statique), mais pas nécessairement le respect de l'autre et la capacité de débattre avec lui dans l'espace politique. On peut vivre et se côtoyer, mais sans jamais rien partager (Gutmann, 1995). C'est généralement parce que l'État « impose » cette tolérance à partir de contraintes juridiques que les individus ne portent pas atteinte à la liberté de ceux qui adoptent des valeurs ou un mode de vie différent des leurs.

Dans un sens plus fort, la tolérance va au-delà de la simple résignation à ce que d'autres jouissent de la même liberté que celle qui m'est accordée par la gouvernance politique. C'est ce que l'on peut appeler la tolérance « épistémique », qui est d'abord une habileté non pas sociale, mais psychologique et cognitive. La tolérance épistémique suppose que l'on considère nos propres convictions comme bonnes et valables pour nous-mêmes, mais que celles qu'adoptent les autres sont tout aussi bonnes et valables à leurs propres yeux et qu'il ne nous appartient pas de juger de la conception de la « vie bonne ». Cet apprentissage est lent et progressif, tout particulièrement en matière de convictions religieuses, lesquelles sont basées sur des absolus et non sur des consensus sociaux qui peuvent toujours être révisés et redéfinis. Les enfants ne peuvent l'apprendre que s'ils sont exposés à des points de vue qui diffèrent de ceux qui leur sont enseignés dans la famille ou par le groupe religieux dont ils font partie. […]

Bien entendu, cette finalité visant la tolérance ne doit pas conduire à une conception de celle-ci comme illimitée, puisqu'elle est toujours assujettie à certains principes de droit […] : soit le droit d'autrui (notamment l'intégrité physique) et l'ordre public (sujet à interprétation toutefois). […]

La réciprocité

[…] Je voudrais proposer une conception […] de la réciprocité en termes relativement simples : l'école peut viser, sans exercer une violence morale indue sur l'enfant issu d'un groupe religieux fondamentaliste par exemple, à développer chez lui une disposition à reconnaître ou à accorder à autrui ce qu'il désire se voir reconnaître ou à accorder à lui-même, et à ne pas offenser autrui où il ne veut pas être offensé (le même principe vaut pour l'enfant « athée » à l'égard d'un enfant fermement croyant). Cette conception n'est pas que procédurale, elle ouvre à une éthique des rapports sociaux (dont la civilité, que je décris dans le troisième point, en sera l'expression concrète). [...]

Comme la réciprocité est une aptitude qui ne peut pas faire l'objet de contraintes normatives et légales, elle suppose un processus éducatif. L'éducation peut viser à ce que l'enfant établisse une distinction entre le contenu, même non libéral et non démocratique, des doctrines religieuses et leur mode d'expression publique. La nature des convictions morales et religieuses, même conçues comme absolues, n'est pas nécessairement une entrave à la participation et à la délibération démocratique ; toutefois, si la conviction est absolue, la manière de l'exprimer dans la sphère publique devrait répondre aux exigences du respect de celui qui ne la partage pas. [...]

Le civisme

[...] Le respect de la réciprocité suppose, in fine, deux aptitudes qui peuvent paraître plus problématiques pour certains groupes religieux fondamentalistes : une certaine capacité de réflexivité et une certaine modération dans l'expression publique de leurs convictions. Au sens littéral, tel qu'on le trouve dans les dictionnaires, la réflexivité se rapporte à la capacité de retour de la pensée sur elle-même. Elle suppose une attitude à se distancier de ses affirmations croyantes. Tant de conflits prennent naissance dans l'aveuglement induit par l'adhésion à des convictions absolues. Comment, en matière de convictions religieuses, définir ce que serait un sens civique ? Quels critères peuvent nous guider ? Si la reconnaissance des libertés de conscience, de religion et d'expression s'accompagne toujours de certaines limites, notamment celles de la paix sociale et du bien public, c'est autre chose que je veux ici soulever : non pas une contrainte extérieure, mais la prise de conscience que les affirmations croyantes, par leur caractère absolu, peuvent constituer une entrave au respect d'autrui et entraîner un traitement inéquitable pour ceux qui ne partagent pas ces croyances. [...] ▪

Micheline MILOT, « Tolérance, réciprocité et civisme : les exigences des sociétés pluralistes », dans Fernand Ouellet (dir.), *Quelle formation pour l'éducation à la religion ?*, Presses de l'Université Laval, 2005, p. 15-23.

1. Cette conception de la tolérance est-elle différente de celle exposée par Louis-Antoine Dessaulles ? Si oui, de quelle façon ?

2. Quelles devraient être, concrètement, les limites de la tolérance ? Au nom de la liberté de religion, doit-on tolérer la manifestation d'attitudes d'intolérance de la part de certains groupes religieux ?

3. Expliquez ce que sont la réciprocité et le civisme.

4. Selon vous, quel principe est le plus important : la tolérance, la réciprocité ou le civisme ? Laquelle de ces dispositions fait le plus défaut dans la société québécoise ? Expliquez votre réponse.

Chapitre **4** POUR EN SAVOIR PLUS

Romans, essais

GRIFFIN, John Howard. *Dans la peau d'un noir,* Paris, Gallimard, 1961, 380 p. (Coll. Folio).

ORWELL, George. *La ferme des animaux,* Paris, Gallimard, 1983, 121 p.

Films (fictions, documentaires)

E, Francine Desbiens et Bretislav Pojar, Montréal, Office national du film du Canada, 1981, [En ligne], 6 min 32 s.
Disponible gratuitement sur le site de l'ONF.
Fable philosophique sous forme de film d'animation, qui engendre une réflexion sur l'homme, le pouvoir et le monde.

Le peuple invisible, Richard Desjardins et Robert Monderie, Montréal, Office national du film du Canada, 2007, DVD, 93 min.
Pour découvrir la nation algonquine du Québec ; Jutra 2008 du meilleur documentaire.

Ce qu'il reste de nous, François Prévost et Hugo Latulippe, Montréal, Office national du film du Canada et Nomadik Films, 2004, DVD, 76 min.
Une Tibétaine réfugiée au Québec franchit l'Himalaya pour apporter au peuple tibétain un message filmé du dalaï-lama.

Persepolis, Marjane Satrapi et Vincent Paronnaud, France-États-Unis, Diaphana Films, 2007, DVD, 95 min.
Un film d'animation autobiographique de l'auteure iranienne Marjane Satrapi qui raconte la montée au pouvoir des ayatollahs en Iran et la répression qu'elle engendre.

Culture religieuse

Les religions dans le temps

Bien que le fait religieux soit présent à chaque époque et dans toutes les cultures, il subit parfois des mutations profondes ou des changements radicaux. L'évolution du fait religieux dans le temps n'est pas semblable à «un long fleuve tranquille», loin de là. C'est ce que montre ce chapitre qui se divise en deux parties. La première offre un panorama du développement des grands courants religieux au cours de l'histoire; certains ont une existence de plus de deux mille ans alors que d'autres sont plutôt récents. Les traditions religieuses ont une origine et une expansion où s'inscrivent les événements qui ont marqué leur croissance; pour la plupart, elles sont issues les unes des autres, à la suite de migrations, d'influences et de mésententes d'ordre théologique auxquelles se mêlent parfois des conflits de pouvoir.

La seconde partie permet de faire le point sur la situation du fait religieux dans le monde contemporain. Nous verrons qu'un ensemble de facteurs et de changements font en sorte que la spiritualité en général et les religions traditionnelles sont confrontées, quant à leurs convictions et à leur mode d'être dans la société, à la remise en question la plus sérieuse, sans doute, de leur histoire. Enfin, nous étudierons plus en détail certains mouvements religieux apparus récemment et la façon dont ils tirent parti de la nouvelle conjoncture socioculturelle.

Chapitre 5

I LES ÉVÉNEMENTS MARQUANTS DES GRANDES RELIGIONS

LE JUDAÏSME

Le judaïsme est considéré chronologiquement comme la première religion monothéiste abrahamique. Ses fondements se trouvent dans la Bible hébraïque composée de trois parties : la *Torah* (Tanakh ou Torah écrite), issue d'un croisement de textes tout au long des siècles, comprend les cinq premiers livres, d'où le nom de pentateuque (par extension, le mot Torah peut indiquer l'ensemble du canon biblique hébraïque ainsi que le Talmud) ; les *Neviim* comprennent les livres suivants : Josué, Juges, Samuel, Rois, Isaïe, Jérémie, Ézéchiel et douze « petits prophètes » ; enfin, les *Ketouvim* rassemblent : les Psaumes, les Proverbes, le livre de Job, le Cantique des cantiques, le livre de Ruth, les Lamentations, l'Ecclésiaste, le livre d'Esther, le livre de Daniel, le livre d'Esdras, celui de Néhémie et les livres des Chroniques. La partie essentielle de la Bible hébraïque, ou Tanak, demeure la Torah : elle est la source de l'existence du peuple juif et le facteur principal de son unité. Les livres qui la composent sont des récits et non des comptes-rendus historiques. Ce sont :

- la Genèse : le livre des origines (par exemple, création du monde, déluge) ;

- l'Exode : la libération du peuple juif d'Égypte sous la conduite de Moïse ;

- le Lévitique : recueil d'éléments de la Loi et de prescriptions dont l'établissement remonterait à l'époque où aurait vécu Moïse ;

- les Nombres : l'histoire des tribus d'Israël avant leur installation en Terre sainte est plutôt un assemblage de lois, d'ordonnances culturelles et de récits sur le séjour dans le désert et sur la longue route menant vers le pays promis ;

- le Deutéronome : un rappel de la Loi et des bienfaits de son observance.

Ancien cimetière juif à Cracovie, Pologne

LES ÉVÉNEMENTS MARQUANTS DU JUDAÏSME

Environ de −1800 à −1600	**L'époque présumée d'Abraham** Selon la Torah, le patriarche Abram reçoit les révélations de Dieu, lequel lui demande de quitter son pays natal pour une région qu'il lui désignera. Installé en terre de Canaan, Abram reçoit de Dieu la promesse d'une descendance nombreuse ainsi que celle de la possession du territoire. Le nom d'Abram devient Abraham qui signifie « père d'une multitude ».
Environ de −1600 à −1500	**L'installation en Égypte** Les descendants d'Abraham s'installent en Égypte où, au fil des années, ils deviennent esclaves, selon le livre de l'Exode.
Vers −1250	**Les Hébreux libérés par Moïse de l'esclavage** D'après le livre de l'Exode, les Hébreux, installés en Égypte depuis longtemps, sont soumis à de durs travaux. Moïse, un Hébreu élevé à la cour du souverain d'Égypte, prend la tête de son peuple et exige du pharaon sa libération. Le pharaon s'obstine dans son refus, mais voit des catastrophes s'abattre sur son pays ; il accepte alors de laisser partir les Hébreux. Ceux-ci errent durant une quarantaine d'années dans une région désertique où Moïse leur impose la Loi reçue de Dieu. Par la suite, selon le livre de Josué, les Hébreux s'installent en terre de Canaan sous la conduite de Josué, successeur de Moïse à la tête du peuple.
Vers −1020	**Le début de la royauté en Israël avec le roi Saül, selon les récits bibliques** Elle durera jusqu'au début du 6e siècle avant l'ère chrétienne.
Vers −1000	**David, deuxième roi d'Israël** (deuxième livre de Samuel) David conquiert Jérusalem et en fait la capitale de son royaume. Il envisage d'abriter l'Arche d'alliance au cœur d'un grand temple, mais Dieu ne le lui permet pas. C'est son fils Salomon qui accomplira cette tâche au cours de son règne.
Vers −968	**Salomon, le successeur de David** Salomon améliore les relations commerciales d'Israël avec les autres nations. Il établit une administration qui unifie le pays et assure la prospérité de Jérusalem où il construit le premier Temple. (Remarque : De l'époque d'Abraham jusqu'à la mort de Salomon, les événements relatés correspondent à ceux mentionnés dans les récits bibliques et n'ont aucun caractère véritablement historique.) Après la mort de Salomon (vers −930), le royaume d'Israël se divise en deux entités : le royaume du Nord (Israël) et le royaume du Sud (Juda). L'histoire de ces royaumes est racontée dans les livres bibliques des Rois et dans ceux des Chroniques (1R12-22 ; 2R1-25 ; 2CH10-36). En −722, le royaume du Nord tombe aux mains des Assyriens qui déportent la population israélite en Assyrie. Le royaume du Sud (Juda), gouverné par des souverains issus de la dynastie de David, se maintient jusqu'à l'invasion babylonienne au début du 6e siècle avant notre ère.

Environ de −587 à −537	**L'Exil à Babylone** Les Babyloniens envahissent le pays et s'emparent de Jérusalem en −597. Dix ans plus tard, ils décident de détruire la ville ainsi que le Temple et d'emmener en captivité une grande partie de la population. Cet exil durera jusqu'en −537 environ ; après cette date, la plupart des Juifs reviennent progressivement en Israël.
De −539 à −63	**Les dominations étrangères** Le pays passe successivement sous domination perse puis hellénistique. Par contre, il connaît une courte période d'indépendance, de −142 à −63.
De −63 à 638	**Sous l'autorité romaine** À partir de −63, Israël est sous contrôle romain. En 70, l'armée romaine écrase la rébellion juive qui dure depuis quatre ans (la dernière poche de résistance, la forteresse de Massada, tombera en 73) et détruit le grand Temple, symbole et centre du pouvoir religieux et politique des Juifs (il n'en reste qu'un mur de soutènement appelé « Mur occidental »). Après une dernière révolte, de 132 à 135, les Juifs sont dispersés et, quittant le territoire, renforcent les minorités juives dans plusieurs villes du pourtour de la Méditerranée. À partir de 395, Israël fait partie de l'Empire romain d'Orient jusqu'à la conquête arabe en 637.
De la fin du 5e siècle à la fin du 7e siècle	**La naissance du judaïsme rabbinique** Après quelques siècles de travaux dans les académies rabbiniques, les textes du Talmud de Babylone sont établis dans leur version définitive. Ce recueil contient le code juridique et le débat autour de chaque article des lois de la Torah, de même que des interprétations de récits bibliques sous forme de récits, de légendes ou de proverbes.
	Les expulsions (elles ont été nombreuses ; nous nous limitons aux principales)
1182	Expulsion des Juifs résidant dans les domaines du roi de France.
1290	Expulsion d'Angleterre par le roi Édouard 1er. Toutefois, à partir du 17e siècle, les Juifs pourront réintégrer les terres britanniques.
1394	Nouvelle expulsion des territoires de France ; c'est la 3e expulsion depuis le début du siècle.
1492	Expulsion de la communauté juive d'Espagne.
	Après ces expulsions, de nombreux Juifs vont rejoindre leurs coreligionnaires (appelés Ashkénazes) dans les territoires germaniques où ils sont installés depuis le 10e siècle, et en Pologne. Ceux originaires d'Espagne (appelés Sépharades) émigrent en Afrique du Nord et en Turquie ou en Palestine.

(Les événements marquants du judaïsme – *suite*)

De 1791 à la fin du 19e siècle	**L'émancipation** La France attribue aux Juifs le statut de citoyens. Progressivement, ils accèdent à la citoyenneté pleine et entière dans plusieurs pays européens, notamment en Allemagne.
De la fin du 19e au début 20e siècle	**Les massacres** En Russie surtout, les Juifs sont victimes de pogroms : ce mot russe signifie « détruire entièrement ». À cette époque, des millions de Juifs fuient en Palestine ou en Amérique (près de deux millions de 1881 à 1914 pour l'Amérique seulement).
Novembre 1917	**La Déclaration Balfour** Par cette déclaration, du nom du ministre britannique des Affaires étrangères, l'Angleterre se reconnaît favorable à la création d'un « foyer national juif » en Palestine.
De 1933 à 1945	**L'extermination des Juifs** En Allemagne, à partir de 1933, les Juifs sont de plus en plus persécutés par le régime nazi. Au cours de la Seconde Guerre mondiale, faits prisonniers dans plusieurs pays, ils sont regroupés dans des camps où l'on procède à leur extermination. Plus de six millions meurent. C'est ce qu'on appelle l'Holocauste (ou la Shoah).
Novembre 1947 Mai 1948	**La création de l'État d'Israël** L'Organisation des Nations unies (ONU) prend la décision de partager la Palestine en deux États : un État arabe, un État juif. Après des mois d'affrontements violents avec les Arabes, le nouvel État d'Israël naît en 1948.
De 1948 à nos jours	**Depuis sa création,** Israël a connu des relations très conflictuelles avec les États arabes voisins. Trois guerres se sont succédé en moins de vingt ans (1956, 1967, 1973). Depuis, les relations avec les Palestiniens sont la source d'affrontements constants et meurtriers. En 2008, on estime que la population juive dans le monde est de 13 à 14 millions, dont un peu plus de 5 millions en Israël et plus de 5 millions, également, en Amérique du Nord.

Enfant recevant le tilak
(marque de bon augure), Inde.

L'HINDOUISME

Il est difficile de présenter un panorama de l'évolution de l'hindouisme. En fait, ce mot désigne un ensemble de courants philosophico-religieux qui se sont croisés, mais aussi une vision du monde et une organisation sociale. Plus couramment, il désigne la dernière phase d'une évolution religieuse qui a commencé avec le védisme auquel a succédé le brahmanisme.

LES ÉVÉNEMENTS MARQUANTS DE L'HINDOUISME

Environ de −1500 à −400	**Le védisme (l'hindouisme ancien)** Les fondements de l'hindouisme viennent des *Veda* (mot sanskrit qui signifie « savoir »), des textes sacrés essentiellement composés d'hymnes, d'invocations et de louanges aux dieux. Ces textes détaillent la mythologie (vie des dieux), la cosmologie ou l'Ordre du monde que même les dieux doivent respecter, la place de l'être humain et la valeur des rites sacrificiels qui permettent de communiquer avec la divinité et de s'en assurer le soutien. Outre les Veda, les textes sacrés du védisme sont les *Brahmana* (éléments de doctrine et instructions pour les rites), les *Aranyaka* (traités écrits par des ermites) et les *Upanishad,* un ensemble de réflexions sur l'ordre des choses, le sens de l'existence, la migration des âmes et l'au-delà.
Environ −300	**L'hindouisme** Cette période correspond à la consolidation du système des *varna* (division idéale de la société en quatre grands groupes hiérarchisés) déjà présent à l'époque antérieure. En effet, cette division met en évidence la place éminente revendiquée par les brahmanes dans la société d'alors ; ceux-ci, en plus d'être prêtres et enseignants, sont vus comme les gardiens de la tradition religieuse issue des Veda. Cette position privilégiée des brahmanes, explicitée dans des textes touchant les normes religieuses (*dharma*), est reprise par les textes épiques et les recueils ultérieurs de traditions anciennes (*Purana*), qui leur donnent la parole en priorité et mettent en avant leurs différentes façons de concevoir le droit et la justice. Ces réflexions sur les buts de l'être humain et sur les quatre varna ont servi à construire la société hindoue.
À partir de −300	**Les courants religieux** Les débuts de l'hindouisme coïncident avec la progression en son sein de courants religieux théistes : le vishnouisme et le shivaïsme. **Le vishnouisme et le shivaïsme** Ces mouvements honorent comme dieu suprême soit Vishnu, soit Shiva. Avant l'ère chrétienne, il reste difficile de s'en faire une idée précise. Les textes vishnouites anciens les plus connus sont le *Mahabharata* (la *Bhagavad-Gita* en fait partie), le *Ramayana* et le *Bhagavata Purana*.

(Les événements marquants de l'hindouisme – *suite*)

À partir de −300 (*suite*)	Le *Mahabharata* et le *Ramayana* sont centrés l'un sur Krishna et l'autre, sur Rama, deux incarnations du dieu Vishnu. En plus de la geste de héros considérés comme des manifestations de la divinité, ces textes contiennent de longs passages sur des questions éthiques, sur les responsabilités de chaque caste, sur le rôle du brahmane, par exemple.
	Parmi les textes shivaïtes, on citera le *Shiva Purana*, l'*Ishvara-Gita* (un extrait du *Kurma Purana*) et les *Agama*, qui sont des textes de rituel.
	Parallèlement à cela, il faut considérer que durant les derniers siècles avant l'ère chrétienne, le bouddhisme domine le plus souvent le pays (c'est le cas sous la dynastie Maurya, environ de −320 à −180), ainsi que durant les premiers siècles après l'ère chrétienne sous la dynastie des Kushanas (du 1er au 3e siècle) dans le nord du pays. Ce n'est qu'à partir du 5e siècle que le bouddhisme disparaît peu à peu de l'Inde.
Environ de 320 à 480	**La période Gupta** est synonyme, pour le Nord de l'Inde, d'un développement considérable, particulièrement dans l'art et la littérature. Il semble que les souverains de cette époque favorisent le vishnouisme. Le *Mahabharata* et la *Bhagavad-Gita* paraissent avoir pris de plus en plus d'importance.
	Alors que le vishnouisme se maintient dans le Nord, le shivaïsme le supplante peu à peu dans l'Inde du Sud et de l'Est. Dans la mouvance de ces deux courants, la relation avec le divin se modifie : alors qu'à l'époque védique le sacrifice était au cœur du rapport humain-dieu, maintenant, c'est la *bhakti* qui en est le centre ; celle-ci est à la fois dévotion et participation au divin, soumission totale à sa volonté. En principe, tous ont accès à la bhakti qui est une voie de délivrance : il s'agit essentiellement d'agir en conformité aux devoirs de son état (sa naissance et donc sa caste, le stade de la vie auquel on est parvenu, par exemple).
	À partir de cette époque, la bhakti domine l'évolution de l'hindouisme, surtout après le 13e siècle où elle connaît une longue période de floraison à l'instigation de saints-poètes. Le pouvoir musulman, qui contrôle une bonne partie de l'Inde à partir du 13e siècle également, laisse la bhakti hindoue se développer. Sans qu'on en comprenne exactement les raisons, des liens se créent entre les adeptes du soufisme, une mystique islamique, et les ascètes hindous.
De la fin du 18e jusqu'au 21e siècle	À partir de la fin du 18e siècle, l'Inde tombe peu à peu aux mains des Britanniques qui complètent la conquête en 1818 (l'Inde retrouvera son indépendance en 1947). Ceux-ci ne cherchent pas à convertir les Indiens au christianisme ; au contraire, de nombreux Anglais s'intéressent aux courants philosophiques hindous et traduisent du sanskrit les grands textes sacrés.
	Quelques réformateurs tentent de moderniser l'hindouisme. Sarasvati (1824-1883) prône un retour au védisme original qui serait monothéiste, selon lui, et s'élève contre l'organisation sociale en castes hiérarchisées. Ramakrishna (1834-1886), un mystique, essaie de voir au-delà des spiritualités orientales et occidentales une voie unique vers l'Absolu. À sa mort, son disciple Vivekananda (1863-1902) propage ses idées en Occident. À partir du milieu du 20e siècle, un intérêt croissant se manifeste en Occident pour la pensée hindoue. De nombreux maîtres viennent y séjourner pour diffuser leur enseignement et ouvrir des centres de méditation.

101

Lamas à l'entrée d'un monastère,
Longki, Chine

LE BOUDDHISME

Dans le bouddhisme, chaque école de pensée possède ses propres recueils de textes dont le contenu varie. Néanmoins, les textes qui forment le canon bouddhique ou *Tripitaka*, terme signifiant « les trois corbeilles », se divisent en trois groupes :

- Vinaya : codes de discipline destinés aux moines et aux moniales ;

- Sutra : discours ou sermons attribués à Bouddha ;

- Abhidharma : systématisation ou réflexion à partir des sutra.

LES ÉVÉNEMENTS MARQUANTS DU BOUDDHISME

5e siècle avant l'ère chrétienne	**La vie du Bouddha** Siddhartha Gautama naît (entre −558 et −540 ?) à Lumbini, région actuellement située au Népal, près de la frontière indienne. Fils d'un prince, il ose un jour franchir l'enceinte du palais malgré l'interdiction paternelle et découvre les conditions réelles d'existence des gens. Ses réflexions l'amènent à quitter sa vie d'aisance ; durant six ans, il écoute des maîtres et s'adonne à des pratiques ascétiques, mais il demeure insatisfait. Puis, un jour, c'est l'illumination, « l'Éveil » : Siddhartha comprend où se situe la clé pour se libérer de la douleur engendrée par le couple désir-insatisfaction.

Le premier discours du Bouddha (l'Éveillé)

À Sarnath, non loin de Varanasi, il rejoint d'anciens compagnons qui l'inter-rogent sur son expérience spirituelle. Il les convainc de la justesse de ses vues et leur enseigne les quatre Nobles Vérités ; fondement du bouddhisme, ces Vérités portent sur la nature de l'être humain et de son existence, sur les effets de l'impermanence et sur la voie à suivre pour s'en délivrer. Il fait de nombreux adeptes réunis en une sorte de communauté monastique, alors que lui-même continue de parcourir le nord de l'Inde.

Bouddha meurt vers l'âge de 80 ans. Le Maître n'a désigné aucun successeur, et des dissensions apparaissent à l'intérieur du groupe. On réunit donc un concile à Rajagriha pour fixer l'enseignement oral du Bouddha. Pendant que la communauté s'agrandit, des écoles de pensées différentes commencent à faire valoir leur point de vue respectif.

(Les événements marquants du bouddhisme – *suite*)

4ᵉ siècle avant l'ère chrétienne	**Le concile de Vaisali**

Vers −373, le 2ᵉ concile bouddhique a lieu à Vaisali. Deux tendances s'affrontent sur des sujets doctrinaux et sur la vie monastique. La mésentente s'accentue et devient un véritable schisme, peu de temps après le concile, entre ceux qui demeurent fidèles aux règles anciennes et certains réformateurs aux idées plus ouvertes.

3ᵉ siècle avant l'ère chrétienne	**Le 3ᵉ concile à Pataliputra**

Açoka (vers −273 à −237), le souverain de l'Empire maurya alors à son apogée, s'est converti au bouddhisme. Cette religion atteint l'île de Ceylan (Sri Lanka) où se développe durablement le Theravada, ou École des anciens, qui prône le maintien des enseignements du bouddhisme primitif. À l'intérieur de la communauté, les dissensions s'accentuent. Pour en discuter, l'empereur aurait convoqué la tenue d'un concile. Les décisions prises vraisemblablement lors de cette assemblée représentent un tournant majeur dans la pensée bouddhique. En effet, on établit le contenu définitif du Tripitaka, le canon bouddhique, et, surtout, on aboutit à la distinction d'un double cheminement, ou double voie, en vue de se libérer. La première voie, celle des anciens, appelée Petit Véhicule met l'accent sur l'effort individuel, car l'adepte ne peut délivrer que sa propre personne. La deuxième voie, le Grand Véhicule, préconise la délivrance pour tous les individus grâce à la figure du *bodhisattva* (être destiné à l'Éveil) qui voue son existence au salut des autres par la pratique de vertus comme la bienveillance et la compassion.

Moine novice priant aux pieds de la statue du Bouddha géant, Bangkok, Thaïlande.

À partir du 1er siècle	**La diffusion du bouddhisme** Le bouddhisme s'est répandu plutôt rapidement dans le sud-est et dans le centre de l'Asie. Dès le 1er siècle, il est introduit en Chine, il pénètre au Japon au 6e siècle, en Birmanie (du 5e au 10e siècle), en Indonésie (7e siècle), plus tard au Cambodge, au Laos, en Thaïlande et au Viêtnam. Alors qu'il se diffuse largement dans ces régions, il se retire progressivement de l'Inde : l'Empire centralisé s'effondre sous la poussée des Huns (à partir du 5e siècle), le bouddhisme n'est pas réellement soutenu dans les royaumes issus de la division de l'empire Gupta (début 6e siècle), puis, repliés dans le centre du pays, les moines quittent peu à peu l'Inde devant les progrès de l'invasion musulmane à partir du 11e siècle.
À partir du 6e siècle	**Le développement du bouddhisme tantrique (le Véhicule du Diamant)** En sanskrit, le mot *tantra* signifie « trame », « chaîne » d'un tissu et, par extension, tout élément fondamental, tout système de pensée ; ce terme désigne particulièrement des textes de rituels. Alors que se développent des hindouismes tantriques, le bouddhisme tantrique prend forme en Inde autour du 6e siècle. Dans ce bouddhisme, la quête de sagesse passe, entre autres, par la répétition de formules ésotériques (*mantra*, *dharanî*), l'exécution de gestes symboliques (*mudra*), la construction de cercles symboliques (*mandala*) représentant le cosmos en miniature. Le but ultime reste d'arriver à l'extinction totale et définitive, et au silence qui s'ensuit. Le bouddhisme tantrique s'enracine au Tibet à partir du 7e siècle où, combiné à d'autres traditions religieuses, il se développe sous une forme particulière, le lamaïsme, surtout à partir du 15e siècle : il s'agit d'une organisation cléricale de la société dans laquelle les moines (lamas) exercent le pouvoir aussi bien temporel que spirituel. Le lamaïsme est présent aussi en Mongolie et au Bhoutan.
20e siècle	Le bouddhisme tibétain est mieux connu depuis l'exil en 1959 du dalaï-lama, qui a dû fuir le Tibet envahi par les troupes chinoises. Ses déplacements nombreux à l'étranger contribuent à faire connaître davantage cette forme de bouddhisme en Occident où l'on trouve des centres d'enseignement et de méditation, par exemple en France et au Québec (Cap-Rouge et Montréal). Il y aurait actuellement 350 millions de bouddhistes dans le monde dont 80 % en Chine et dans le Sud-Est asiatique.

LE CHRISTIANISME

La Bible chrétienne se compose de l'Ancien Testament (39 livres pour les protestants et 47 pour les catholiques et les orthodoxes) et du Nouveau Testament (27 livres pour toutes les confessions chrétiennes). Celui-ci, propre au christianisme, comprend :

- les quatre Évangiles (vie et enseignement de Jésus de Nazareth) ;

- les Actes des apôtres (événements qui ont suivi la mort de Jésus et naissance des premières communautés chrétiennes) ;

- les Épîtres (recueil de lettres écrites par Paul et quelques apôtres) ;

- l'Apocalypse (vision prophétique de la fin du monde et du jugement dernier).

LES ÉVÉNEMENTS MARQUANTS DU CHRISTIANISME

Vers 29-30	**Jésus de Nazareth: sa mission, sa mort, sa résurrection** (selon les Évangiles) Jésus parcourt le territoire palestinien et propage son enseignement. Il se dit «fils de Dieu» et investi d'une mission. Mis en accusation par les Juifs, il est condamné à mort par les Romains. Exécuté par crucifixion, il ressuscite trois jours plus tard ; après avoir passé quelques moments avec ses disciples, il disparaît dans les cieux (l'Ascension).
De 33 à 64-68	**Paul de Tarse et les premières communautés chrétiennes** Conversion de Paul à la suite d'une apparition du Christ, selon les Actes des apôtres et ses propres lettres (épîtres).
De 37 à 64	Paul parcourt une grande partie du territoire de l'Est méditerranéen et fonde plusieurs communautés chrétiennes.

Monastère de la Sainte-Trinité, un des monastères des Météores (15ᵉ et 17ᵉ siècles), Grèce

105

(Les événements marquants du christianisme – *suite*)

Vers 49-50	**La réunion (concile) de Jérusalem : esquisse d'une rupture judaïsme-christianisme**

La réunion (concile) de Jérusalem : esquisse d'une rupture judaïsme-christianisme

L'action missionnaire des premiers disciples de Jésus, dont l'apôtre Pierre, et celle de Paul a pour effet la conversion de nombreuses personnes non juives (dans les textes bibliques, elles sont appelées païennes). Comme les premiers chrétiens sont issus du milieu juif, la question se pose de savoir si les convertis non juifs doivent se soumettre aux règles imposées par le judaïsme, dont la circoncision, marque de l'appartenance juive depuis Abraham (selon la Genèse). L'Église de Jérusalem est dirigée par Jacques, celui qui serait le frère de Jésus selon certains auteurs. Cette Église observe la Loi juive et voudrait l'imposer aux non juifs. Après des discussions laborieuses, on parvient à un compromis : l'essentiel est la foi dans le Christ et, par conséquent, les païens convertis ne sont soumis qu'à quelques observances juives à l'exclusion notable de la circoncision. Quelques années plus tard, les convertis d'origine païenne deviennent majoritaires dans la nouvelle religion : la différenciation avec les Juifs ira en s'accentuant.

Environ de 50 à 64

Paul écrit des lettres (épîtres) à plusieurs communautés chrétiennes ; ces lettres contiennent des enseignements de foi ainsi que des conseils pour la vie communautaire.

De 64 à 68

Période probable de la mort de Paul.

De 65 à 100

Les Évangiles

C'est durant ces années que des communautés chrétiennes écrivent les Évangiles, récits de la vie de Jésus et de son enseignement.

135

La rupture définitive avec le judaïsme

Jusqu'à la fin des années 60, de nombreux points communs rassemblent encore quantité de nouveaux chrétiens et les Juifs : par exemple, la langue, le mode de pensée, l'attachement à la terre d'Israël et à Jérusalem. Tout change en 70 ; une rébellion juive contre Rome est écrasée, et le grand Temple est détruit. À partir de cet événement, les rabbins se mobilisent pour rassembler les Juifs autour de ce qui fait leur identité. L'écart se creuse progressivement avec ceux qui se réclament de Jésus ; la rupture se produit de 132 à 135 quand les chrétiens refusent de prendre part à une révolte contre l'autorité romaine.

Du 2e au 4e siècle

L'expansion et les persécutions

Le christianisme gagne peu à peu de nouveaux territoires : l'Afrique du Nord, l'Espagne, le reste de l'Italie, la France, l'Angleterre (à partir du 4e siècle). Cependant, la vie est difficile pour les chrétiens : suspects aux yeux des Romains, ceux-ci les persécutent à plusieurs reprises. De cette époque date le culte des martyrs.

313

La promulgation de l'édit de Milan par Constantin

Au début du 4e siècle, les groupes chrétiens forment une communauté assez forte pour inquiéter l'autorité politique. L'empereur Constantin, converti au christianisme, promulgue l'édit de Milan qui garantit aux chrétiens la liberté de culte ; ceux-ci peuvent donc récupérer leurs lieux de culte et leurs biens, confisqués durant les décennies précédentes.

(Les événements marquants du christianisme – *suite*)

325

Le concile de Nicée et l'arianisme

À partir de 312, Arius, un prêtre d'Alexandrie (Égypte), propage ses convictions relatives à la nature du Christ qui, selon lui, n'est pas de même nature que Dieu le Père, lui est distinct et même subordonné. Ses idées sont rapidement connues à l'extérieur d'Alexandrie, et la division s'installe bientôt dans les Églises d'Orient entre celles qui soutiennent Arius et celles qui le rejettent. L'empereur Constantin vient tout juste de refaire l'unité de l'Empire ; il convoque à Nicée le premier concile œcuménique auquel participent environ 270 évêques. Après deux mois de discussions, l'assemblée condamne les thèses d'Arius et affirme la consubstantialité (même nature) du Fils par rapport au Père dans une formule ambiguë qui crée de nouvelles interrogations. Le concile propose un condensé de la foi chrétienne qu'on appelle le **symbole de Nicée** (le symbole de Nicée-Constantinople après l'an 381) ; il établit les articles de foi concernant la Trinité : le Père, le Fils et l'Esprit.

Symbole de Nicée
Dans le christianisme, appellation désignant un regroupement d'affirmations qui constituent la profession de foi.

380

L'édit de Thessalonique : le christianisme, religion officielle de l'Empire

Julien, empereur de 361 à 363, avait rejeté le christianisme et tenté de rétablir l'antique religion romaine appelée « paganisme » par les chrétiens. Théodose, empereur de 379 à 395, clarifie définitivement la situation en proclamant par un édit que le christianisme devient la religion officielle de l'Empire. Il combat les ariens (partisans des thèses d'Arius), qui maintiennent leur autorité dans plusieurs régions, en obligeant tous les citoyens de l'Empire au respect des décisions prises lors du concile de Nicée.

381

Le premier concile à Constantinople

Il est convoqué par Théodose pour résoudre la querelle avec les ariens et clarifier le symbole de foi adopté au concile de Nicée en 325. L'arianisme est sévèrement condamné avec l'obligation à tous les hérétiques, quelle que soit la cause qu'ils défendent, d'abjurer et de se rallier à la foi officielle. Quant au symbole de Nicée, le concile de Constantinople établit clairement l'origine et la nature divine de l'Esprit saint. Enfin, la suprématie de l'évêque de Rome (le pape) sur celui de Constantinople est reconnue.

431

Le concile d'Éphèse

Il est convoqué par l'empereur Théodose II pour que l'Église clarifie ses positions au sujet du nestorianisme (de Nestorius, patriarche de Constantinople) selon lequel il existe deux natures distinctes en Jésus-Christ. Contre les thèses de Nestorius, le concile précise et proclame l'union des deux natures, humaine et divine, dans la personne de Jésus-Christ. Le concile proclame également Marie « Mère de Dieu ».

451

Le concile de Chalcédoine

Contre un groupe de dissidents appelés les monophysites (mot qui signifie « nature unique ») selon lesquels le Christ ne possédait qu'une seule nature (divine), ce concile réaffirme sa double nature.

787

Le deuxième concile de Nicée

Ce concile est une réponse à la crise iconoclaste (mot grec qui signifie « briseur d'images ») qui secoue l'empire d'Orient. En réaction aux excès de la religiosité byzantine, les empereurs Léon III et Constantin V avaient interdit la vénération des images saintes ainsi que leur fabrication. À cela s'ajoutait leur volonté de restaurer l'autorité impériale sur l'Église. Le concile condamne l'iconoclasme et réaffirme le bien-fondé du culte des images qui, officiellement, ne sera rétabli qu'en 843.

1054	**Le grand schisme : naissance des Églises catholique romaine et orthodoxe**
	La séparation de l'Église d'Orient a deux causes. La première porte sur des dissensions dogmatiques entre les Latins (Rome) et les Grecs (Constantinople), notamment sur le dogme chrétien de la Trinité. La deuxième, plus importante, porte sur un conflit politique : l'évêque de Constantinople s'élève contre la suprématie de l'évêque de Rome (le pape), car il se considère son égal. Le pape excommunie l'évêque de Constantinople ; celui-ci réplique en excommuniant les représentants du pape. La rupture définitive se produit en 1204 au cours de la 4e croisade lorsque les armées croisées s'emparent de Constantinople et pillent sauvagement la ville.
De 1095 à 1270	**Les croisades**
	L'Église organise des expéditions militaires pour récupérer la Terre sainte et surtout le tombeau du Christ à Jérusalem, tombés aux mains des musulmans depuis le 8e siècle. Il y aura en tout huit croisades dont le résultat final s'avérera un échec.
De 1517 à 1530	**La naissance du protestantisme**
	Martin Luther (1483-1546) est moine et professeur de philosophie à l'université. L'étude intensive des textes bibliques et ses réflexions personnelles l'amènent à comprendre que la véritable autorité en matière de foi est le texte biblique et non le pape. Par ailleurs, il rejette la pratique catholique des indulgences, source importante de revenus pour l'Église (les indulgences permettent aux fidèles d'acheter leur salut avec de l'argent). Il déclare publiquement son opposition à ce trafic abusif (1517). Il est dénoncé à Rome, excommunié (1521) et mis au ban du Saint-Empire romain germanique. Il trouve refuge en Saxe où il continue à dénoncer les agissements et la théologie de l'Église catholique. En 1530, il expose la profession de foi luthérienne à l'empereur Charles Quint. Il traduit la Bible en allemand et écrit de nombreux ouvrages, dont un nouveau catéchisme. Ses travaux sont largement diffusés grâce à la presse à imprimer inventée par Gutenberg (1400-1468). Il organise également le culte protestant, doctrine selon laquelle le fidèle reçoit gratuitement son salut de la part de Dieu et qui reconnaît uniquement deux sacrements : le baptême et l'Eucharistie.
	Peu après son apparition, le protestantisme se ramifie en plusieurs courants. Le Français Jean Calvin (1509-1564) se convertit aux idées de la Réforme protestante vers 1531. Il devient prédicateur dans l'arrière-pays de La Rochelle, puis quitte la France pour s'installer en Suisse où il développe ses propres thèses réformistes. Le calvinisme reçoit un accueil favorable en France et particulièrement dans le sud-ouest du pays. Les calvinistes français, parmi lesquels des marins et des commerçants, s'embarquent à La Rochelle en direction de la Nouvelle-France où ils tiennent des comptoirs commerciaux. Pendant le Régime français en Amérique du Nord, plusieurs centaines de protestants se seraient établis en Nouvelle-France (environ 500 sur les quelque 27 000 Français venus au Canada).
	L'Écossais John Knox (1510?-1572) adhère à la Réforme en 1546. Au cours d'un séjour en Suisse, il fait la connaissance de Jean Calvin. À son retour en Écosse, en 1559, s'inspirant des thèses calvinistes, il fonde l'Église presbytérienne. Après la conquête de la Nouvelle-France par les Anglais (1760), de nombreux Écossais, catholiques ou presbytériens, immigrent au Canada. Jusqu'en 1815, ils seraient environ 15 000.
	Cependant, tout au long du 19e siècle, les difficultés économiques et sociales obligent une partie de la population à quitter l'Écosse. Entre 1815 et 1901, plus de 200 000 personnes immigrent au Canada. Le mouvement migratoire s'accentue au début du 20e siècle : plus de 500 000 immigrants et immigrantes arrivent entre 1901 et 1930. La plupart sont presbytériens.

(Les événements marquants du christianisme – *suite*)

De 1545 à 1563	**Le concile de Trente** Déjà au 15ᵉ siècle, l'Église catholique avait senti la nécessité d'une révision en profondeur de sa doctrine et de ses institutions. Elle se produit au 16ᵉ siècle sous la poussée de la Réforme protestante qui gagne de plus en plus de régions en Allemagne, et celle de Charles Quint qui voit son empire se diviser ; il demande alors à l'Église de réagir. Le concile précise la foi catholique sur bien des points, entre autres les sacrements, mais rejette les thèses de Luther. La séparation entre catholiques et réformateurs luthériens est consommée, et l'Église protestante prend son envol.
1870	**L'infaillibilité du pape** L'Église catholique proclame le dogme de l'infaillibilité pontificale ; cela signifie que lorsque le pape, du haut de son autorité, énonce des vérités de la foi, ses propos sont indiscutables.
Au 20ᵉ siècle	**La naissance du pentecôtisme** Ce courant religieux apparaît au début du 20ᵉ siècle aux États-Unis à la suite des mouvements « de réveil » (*revival*) qui secouent régulièrement les communautés issues de la Réforme. Les axes principaux du pentecôtisme sont le baptême dans l'Esprit et le renouement avec les charismes connus des premières communautés chrétiennes. Depuis ses débuts, le mouvement a pris une ampleur considérable. **La création du Conseil œcuménique des Églises en 1948** Cet organisme a été fondé par les Églises issues de la Réforme protestante et désireuses de s'élever au-dessus de leurs différences ou divisions pour accentuer ce qui les rapproche, c'est-à-dire leur appartenance chrétienne. L'Église catholique n'en fait pas partie, mais s'intéresse activement aux travaux du Conseil. **Le concile œcuménique Vatican II (de 1962 à 1965)** Constatant les changements nombreux et rapides dans le monde du 20ᵉ siècle, le pape Jean XXIII (1958-1963) réunit un concile afin que l'Église catholique procède à sa modernisation. Les contenus de doctrine et les pratiques sont révisés, par exemple : la constitution de l'Église et son rôle dans le monde, l'interprétation des textes bibliques, la liturgie (désormais, la messe pourra être dite dans la langue usuelle d'un pays) et les relations avec les autres traditions religieuses. On met l'accent sur l'amélioration des rapports avec l'Église orthodoxe (levée des excommunications réciproques entre le pape et le patriarche de Constantinople en vigueur depuis le 11ᵉ siècle) et les Églises protestantes. **Un Polonais comme pape (1978-2005)** Jean-Paul II, d'origine polonaise, est le premier pape élu non italien depuis 1523. Il mise sur un renforcement de la présence de l'Église catholique dans le monde et, dans cet esprit, effectue plus d'une centaine de voyages à l'étranger. Cependant, il a maintenu les positions doctrinales traditionnelles de l'Église, plus spécifiquement celles concernant la morale (avortement, contraception). **Le renouveau de l'Église orthodoxe dans l'après-communisme** De 1917 à 1988, en Europe de l'Est, les différentes Églises orthodoxes des pays tombés sous le joug communiste sont très durement persécutées, particulièrement en ex-URSS. De 1988 à 1990, les régimes communistes s'effondrent les uns après les autres. L'Église orthodoxe retrouve alors une liberté perdue depuis des décennies. En ex-URSS, une loi votée en octobre 1990 redonne à l'Église l'entière liberté de s'organiser. Dans les autres pays ex-communistes, la restauration des Églises se poursuit avec plus ou moins de bonheur, compte tenu de leur contexte politique.

L'ISLAM

Les sources de la foi musulmane sont le *Coran*, l'enseignement de Dieu, et le *Hadith*, un ensemble de recueils des paroles et actes de Muhammad et de certains de ses compagnons, qui contient des interprétations de cet enseignement.

- Le Coran (le mot signifie « récitation ») est le livre saint de l'islam ; selon la tradition, il contient les révélations transmises par l'archange Gabriel et mémorisées par Muhammad. Il ne les a pas écrites, mais il les dicta à ses disciples jusqu'à sa mort en 632. Le Coran est divisé en 114 sourates (chapitres), elles-mêmes divisées en versets.

- Les recueils du Hadith (un ensemble très vaste) ont d'abord été transmis oralement, puis mis par écrit au moment où, dans la recherche de règles de conduite, la coutume (sunna) comme fondement de l'autorité a pris de l'importance.

L'histoire de l'islam est d'abord celle d'une conquête rapide d'un territoire immense. C'est aussi l'apparition très tôt de trois courants dont deux, le sunnisme et le chi'isme, dominent l'évolution de l'islam par l'intermédiaire des dynasties au pouvoir qui favorisent l'un ou l'autre. Le kharidjisme, beaucoup plus restreint en nombre d'adeptes, constitue le troisième courant. C'est enfin la naissance d'un mouvement mystique, le soufisme, qui a joué un rôle important surtout à partir du 12e siècle.

Le *sunnisme* : de *sunna* (« coutume, tradition du prophète »), ce courant rassemble les musulmans orthodoxes. Les sunnites ont reconnu les quatre premiers califes (successeurs de Muhammad) et la dynastie omeyyade qui leur a succédé, puis celle des Abbassides. Les sunnites ne reconnaissent pas de clergé centralisé et distinguent

La grande mosquée
de Djenné, Mali

le pouvoir politique de l'autorité spirituelle. Ils représentent aujourd'hui plus de 85 % de la communauté musulmane.

Le *chi'isme* : c'est le courant des partisans d'Ali et de ses descendants. Selon les chi'ites, Ali, le cousin et gendre de Muhammad a été désigné par le Prophète lui-même pour être son successeur. Ali a été écarté du pouvoir par une trahison, selon les chi'ites, alors que l'autorité lui revenait du fait des liens du sang avec le Prophète. D'après eux, Ali et ses successeurs, les imams, ont transmis le sens caché de la Révélation faite au Prophète et ils doivent, aujourd'hui, continuer cette tâche. Le pouvoir des imams est à la fois politique et spirituel. Les chi'ites ont un clergé et pratiquent le culte des martyrs et des saints. De nos jours, ils constituent 10 % à peu près des fidèles musulmans ; ils sont majoritaires en Iran, en Irak, en Azerbaïdjan, au Bahreïn, ainsi que dans la partie musulmane de la population du Liban.

Le *kharidjisme* : il s'agit d'un courant très rigoriste (le Coran est appliqué à la lettre) ; il est apparu après qu'Ali eut pris la décision de renoncer au résultat sans arbitrage de la bataille de Siffin contre le gouverneur Muawiya, ce qui était une faute aux yeux de plusieurs adeptes. Ceux-ci se regroupent alors pour former ce courant d'opposition au pouvoir en place. Selon les kharidjites, il revient à une assemblée de croyants de désigner le chef spirituel en dehors de toute prérogative de race ou de dynastie. Le mouvement a connu son heure de gloire aux 9e et 10e siècles où il domina une partie de l'Algérie et de la Tunisie. Il a également amorcé l'islamisation de l'Afrique noire, au Niger et au Nigeria. Le kharidjisme ne représente plus aujourd'hui que 1,5 million de personnes dans le sultanat d'Oman et au Maghreb.

LES ÉVÉNEMENTS MARQUANTS DE L'ISLAM

610	**Les révélations et le début de l'ère musulmane**
	À l'âge de quarante ans, Muhammad reçoit ses premières révélations divines de la bouche de l'archange Gabriel ; illettré, il les mémorise. Ces révélations se poursuivront jusqu'à sa mort en 632. Son épouse et plusieurs proches constituent ses premiers disciples.
De 622 à 632	**Muhammad à Médine**
	Jusqu'en 622, Muhammad convertit peu de monde. Il se bute à l'hostilité des tribus polythéistes qui contrôlent la région. Persécuté, il décide de quitter La Mecque pour Médine, à 350 kilomètres plus au nord (ce départ pour Médine, le 16 juillet 622, marque le début de l'ère musulmane). À partir de son installation à Médine, les convictions de Muhammad s'affirment davantage ; il définit les contours de la nouvelle religion et, comme chef militaire, réussit à conquérir La Mecque en 630. La population qui s'opposait à lui depuis longtemps se rallie ; Muhammad consacre La Mecque, le lieu de la Révélation, comme ville sainte, et l'islam part à la conquête de l'Arabie.
	Muhammad meurt à Médine en 632.

(Les événements marquants de l'islam – *suite*)

De 632 à 661	**Les successeurs (califes) de Muhammad**

La période est difficile, car il y a beaucoup de dissensions. Le Prophète a désigné Ali comme successeur, mais des notables de la communauté le jugent trop jeune. Les premiers califes sont des fidèles de Muhammad, beaux-pères ou gendres. Le premier, Abou Bakr, termine la conquête de l'Arabie, alors que le second, Omar, conquiert la Syrie, la Mésopotamie (l'Irak) et une partie de l'Égypte. Le troisième, Othman, poursuit la conquête du Proche-Orient et soumet la Perse (l'Iran) puis le Maghreb jusqu'en Tunisie. Othman rassemble de nombreux écrits partiels des révélations de Muhammad. Malgré des problèmes d'unité de lecture, cette compilation devient la version définitive du Coran. Ali succède à Othman, mais doit bientôt céder le pouvoir à Muawiya, le gouverneur de Damas, en Syrie, qui s'est opposé à lui dès le début de son califat.

De 661 à 750	**La dynastie sunnite des Omeyyades**

Devenu calife, Muawiya fonde une dynastie héréditaire et transfère la capitale à Damas. Les frontières de l'islam sont repoussées : il atteint le cœur de l'Asie et le nord-ouest de l'Inde, termine la conquête du Maghreb et s'empare de l'Espagne au complet. Le califat omeyyade dote l'islam d'une bonne administration et favorise le développement intellectuel, particulièrement les sciences juridiques.

De 750 à 1258	**La dynastie sunnite des Abbassides et les dynasties chi'ites**

Les Abbassides choisissent Bagdad comme nouvelle capitale. Sous leur autorité, les territoires de l'islam bénéficient d'une grande prospérité. Les arts et les lettres connaissent un apogée, particulièrement à Bagdad dont le rayonnement intellectuel est immense ; on y développe les mathématiques et on traduit les philosophes grecs.

Cependant, la volonté des califes abbassides d'imposer la doctrine islamique originelle et l'opposition des chi'ites à cette mesure provoquent de nombreuses divisions politiques. C'est ainsi qu'apparaissent aux 10e et 11e siècles des dynasties chi'ites dans plusieurs territoires, par exemple les Fatimides (909-1171) en Égypte et au Maghreb.

Du 11e au 18e siècle	**La poursuite de l'expansion**

En Asie du Sud, du 11e au 14e siècle, l'islam domine de plus en plus en Inde (empire Mughul). Pendant la seconde moitié de cette période, l'islam pénètre dans les îles du Sud-Est par les voies commerciales ; au 18e siècle, de nombreuses populations sont converties.

En Afrique, la conquête a commencé dès le 7e siècle, mais c'est principalement du 11e au 14e siècle que l'islam progresse à l'extérieur des territoires maghrébins. En 1700, l'islam a pratiquement englobé la moitié nord du continent.

Par contre, pendant cette période, le pouvoir musulman se retire progressivement de l'Espagne et quitte définitivement Grenade en 1492.

112

CHAPITRE 5

(Les événements marquants de l'islam – *suite*)

Du 8e au 20e siècle	**L'islam mystique : le soufisme**

Le soufisme est un courant ésotérique qui s'appuie sur quelques passages du Coran pour affirmer que Muhammad aurait reçu des révélations qu'il n'a pas dévoilées à tous, mais qu'on peut connaître ou éprouver par l'initiation. Les concepts majeurs du soufisme sont la connaissance par l'intuition, la sagesse, la contemplation, l'extase et le Dieu-amour. Les disciples se regroupent autour d'un maître et forment une confrérie. Le soufisme a exercé une grande influence sur la société musulmane aux 12e et 13e siècles. La principale tradition soufie s'est développée à Bagdad d'où elle a rayonné en Afrique du Nord (du 12e au 14e siècle), en Arabie (du 14e au 17e siècle), en Turquie, dans le Caucase et en Asie centrale (du 12e au 19e siècle). Dans ces régions, le soufisme continue, au 20e siècle, de faire de nombreux adeptes, de même qu'en Occident. Au Soudan, il y aurait plus de cinq cents confréries soufies.

Calligraphie musulmane à Samarcande, Ouzbékistan

Du 14e au 20e siècle	**L'Empire ottoman**

À partir du 14e siècle, l'islam est dominé par les Turcs dont l'Empire se forme rapidement. Ils contrôlent l'Anatolie et les Balkans en 1512, puis la Syrie, la Palestine, l'Égypte et l'Algérie en 1520. Jusqu'en 1566, c'est au tour de la Hongrie (1526), de la Mésopotamie (1534) puis du reste de l'Afrique du Nord. Sous l'Empire ottoman, le soufisme joue un grand rôle : le pouvoir s'appuie sur l'enracinement local des confréries pour assurer le contrôle de l'instruction religieuse. Il faut dire aussi qu'en plus de la religion, les soufis transmettent la littérature. À partir du 17e siècle, l'Empire perd peu à peu les territoires conquis : la Hongrie, les Balkans, la Grèce (19e siècle), l'Égypte (1881), les territoires du nord de la mer Noire. À la fin de la Première Guerre mondiale, allié de l'Allemagne, l'Empire s'effondre. Mustafa Kemal, le créateur de la Turquie moderne, abolit le sultanat en 1922 et proclame la république en 1923.

L'Empire safavide (1501-1736)

Cet empire se forme lorsque Ismaïl 1er (1487-1524), proclamé souverain (chah) de Perse en 1501, réussit à contrôler de vastes territoires. En plus de la Perse (l'Iran actuel), il rassemble sous son autorité l'Anatolie orientale, l'Azerbaïdjan, une partie de la Mésopotamie (l'Irak actuel) et du Caucase. Il prend une décision majeure : faire du chi'isme duodécimain (en référence au douzième imam qui doit réapparaître à la fin des temps) la religion officielle de la Perse, puis de tout l'Empire (sous ses successeurs). Pendant deux siècles, l'empire safavide chi'ite fait une rude concurrence à l'empire ottoman sunnite.

20e siècle	

Depuis la fin de l'Empire ottoman, l'affirmation de l'islam se confond souvent avec les revendications politiques dans la lutte contre les colonialistes européens dans un premier temps, puis contre les influences du modernisme. Un fort courant fondamentaliste s'est développé. Le Pakistan se proclame République islamique en 1947, de même que l'Iran qui, à partir de 1979, est dirigé par le clergé chi'ite. Ces États, de même que l'Arabie saoudite et le Soudan, sont régis par la charia, la loi religieuse.

On estime aujourd'hui à près d'un milliard le nombre de musulmans dans le monde.

LES SPIRITUALITÉS AUTOCHTONES D'AMÉRIQUE DU NORD

Dix nations amérindiennes et une nation inuite vivent dans la province de Québec. Les Autochtones ont une culture animiste, bien que la plupart d'entre eux soient convertis au catholicisme et au protestantisme. Ils pratiquent donc le christianisme tout en conservant leur conception du monde issue de leurs traditions culturelles. Selon leur vision du monde, l'être humain est une partie d'un grand Tout dans lequel chaque élément est à la fois matière et esprit.

LES ÉVÉNEMENTS MARQUANTS DES SPIRITUALITÉS AUTOCHTONES D'AMÉRIQUE DU NORD

Avant l'arrivée des Européens	**Depuis leur arrivée en Amérique** (il y a 10 000 ans environ pour les Inuits et près de 30 000 ans pour les Amérindiens), les Autochtones ont développé des spiritualités riches et variées, adaptées aux cultures nombreuses et différentes qui se sont formées partout sur le continent.
17e siècle	**L'époque de la Nouvelle-France** Les récits légués par les explorateurs et les missionnaires traduisent l'ambiguïté du regard européen sur les mœurs des Amérindiens et particulièrement sur leur spiritualité. Comme ces peuples ne reconnaissent pas le Dieu des Européens, on les qualifie de « sauvages », de « barbares » et de païens et païennes qu'il convient d'instruire.
18e siècle	**Avec le courant de pensée des Lumières** et l'émergence de divers débats philosophiques sur les institutions religieuses, on voit se populariser l'idée de « loi naturelle » qui amène certains Européens à porter un regard différent, un peu plus tolérant, sur les mœurs autochtones. Par ailleurs, l'esprit missionnaire continue d'associer les pratiques spirituelles des Autochtones à de la superstition dont la cause réside dans le manque d'instruction. Aussi, il convient, selon les missionnaires, d'éduquer ces peuples et de les convertir au christianisme.
Début 19e siècle	**Les textes de cette époque** décrivent les coutumes des peuples autochtones, non en vue de défendre leur identité culturelle, mais plutôt de les mettre en contraste avec les vertus chrétiennes attribuées aux fondateurs du Canada. La présence amérindienne est perçue comme un obstacle au progrès. Les Amérindiens sont donc expulsés des territoires et déplacés dans des réserves. En même temps se développent des courants d'études anthropologiques opposant religion et mythologie. Contrairement à la religion, la pensée mythique, que l'on attribue aux Autochtones, est alors considérée comme irrationnelle. Soutenue par des thèses rationalistes et le courant du darwinisme social, la supériorité de la race blanche est affirmée. L'instruction des peuples autochtones prend alors le sens d'un devoir moral. L'entreprise coloniale y trouve là une justification pour poursuivre son expansion territoriale et sa mainmise sur les terres.

(Les événements marquants des spiritualités autochtones d'Amérique du Nord – *suite*)

Fin du 19e siècle	**La constitution de 1867** place les affaires autochtones sous la responsabilité exclusive du gouvernement fédéral. L'objectif avoué des autorités canadiennes est alors de procéder à l'assimilation des Autochtones. En 1876, la *Loi sur les Indiens* leur attribue un statut équivalent à celui de citoyens mineurs. Ils n'ont, entre autres, pas le droit de voter, une restriction qui ne sera levée qu'en 1960. Les individus que le gouvernement juge suffisamment « civilisés » perdent leur statut d'Indiens et sont alors considérés comme des citoyens canadiens. On espère ainsi que les Autochtones disparaîtront tout simplement. La politique canadienne d'assimilation des Amérindiens encourage leur christianisation et l'éducation des enfants dans des pensionnats tenus par les religieux, loin de leurs parents. Plusieurs lois sont également passées pour interdire certaines cérémonies religieuses traditionnelles comme les potlatchs en Colombie-Britannique ou la danse du Soleil dans l'Ouest canadien. En même temps se développent des courants d'études anthropologiques où l'on étudie les mythes, les rites, les langues, les objets et les vêtements des cultures amérindiennes.
20e siècle	**À la fin des années 1960,** un mouvement de revendication autochtone émerge dans l'ensemble de l'Amérique. Au Canada, il est renforcé en 1969 par l'opposition au *Livre blanc*. Ce projet du gouvernement Trudeau proposait d'abolir la *Loi sur les Indiens* et, par la même occasion, tout statut spécial des Autochtones. Ces derniers y voient une nouvelle tentative de les assimiler et se mobilisent pour faire reconnaître leurs cultures et leurs droits particuliers. Dans les années 1970, les Cris et les Inuits défendent leur territoire et obligent le gouvernement du Québec à négocier la Convention de la Baie-James et du Nord québécois. Les Autochtones prennent la parole et organisent un mouvement de défense de leurs droits : Assemblée des Premières Nations, Congrès des peuples autochtones, Association des femmes autochtones du Canada, par exemple. Ce mouvement rend manifeste un phénomène de réappropriation culturelle et de revalorisation de la spiritualité autochtone. La loi constitutionnelle de 1982 reconnaît l'existence des Autochtones et de leurs droits ancestraux. Même si aujourd'hui la *Loi sur les Indiens* demeure toujours largement en application, on cherche des solutions du côté de l'autonomie gouvernementale des Amérindiens.

115

LA DIMENSION RELIGIEUSE AU 21ᵉ SIÈCLE

L'ÉTAT DES LIEUX

On ne peut se représenter la place de la religion dans les sociétés contemporaines, pas plus que ses formes, ses différents visages, si l'on n'a pas une vision claire des phénomènes qui, depuis plus d'un siècle et demi, œuvrent conjointement à la transformation sociale du monde et particulièrement de l'Occident. Leur compréhension est indispensable pour saisir la nature et l'ampleur des changements qui affectent le rapport de l'être humain avec l'univers religieux, mais aussi pour identifier sans équivoque les aspects de la modernité. Non seulement la compréhension de ces phénomènes est-elle essentielle, mais elle importe davantage que la simple connaissance des courants ou mouvements religieux anciens et nouveaux qui modèlent plus ou moins les sociétés actuelles.

Deux réserves s'imposent. La première concerne le temps. Les assises de la modernité se trouvent du côté de la Renaissance et du 18ᵉ siècle, appelé le « Siècle des Lumières » parce qu'un courant philosophique européen établit la raison critique comme fondement de toute connaissance. Cependant, c'est à partir du 19ᵉ siècle que cette pensée critique, appuyée par le développement scientifique, produit des effets qui structureront en profondeur le siècle suivant.

La deuxième réserve porte sur l'espace. Ce serait une erreur de penser que les phénomènes que nous allons examiner se sont produits simultanément dans toutes les sociétés. Certains ont d'abord touché l'élite intellectuelle d'un nombre restreint de pays, alors que d'autres ont modifié progressivement la condition sociale et culturelle de l'ensemble des gens. Par contre, la plupart de ces phénomènes ont surtout transformé les sociétés occidentales ; pendant que celles-ci vivaient les changements en accéléré, d'autres les absorbaient lentement ou partiellement, ou d'autres encore refusaient toute influence extérieure. Signalons deux exemples : la Chine, c'est-à-dire le sixième de l'humanité, procède à sa modernisation (pas dans tous les domaines) depuis quelques décennies seulement. D'autres pays demeurent sous contrôle étroit de l'institution religieuse traditionnelle ; c'est le cas notamment dans les régions de tradition musulmane. En fait, un examen détaillé de l'ensemble des situations nous révélerait que les transformations se produisent « en ordre dispersé ». Un autre facteur, apparu récemment, joue un rôle inédit : la mondialisation qui, par le brassage intense auquel elle procède, active la modification du paysage culturel et religieux.

Voilà pour le cadre de notre propos. Précisons que les facteurs ou caractéristiques que nous identifions ne sont pas placés selon la chronologie ou l'importance. Plusieurs d'entre eux agissent simultanément.

POURQUOI L'ÊTRE HUMAIN A MODIFIÉ SON RAPPORT À LA RELIGION DEPUIS LE 19ᵉ SIÈCLE

L'athéisme dans le monde

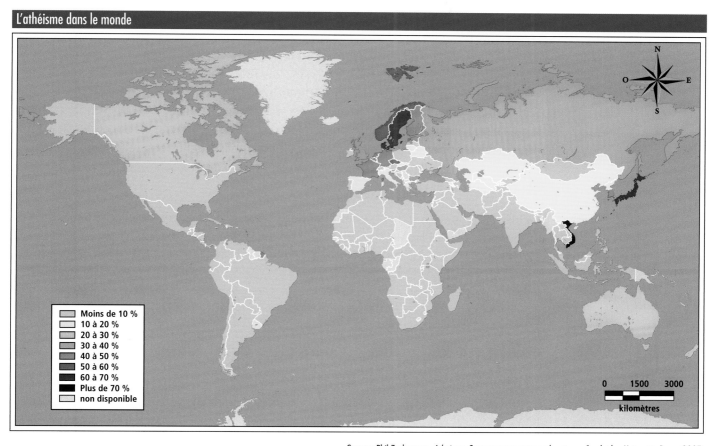

Source : Phil Zuckerman, *Atheism : Contemporary rates and patterns*, Cambridge University Press, 2007.

La raison critique. Selon la pensée philosophique du 19ᵉ siècle, l'être humain peut parvenir à une véritable connaissance de la réalité par la raison et la pensée logique, à partir desquelles il peut s'émanciper en rejetant les préjugés et les convictions imposés par la tradition et les croyances religieuses. La liberté de pensée à la recherche de la vérité doit s'appliquer à tous les domaines de la connaissance sans exception, et aucun de ceux-ci ne peut englober tous les autres, chacun demeurant parfaitement autonome.

Le développement scientifique. En application de la raison critique, la primauté est accordée à l'esprit scientifique selon lequel la connaissance s'appuie sur l'observation de la réalité et l'expérience, un point de vue bien développé dans les cours d'Auguste Comte (1798-1857) sur le positivisme. En fait, dans tous les domaines, le 19ᵉ siècle connaît un développement scientifique et technologique fulgurant.

117

La foi dans le progrès. Ce siècle manifeste également une confiance absolue dans le progrès et cette certitude a tenu bon jusqu'à une époque récente. Les développements rapides des sciences et des technologies fondent la conviction que les individus et la société vont vers un avenir meilleur ; il n'en tient qu'à l'être humain de se donner les moyens d'assurer cet avenir. De ce fait, le contrôle du futur échappe à l'institution religieuse.

L'athéisme. La négation de l'existence de Dieu prend un essor considérable au 19e siècle sous l'impulsion des philosophes allemands (Johann G. Fichte, Ludwig Feuerbach, Karl Marx, Friedrich Nietzsche). La religion, violemment critiquée, est présentée comme la cause de l'aliénation de l'être humain parce qu'elle l'empêche de s'occuper de son propre développement. Au 20e siècle, plusieurs intellectuelles et intellectuels, français entre autres (Jean-Paul Sartre, Albert Camus, Simone de Beauvoir), prennent le relais des penseurs allemands.

La laïcité. Le principe de la séparation des pouvoirs politique et religieux garantit la liberté de conscience et empêche l'État de privilégier une Église ou un courant religieux. Ce principe s'applique tôt dans certains pays (les États-Unis et la Belgique), laborieusement dans d'autres (la France) et très tardivement pour plusieurs, soit au 20e siècle : l'Italie (1929, 1984), l'Espagne (1978), la Suède (2000) et le Canada (1997). Certains pays de tradition protestante reconnaissent une ou deux Églises officielles, par exemple, la Grande-Bretagne, le Danemark et la Finlande, alors que d'autres pays maintiennent une religion d'État, comme la Grèce (l'Église orthodoxe) ou Malte (l'Église catholique romaine).

La démocratisation. C'est le rejet de l'autorité imposée. Durant les deux derniers siècles, nombreux sont les pays qui ont aboli un régime absolutiste pour instaurer la démocratie ; les peuples ont décidé de choisir en toute liberté leur destin collectif. Il faut tout de même préciser que des dictatures impitoyables ont parfois remplacé des régimes autoritaires traditionnels.

L'amélioration des conditions matérielles et l'accès à l'éducation. L'enrichissement individuel et collectif, et la diminution du temps de travail sont des acquis de la seconde moitié du 20e siècle. Il en est résulté, entre autres, la possibilité de voyager pour un grand nombre et la découverte de civilisations différentes. L'accès à l'éducation s'est généralisé, et des générations d'étudiants et étudiantes ont pu développer leur esprit critique en lisant les œuvres des auteures et auteurs les plus représentatifs de certains courants de pensée comme l'athéisme.

La libération des mœurs et l'émergence du temps libre. C'est une véritable révolution que vivent les sociétés occidentales à partir des années 1950 et 1960 ; les manières de penser et les principes issus de la tradition sont fortement critiqués ou rejetés, comme les valeurs qui y sont rattachées. La morale est revue de fond en comble ; on s'accorde toutes les libertés et toutes les expériences. À cela s'ajoute l'apparition du temps libre dont l'essor allait marquer durablement l'évolution sociale et les mœurs. Émerge alors une société des loisirs dont chacun et chacune peut bénéficier grâce aux congés payés, à la réduction du temps de travail et à l'abaissement de l'âge de la retraite. Le temps libre devient synonyme d'accomplissement, de réalisation de soi.

L'arrivée des spiritualités orientales.
Ces spiritualités atteignent l'Occident et s'y propagent une première fois au 19e siècle, plus souvent dans des milieux relativement fermés, et dans les années 1960 où elles intéressent un large public. Au 19e siècle, des tentatives de rapproche-ment entre les spiritualités orientales et occidentales se produisent par l'intermédiaire de certains réformateurs

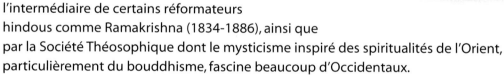

hindous comme Ramakrishna (1834-1886), ainsi que par la Société Théosophique dont le mysticisme inspiré des spiritualités de l'Orient, particulièrement du bouddhisme, fascine beaucoup d'Occidentaux.

Cependant, c'est dans les années 1960 que les spiritualités orientales pénètrent fortement en Occident : « En 1965, la levée de l'acte d'exclusion de l'immigration asiatique aux États-Unis favorise l'arrivée de maîtres spirituels. Cette vague d'émigration marque le deuxième effort missionnaire de l'Orient qui est convaincu que l'Ouest est prêt à recevoir la sagesse. On assiste alors à l'implantation de centres d'étude de la philosophie indienne, de centres de méditations yogiques et au développement de groupes voués à l'approfondissement de la spiritualité indienne comme l'Association internationale pour la conscience de Krishna, la Méditation transcendantale et bien d'autres.

Au même moment, on assiste à la montée de ce que l'on appelle aujourd'hui la contre-culture américaine. Les contestataires du système politique et idéologique américain accueillent à bras ouverts ces nouvelles philosophies qui représentent à leurs yeux la solution recherchée[1]. »

1. Alain BOUCHARD, « Le Nouvel Âge. Une vision du monde radicalement transformée », *Les nouvelles religions au Québec*, Québec, Université Laval, 1992, p. 41.

119

Progrès scientifiques récents et nouveaux questionnements. À la fin du 20e siècle, la révolution biotechnologique vient bousculer les sociétés occidentales déjà perturbées par de nouvelles réalités comme les familles recomposées et l'homoparentalité. Elles sont maintenant confrontées à des questions complètement inédites telles que la procréation médicalement assistée, le clonage et les manipulations génétiques. Eu égard à cette nouvelle donne, tous les courants religieux sont dans l'impasse.

La sécularisation. L'acception générale de ce terme désigne un phénomène capital du 20e siècle : celui du retrait progressif de la dimension religieuse, sinon de sa disparition, de la vie de beaucoup de gens, en Occident principalement et de manière variable selon chaque pays. Marginalisée progressivement sinon tout à fait séparée du champ politique, l'institution religieuse traditionnelle ne sert plus de référence ; alors qu'elle réglait et rythmait la vie sociale, elle ne joue plus maintenant qu'un rôle accessoire. Pour le plus grand nombre, la religion relève désormais de la vie privée ; ces femmes et ces hommes considèrent qu'ils peuvent penser et organiser leur vie et celle de la société en dehors de toute attache religieuse. D'ailleurs, jouir du monde en toute liberté est un vaste programme, suffisant pour occuper toute une vie. Utilisée « à l'occasion » par la majorité, l'institution religieuse, autrefois en situation de monopole, se retrouve en état de crise : elle se demande quelle est sa place dans une société où elle a l'obligation minimum de « partager » avec d'autres courants religieux.

LES COMPOSANTES DE LA MODERNITÉ

L'émergence du sujet autonome. C'est peut-être le changement majeur qui s'est produit au 20e siècle : « […] l'individu n'est plus soumis aux normes du groupe, il ne reçoit plus "d'en haut", par le biais d'institutions, ce qu'il faut croire et faire, mais il construit lui-même son dispositif de sens et choisit d'adhérer librement […] L'individu moderne se pose non seulement comme "maître et possesseur de la nature" mais aussi comme sujet producteur de sens et non plus comme témoin passif de la tradition. Cette émergence fut décisive dans l'histoire de l'Occident et du monde[2]. »

L'individualisme. Dans les sociétés actuelles, comme l'explique le philosophe Frédéric Lenoir, la personne construit elle-même son dispositif de sens. C'est elle qui choisit ce qui lui convient, peu importe ce que les autres pensent. Chacun et chacune est libre de vivre à sa manière. La soumission à des normes de groupe est difficilement acceptée, sinon mise de côté. Il en résulte que chaque individu choisit les valeurs qu'il juge acceptables et que ces valeurs peuvent varier beaucoup d'un individu à l'autre. C'est le pluralisme : chaque personne croit dans ce qu'elle veut, fait ce qu'elle veut comme elle l'entend. Ce comportement entraîne une dissolution de la vie de groupe : la famille est éclatée et la société, également. Les repères de la vie collective sont de plus en plus difficiles à trouver.

2. Frédéric LENOIR, *Les métamorphoses de Dieu*, Paris, Plon, 2003, p. 17 et 98.

Le désenchantement. Au 20ᵉ siècle, deux guerres mondiales et la menace nucléaire ont fait s'effondrer le mythe du progrès continu des sociétés ; la fin du projet de développement communiste n'a fait que confirmer les choses pour une partie du monde. Le mauvais état écologique de la planète prend le relais de ces tragédies et annonce un avenir plutôt inquiétant.

L'incertitude. On n'a jamais autant réalisé qu'aujourd'hui d'études et d'analyses sur tous les sujets. L'offre de l'information dépasse largement la demande. Tout est critiqué, passé au crible : la certitude d'aujourd'hui devient obsolète le lendemain. Ce phénomène est renforcé par le rôle des médias qui, en nourrissant la culture de masse, proposent toujours du nouveau et finissent par niveler les sujets : du sérieux à la légèreté, tout a valeur égale.

L'individu consommateur. Dans tout, le choix est immense, y compris dans les nouvelles spiritualités, et l'offre change continuellement. Les « nouvelles approches », « les points de vue inédits », les « révélations » se bousculent de même que les solutions « tout compris ». La libre circulation de l'information et la mondialisation donnent un grand coup d'accélération à la diffusion des propositions innombrables qui inondent le marché tant du point de vue spirituel que matériel. Chaque personne choisit ce qui lui convient et se réserve le droit de changer d'opinion.

Un sens à sa vie. Dans le tourbillon incessant du monde moderne et malgré l'incertitude ambiante, de nombreuses personnes croient important de donner un sens global à leur vie, d'où une quête spirituelle individuelle intense. Elles peuvent adhérer à des courants religieux, à des mouvements ou à des groupes, mais l'essentiel demeure dans le choix libre de chacune d'entre elles.

Le « réenchantement » du monde. L'aspect le plus marquant de la nouvelle religiosité occidentale est sa volonté de réconciliation avec le cosmos, son désir profond de le « réenchanter », en réaction contre une vision purement mécaniste et matérielle du monde. Le cosmos est perçu comme un ensemble vivant dans lequel des fluides circulent, et le divin apparaît comme l'énergie qui fonde la parenté de l'être humain avec la nature et l'univers. D'où une redécouverte de la spiritualité amérindienne, centrée sur la conception d'un grand Tout harmonieux dans lequel l'être humain n'est qu'une partie, ainsi qu'un engouement pour le monde des esprits, dont les anges, qui peuplent des zones intermédiaires entre l'humain et le divin. Le cinéma et la littérature des dernières décennies ont illustré à plusieurs reprises cette dimension de la nouvelle religiosité.

Les effets de la mondialisation. On en parle énormément, et les médias ont contribué à mettre le sujet à la mode. Cependant, la mondialisation est beaucoup plus qu'une mode : elle est un fait qui modifie en profondeur les rapports de toute personne avec le monde. Grâce aux progrès technologiques, tout semble s'être rapproché pour se mettre à la disposition de tous les individus. Plus rien n'est vraiment inaccessible et les médias veillent à nous le rappeler quotidiennement. Ce qui hier paraissait impossible est aujourd'hui à portée de la main. Avec la mondialisation, le monde devient une « boutique planétaire ». On y prend de tout et pas seulement des produits de consommation courante.

Dans le cas des traditions religieuses, le phénomène entraîne un bouleversement bien particulier : « La mondialisation a créé un marché du religieux. Aujourd'hui, les produits religieux circulent et les religions ne s'arrêtent pas aux frontières. Résultat : alors que traditionnellement les religions se sont connectées aux cultures, voire ont créé du culturel, elles se détachent de leurs territoires et de leur culture d'origine. On pourrait penser que ce phénomène est lié aux déplacements de population, mais seuls 3 % de la population mondiale bougent. Cette mobilité des marqueurs religieux n'est donc pas une conséquence de l'immigration. Elle se produit aussi sur place, grâce à des contacts directs par Internet. De manière inédite, on a donc des conversions massives et individuelles dans toutes les religions ; une nouveauté par rapport aux conversions collectives traditionnelles, qu'elles aient été libres ou contraintes. Mais, pour qu'un produit soit accessible partout et au plus grand nombre, il faut qu'il soit standardisé. S'il est trop identifié à une culture donnée, il ne se vendra pas en dehors de cette culture. D'où le phénomène de déculturation. La connexion entre marqueur culturel et marqueur religieux devient flottante, instable. Le lien traditionnel entre une religion et une culture s'efface : un Algérien n'est plus forcément musulman, un Russe orthodoxe, un Polonais catholique. […] Parallèlement, et cela est tout à fait nouveau, la culture profane occidentale n'a plus de savoir religieux. Les gens qui ne vont pas à l'église ne connaissent rien du religieux, alors que les anticléricaux du début du 20e siècle ne connaissaient que trop la culture catholique[3] ! »

On peut se demander si les grandes traditions religieuses sont vouées à une lente mais inexorable disparition ou, au contraire, à une métamorphose dont l'issue sera l'apparition d'un être religieux au visage encore bien flou.

1 Comment l'auteur explique-t-il l'absence de lien entre la mondialisation du religieux et l'immigration ?

2 Selon vous, l'intérêt d'un grand nombre d'Occidentaux et d'Occidentales pour les spiritualités orientales est-il un exemple de déculturation ?

3 À votre avis, l'absence de savoir religieux chez de nombreuses personnes peut-elle engendrer des conséquences négatives ?

3. Olivier ROY, « Les religions à l'épreuve de la mondialisation », *Le Monde,* 21 décembre 2008.

LES GRANDES TENDANCES DE LA SPIRITUALITÉ ACTUELLE

Depuis le dernier tiers du 20e siècle, on assiste à un déplacement du sacré : beaucoup de gens s'éloignent des monothéismes traditionnels pour s'inscrire dans la recherche d'une spiritualité plus personnelle dont les axes sont l'accomplissement individuel, le désir de parvenir à l'unité de soi dans cette vie et une disponibilité à tout élément nouveau susceptible d'intéresser la quête de sens. Au moment où, il y a cinquante ans environ, le cadre socioreligieux de l'Occident s'effondre, les spiritualités orientales y suscitent un grand intérêt. Plusieurs maîtres spirituels hindous sont invités à venir diffuser leur message ; des événements comme la rencontre de musiciens aussi célèbres que les Beatles avec l'un de ces maîtres (1967) ont un impact considérable, compte tenu de l'importance croissante des médias dans la culture de masse et de la mise en marché de produits de toute nature qui s'ensuit.

Le dalaï-lama en visite
à Toronto en 2004

123

La spiritualité orientale a des atouts propres à intéresser quiconque se situe dans une démarche de réalisation de soi et de recherche d'une façon d'être signifiante : le choix de l'intériorité, de la vie de « l'âme » plutôt que celui de l'extériorité et de ses plaisirs aussi coûteux qu'éphémères ; des techniques comme le yoga et la méditation qui recentrent la personne sur elle-même ; une vision englobante de la réalité qui a ses lois et dans laquelle l'humain peut tenir sa juste place ; des maîtres mystiques comme Ramakrishna et son disciple Vivekânanda pour qui toutes les religions et spiritualités participent à la même recherche de vérité et d'harmonie universelle.

Pour qui veut se remettre en phase avec le cosmos, la pensée bouddhique est convaincante. Grâce au renoncement et à la méditation, cette spiritualité, particulièrement dans son courant tantrique, propose de se recentrer sur soi pour aboutir à la connaissance de la condition véritable de l'être humain, à savoir un être profondément divisé par l'insatisfaction et la frustration. À l'aide de différents moyens, qui vont de l'éthique à diverses formes de méditation, en passant, dans le cas des courants tantriques, par la récitation de *mantra* et l'exécution de rituels complexes, le bouddhisme offre à l'individu d'atteindre une sagesse lui permettant de s'élever au-delà de toute dualité ou de toute division. Du côté musulman, la mystique soufie exerce une certaine influence en Occident depuis le début du 20ᵉ siècle ; elle est basée sur la conception du divin inconnaissable et sur la conviction d'une révélation possible de l'Unité derrière les apparences, au-delà de la fragmentation du monde et des êtres. C'est par le chemin de l'initiation que l'adepte peut communiquer avec le divin et atteindre la sagesse profonde.

Le Nouvel Âge

Le philosophe et sociologue des religions Frédéric Lenoir distingue dans la religiosité contemporaine deux genres : « [...] celle d'individus qui acceptent l'incertitude, la pluralité des vérités et des systèmes de sens, et ceux, à l'inverse, qui ont davantage besoin de certitude, de repères stables et de validation communautaire ou institutionnelle du croire[4] ». Le premier genre correspond à une religiosité plutôt individuelle et ouverte, alors que le second suggère l'idée de groupe et de religiosité fermée et stable dans ses certitudes.

Le mouvement du Nouvel Âge est tout à fait représentatif de la religiosité ouverte. Il connaît un essor considérable depuis une quarantaine d'années dans les pays anglophones principalement. Produit typique de l'individualisme du 20ᵉ siècle et de l'affirmation du sujet critique et producteur de sens dont il est question plus haut, le Nouvel Âge est un assemblage (un bricolage, disent certains analystes contemporains) d'éléments spirituels et religieux variés qui proviennent d'horizons très divers tels le mysticisme oriental, le christianisme, l'ésotérisme, l'astrologie et bien d'autres.

---

4. Frédéric LENOIR, *op. cit.*, p. 370.

L'appellation «Nouvel Âge» est récente (les années 1940), mais les racines du mouvement, lointaines, sont à chercher du côté des courants ésotériques et gnostiques qui traversent la pensée occidentale depuis des siècles. Nous pouvons tout de même déterminer quelques jalons importants dans la ferveur croissante pour le mouvement. En 1875, Helena P. Blavatsky (1831-1891), avec l'Américain Henry S. Olcott (1832-1907), fonde aux États-Unis la Société Théosophique qui s'intéresse à l'ésotérisme, au spiritisme, aux pouvoirs paranormaux ainsi qu'à des traditions religieuses diverses, en particulier à certaines formes d'hindouisme et de bouddhisme entièrement réinventées. Annie Besant (1847-1933) succède à Helena P. Blavatsky et développe la Société Théosophique en Inde et en Occident. Dans les années 1920 et 1930, une autre disciple de la Société, Alice Ann Bailey (1880-1949), donne au Nouvel Âge ses fondements doctrinaux et, dans une série d'ouvrages, annonce «le retour du Christ»: il apparaîtra comme un «Instructeur mondial» de retour parmi les êtres humains pour unifier toutes les religions et instaurer une ère radicalement nouvelle.

Helena P. Blavatsky et Henry S. Olcott,
membres fondateurs de la Société Théosophique

En 1937, Paul Le Cour (1871-1954), un ésotériste français, publie *L'ère du Verseau,* un livre dans lequel il annonce des bouleversements importants pour l'humanité dans un avenir proche, ceux-ci causés par un changement de configuration de l'ensemble astral :

« 1. L'évolution des civilisations montre qu'elles subissent d'importantes modifications chaque fois que le soleil change de signe zodiacal, en fonction de la loi de procession des équinoxes. C'est-à-dire tous les 2 160 ans environ.

2. La dernière modification enregistrée fut l'apparition du christianisme qui correspond exactement au passage de l'ère du Bélier à l'ère des Poissons[5]. »

La libération de l'esprit, Simon Cook, 20e siècle

5. Jean VERNETTE, *Le New Age,* Paris, Presses universitaires de France, 1993, p. 39-40.

En 1980, Marilyn Ferguson (1938-2008) publie *Les enfants du Verseau,* un ouvrage qui crée un engouement considérable pour tout ce qui concerne le Nouvel Âge et la mutation prochaine de l'humanité.

Très éclectique et convaincue que tout doit participer à l'éveil de la conscience planétaire, la spiritualité du Nouvel Âge s'exprime dans quelques idées fortes : l'Esprit doit primer sur la matière ; l'harmonie avec le cosmos est possible ; les réincarnations successives permettent à l'âme de se purifier ; la fusion avec l'Être universel et primordial est possible par la découverte du vrai Soi ; le corps est le lieu de la découverte de l'Énergie universelle ; le divin est une force de vie, un courant primordial et un principe unificateur.

La quête généreuse mais ambitieuse du Nouvel Âge peut se résumer ainsi : « L'homme des origines fait l'expérience du Sacré dans la rencontre de la Nature et des forces qui l'habitent : puissance de l'orage et des éléments, mouvements du soleil et des astres. L'homme du New Age la fait dans les techniques d'élargissement de la conscience individuelle jusqu'à l'union à la Conscience universelle par la fusion dans l'Énergie cosmique. Il l'exprime plus concrètement par un retour à la Nature qu'il resacralise en esprit écologique, alors que le christianisme et les Lumières l'avaient désenchanté[6]. »

Le renouveau spirituel chrétien

Le 20e siècle a vu l'éclosion de deux mouvements de renouveau spirituel rattachés aux grandes traditions religieuses existantes : l'un, le pentecôtisme, appartient à la mouvance protestante ; l'autre, le Renouveau charismatique, fait partie du catholicisme. Ces deux mouvements, qui présentent plusieurs similitudes, ont un point commun avec le Nouvel Âge, ce courant si caractéristique de la spiritualité occidentale dans la seconde partie du 20e siècle : tous deux mettent l'accent sur l'expérience du divin en soi. Par contre, à l'opposé de la tendance individualiste de la société et au-delà de l'adhésion personnelle, ces mouvements récupèrent la personne dans un processus de validation de son expérience de foi par le groupe, du côté des pentecôtistes, ou par l'institution, du côté des charismatiques.

---

6. *Ibid.,* p. 25.

Le pentecôtisme : un mouvement sous le signe de l'Esprit saint

Le pentecôtisme se rattache à l'évangélisme qui préconise la conversion de l'individu et le retour à l'observance des préceptes bibliques. Il prend son essor au début du 20e siècle dans la suite de plusieurs mouvements dits de « réveil » (*revival*), typiques des communautés issues de la Réforme, aux États-Unis principalement. Le pentecôtisme se base sur la conviction que par le repentir et le baptême dans l'Esprit la personne peut être investie des dons et charismes reçus par les apôtres lors de la Pentecôte, tels le parler en langue (**glossolalie**) et la guérison divine par l'intermédiaire du fidèle sincère. La certitude qui caractérise le mouvement se fonde sur le passage évangélique suivant : « Mais le Paraclet, l'Esprit Saint, que le Père enverra en mon nom, lui, vous enseignera tout et vous rappellera tout ce que je vous ai dit. (Jean 14, 26)[7] »

Glossolalie
Don surnaturel de parler spontanément une langue étrangère. (*Littré*)

Avec d'autres types d'Églises évangéliques, ce mouvement partage la caractéristique suivante : la personne, qui a adhéré de façon autonome, est par la suite fortement soutenue par le groupe et ses réseaux de solidarité. La perte d'autonomie peut se produire lorsque l'individu s'en remet à la communauté pour toute décision concernant sa vie. Dans ce cas, la communauté le récupère ; d'ailleurs, l'interprétation littérale et restrictive de la Bible ainsi que la pression du groupe rapprochent souvent le pentecôtisme du fondamentalisme pour lequel le livre sacré, quel qu'il soit, est l'autorité suprême, tant pour la foi que pour la manière de vivre. À partir de là, il est possible que la personne renonce à son autonomie.

Dès ses débuts, le mouvement s'est scindé en plusieurs tendances. Malgré cela, son succès ne s'est jamais démenti, encore plus aujourd'hui où le pentecôtisme connaît une progression planétaire fulgurante, surtout en Amérique du Sud (des millions d'adhérents et adhérentes) et en Afrique où il y aurait plus de 40 millions de fidèles. Selon des estimations diverses, la communauté pentecôtiste serait forte de 150 à 230 millions de fidèles répartis sur tous les continents. Il faut préciser qu'un des atouts majeurs du groupe est sa modernité : il est passé maître dans l'art d'utiliser les médias pour la diffusion de son message pendant de grands rassemblements à l'américaine. À une époque de mondialisation, c'est sûrement une clé de la réussite.

Église pentecôtiste
au Sierra Leone

---

7. *La Bible de Jérusalem*, Les Éditions du Cerf, 2000.

Une assemblée
charismatique à Londres

Le Renouveau charismatique

Le Renouveau charismatique
est le pendant, jusqu'à un certain
point, du pentecôtisme protestant.
À l'intérieur du catholicisme, il propose un ressourcement, une revitalisation
de la personne par l'expérience du baptême dans l'Esprit et l'accueil de ses dons
comme il est annoncé dans l'Évangile : « Mais quand il viendra, lui, l'Esprit de vérité, il vous
guidera dans la vérité tout entière ; car il ne parlera pas de lui-même, mais ce qu'il entendra,
il le dira et il vous expliquera les choses à venir. (Jean 16, 13)[8] »

Le mouvement est né en Indiana, aux États-Unis, en 1967, et il s'est répandu rapidement.
Dans ce renouveau spirituel, plusieurs ont vu une réponse au phénomène de la sécurali-
sation qui, depuis quelques décennies, changeait en profondeur les sociétés occidentales
en évacuant la religion de la vie collective ou individuelle.

Au Canada, le mouvement charismatique suscite tôt un vif intérêt, comme le rappelle
en 2003 la Conférence des évêques catholiques du Canada dans une lettre pastorale
faisant le point sur le Renouveau charismatique : « Si nous avions besoin d'un signe
tangible que le Christ ressuscité a tenu sa promesse, la présence du Renouveau charismatique dans notre Église catholique canadienne serait certainement un tel signe. Dès
son émergence spontanée au Canada en 1968, le Renouveau charismatique s'est étendu
d'un océan à l'autre et dans des endroits très éloignés les uns des autres. Il a fait naître
rapidement un grand renouveau de spiritualité et de vitalité. Des groupes de prière ont
surgi pratiquement dans chaque diocèse à travers tout le pays et très tôt s'organisent

---

8. *Ibid.*

des associations de service religieux et de comités diocésains pour les unir et leur prêter main-forte. [...] Ce qui est particulièrement remarquable dans l'histoire et le rapide progrès du Renouveau charismatique, c'est la façon à la fois spontanée et systématique avec laquelle il a pris naissance parmi les fidèles pour devenir très rapidement un phénomène spirituel dans l'Église catholique canadienne et ce, à travers tout le pays[9]. »

Dans la suite de la lettre, les évêques précisent les caractéristiques éminemment positives, selon eux, du Renouveau charismatique, dont les suivantes :

- l'expérience personnelle de rencontre avec Dieu ;

- la place centrale occupée par la prière, l'appel à une nouvelle évangélisation grâce au soutien de l'Esprit ;

- l'accueil de dons pour se mettre au service des autres ;

- le lien direct entre le pouvoir de guérison et la profondeur de la foi.

Durant quelques décennies, le mouvement a dynamisé la communauté catholique, québécoise en particulier. Cependant, depuis le début du nouveau millénaire il semble bien que le Renouveau charismatique soit en perte de vitesse, contrairement au pentecôtisme.

9. Conférence des évêques catholiques du Canada, « Lettre pastorale de la Conférence des évêques catholiques du Canada, le Renouveau charismatique au Canada en l'an 2003 », [En ligne], 2009.

Chapitre 5 — POUR EN SAVOIR PLUS

Romans, essais

TAGORE, Rabindranath. *La demeure de la paix,* Paris, Éditions Stock, 1998, 263 p. (hindouisme)

NASREEN, Taslima. *Lajja,* Paris, Éditions Stock, 1994, 286 p. (hindouisme)

TSCHINAG, Galsan. *L'enfant élu,* Paris, Éditions Métailié, 2008, 320 p. (bouddhisme)

ZIMET, Ben et Éric BATTUT. *Le chemin de la Terre promise – Un conte yiddish*, Paris, Éditions du Sorbier, 2007, 25 p. (Coll. Au berceau du monde). (judaïsme)

Films (fictions, documentaires)

Gandhi, Richard Attenborough, Angleterre/Inde, Columbia Pictures, 1982, DVD, 189 min.
L'histoire du long cheminement du mahatma Gandhi, de l'Afrique du Sud jusqu'à son assassinat dans sa retraite en Inde.

Kundun, Martin Scorsese, États-Unis, Buena Vista Pictures Distribution, 1997, DVD, 135 min.
L'histoire du dalaï-lama, de sa petite enfance jusqu'en 1954, année de son exil en Inde.

Bonjour ! Shalom !, Garry Beitel, Canada, Office national du film du Canada, 1991, DVD, 52 min.
Ce documentaire dresse un portrait de la cohabitation avec la communauté hassidique dans Outremont.

Jésus de Nazareth, Franco Zeffirelli, États-Unis, Paramount, 1977, DVD, 380 min.
Très détaillé. Le réalisateur a voulu rester au plus près des Écritures.

L'imam, le prêtre et le rabbin, Montréal, Société Radio-Canada, 1993, DVD, 35 min.
Reportage de Radio-Canada sur les distinctions entre les chefs spirituels de diverses traditions religieuses.

Le journal de Knud Rasmussen, Zacharias Kunuk, Montréal, Alliance Atlantis Vivafilm, 2007, DVD, 112 min.
Le fameux voyage de l'explorateur danois en 1922.

LE DIVIN, LA LIBERTÉ ET LA NATURE HUMAINE :
questions et points de vue

Galilée (1564-1642)

Physicien et astronome italien, qui confirma les hypothèses de Copernic selon lesquelles la Terre et les autres planètes sont en mouvement autour du Soleil ; la Terre n'était donc plus le centre de l'Univers.

Dans l'histoire de la pensée en Occident, l'existence du divin semble plutôt aller de soi jusqu'au moment où les thèses de Galilée remettent en cause la vision du monde héritée de la **philosophie** médiévale : l'être humain n'a plus la place qu'il croyait être la sienne et, du coup, sa conception de l'univers change. À partir de là, le développement des sciences nourrit la critique du divin et gagne du terrain dans plusieurs sociétés occidentales, notamment européennes, pour, au 19e siècle, prendre le visage d'un **athéisme** parfois très réfléchi et combatif (Auguste Comte, Sigmund Freud, Karl Marx). Au 20e siècle, dans un effort de lucidité sans compromis qui tient compte davantage de la condition réelle des hommes et des femmes, l'athéisme réclame, au nom de l'être humain, l'entière responsabilité de son destin (Jean-Paul Sartre, Michel Onfray).

Pour être responsable, il faut être libre (Urgyen Sangharakshita). Alors que l'athéisme contemporain revendique l'autonomie totale de l'être humain par rapport à toute réalité extérieure au monde (Simone de Beauvoir), les religions **monothéistes**, de leur côté, soutiennent que l'être humain a été créé libre (Jean Lévêque, Cheikh Bouamrane) et qu'il lui revient d'adapter sa vie au plan divin.

À l'opposé de cette conviction s'affirme une autre tendance : celle du **déterminisme** sous une apparence de vie libre (Louis Renou, Henri Laborit) ; c'est là que certains courants religieux, comme l'hindouisme, rejoignent quelque peu les positions de la science moderne (biologie des comportements, psychologie).

Qu'en est-il précisément de l'origine de l'être humain (Gordon J. Wenham, Martin Godon) ? Quelle est sa nature (Samuel Rouvillois) ? N'y a-t-il en lui que de l'éphémère (Claude B. Levenson) ? Pourtant, de grands courants religieux soutiennent que l'être humain est promis à un grand destin (Paul de Tarse, Jean l'évangéliste, Madeleine Biardeau). D'ailleurs, depuis toujours, l'être humain a désiré qu'une part de lui-même demeure. Habité par cette aspiration à une permanence (Jean Gabus, Dhyani Ywahoo), il lui arrive également de penser qu'avec de faibles moyens, il essaie de tenir sa place dans un univers où il est participant et solidaire (Jean-François Revel, Matthieu Ricard, Dhyani Ywahoo). Entre plusieurs perceptions, dont la vision judéo-chrétienne et celle des Amérindiens, où se situe la représentation juste de la réalité ?

Chapitre 6

Philosophie
Science de la connaissance par la raison.

Athéisme
Doctrine qui nie l'existence de toute divinité.

Monothéiste
En lien avec le monothéisme, qui désigne la croyance en un Dieu unique.

Déterminisme
Principe scientifique suivant lequel les conditions d'existence d'un phénomène sont fixées de telle façon qu'il se produise nécessairement.

I LA CRITIQUE DU DIVIN

LA LOI DES TROIS ÉTATS

Au 19ᵉ siècle, l'œuvre d'Auguste Comte a donné un élan capital à la contestation du divin. Publié de 1830 à 1842, son *Cours de philosophie positive* expose sa pensée. Dans l'extrait qui suit, le philosophe fait état de sa découverte d'une loi fondamentale, selon lui : chez l'être humain, la connaissance passe par trois stades de développement, le troisième étant le seul capable de lui fournir des réponses valables.

Philosophie positive
Compréhension de la réalité par l'observation des phénomènes naturels sans en chercher les causes premières.

État théologique
Explication par l'être humain des choses à l'aide de causes surnaturelles.

État métaphysique
Recherche d'une explication humaine par l'étude de la nature des choses : matière, esprit, vérité, par exemple.

Abstrait
Qui n'existe que sous forme d'idée.

Absolu
Qui est total, parfait.

Auguste Comte

Pour expliquer convenablement la véritable nature et le caractère propre de la philosophie positive, il est indispensable de jeter tout d'abord un coup d'œil général sur la marche progressive de l'esprit humain, envisagée dans son ensemble : car une conception quelconque ne peut être bien connue que par son histoire.

En étudiant ainsi le développement total de l'intelligence humaine dans ses diverses sphères d'activité, depuis son premier essor le plus simple jusqu'à nos jours, je crois avoir découvert une grande loi fondamentale, à laquelle il est assujetti par une nécessité invariable, et qui me semble pouvoir être solidement établie, soit sur les preuves rationnelles fournies par la connaissance de notre organisation, soit sur les vérifications historiques résultant d'un examen attentif du passé. Cette loi consiste en ce que chacune de nos conceptions principales, chaque branche de nos connaissances, passe successivement par trois états théoriques différents : l'**état théologique**, ou fictif ; l'**état métaphysique** ou **abstrait** ; l'état scientifique ou positif. [...]

Dans l'état théologique, l'esprit humain dirigeant essentiellement ses recherches vers la nature intime des êtres, les causes premières et finales de tous les effets qui le frappent, en un mot, vers les connaissances **absolues**, se représente les phénomènes comme produits par l'action directe et continue d'agents surnaturels plus ou moins nombreux, dont l'intervention arbitraire explique toutes les anomalies apparentes de l'univers.

Dans l'état métaphysique, qui n'est au fond qu'une simple modification générale du premier, les agents surnaturels sont remplacés par des forces abstraites, véritables entités (abstractions personnifiées) inhérentes aux divers êtres du monde [...]

Enfin, dans l'état positif, l'esprit humain reconnaissant l'impossibilité d'obtenir des notions absolues, renonce à chercher l'origine et la destination de l'univers, et à connaître les causes intimes des phénomènes, pour s'attacher uniquement à découvrir, par l'usage bien combiné du raisonnement et de l'observation, leurs lois effectives, c'est-à-dire leurs relations invariables de succession et de similitude. L'explication des faits, réduite alors à ses termes réels, n'est plus désormais que la liaison établie entre les divers phénomènes particuliers et quelques faits généraux, dont les progrès de la science tendent à diminuer le nombre de plus en plus. ■

F.-J. THONNARD, « Synthèse d'Auguste Comte », *Extraits des grands philosophes,* Paris, Desclée & Cie, 1963, p. 663-665.

Auguste Comte (1798-1857)

Philosophe français à l'influence considérable ; fondateur du positivisme, une doctrine qui met la science et l'observation objective des faits au cœur de la connaissance véritable.

Bibliothèque baroque du couvent de Strahov, Prague, République tchèque

1 Comment résumer en quelques mots la loi fondamentale qu'Auguste Comte croit avoir découverte ?

2 Quelle est la différence essentielle entre l'état théologique et l'état positif ?

« LA RELIGION EST L'OPIUM DU PEUPLE »

Karl Marx avait à cœur l'émancipation tant mentale que sociale de l'être humain. Sa position au sujet de l'existence du divin est très claire : la religion et le dieu qui la justifie ne sont que des produits « fantasmagoriques », c'est-à-dire issus d'une représentation imaginaire et illusoire, qui cachent la vérité à l'être humain. Il fait une synthèse de ses idées sur la question dans le contexte d'une critique des positions de Friedrich Hegel dont l'œuvre exerça une grande influence au 19e siècle.

Karl Marx

Le fondement de la critique irréligieuse est : *c'est l'homme qui fait la religion*, ce n'est pas la religion qui fait l'homme. C'est-à-dire que la religion est la conscience de soi et le sentiment de soi qu'a l'homme qui ne s'est pas encore atteint lui-même, ou bien s'est déjà reperdu. Mais *l'homme*, ce n'est pas une **essence abstraite** blottie quelque part hors du monde. L'homme, c'est *le monde de l'homme*, l'État, la société. Cet État, cette société produisent la religion, *conscience inversée du monde*, parce qu'ils sont eux-mêmes un *monde à l'envers*. La religion est la théorie universelle de ce monde, sa somme **encyclopédique**, sa logique sous forme populaire, son *point d'honneur* **spiritualiste**, son enthousiasme, sa sanction morale, son complément solennel, le fondement universel de sa consolation et de sa justification. Elle est la *réalisation fantasmagorique* de l'essence humaine, parce que l'*essence humaine* ne possède pas de réalité véritable. Lutter contre la religion c'est donc indirectement lutter contre *le monde* dont la religion est *l'arôme* spirituel.

La détresse *religieuse* est, pour une part, l'*expression* de la détresse réelle et, pour une autre, la *protestation* contre la détresse réelle. La religion est le soupir de la créature opprimée, la chaleur d'un monde sans cœur, comme elle est l'esprit de conditions sociales d'où l'esprit est exclu. Elle est l'*opium* du peuple.

Abolir la religion en tant que bonheur *illusoire* du peuple, c'est exiger son bonheur réel. Exiger qu'il renonce aux illusions sur sa situation c'est *exiger qu'il renonce à une situation qui a besoin d'illusions*. La critique de la religion est donc *en germe* la *critique de cette vallée de larmes* dont la religion est l'auréole.

[…]

C'est donc la *tâche de l'histoire*, après la disparition de l'*Au-delà de la vérité*, d'établir la *vérité de ce monde-ci*. C'est en premier lieu la *tâche de la philosophie*, qui est au service de l'histoire, une fois démasquée la *forme sacrée* de l'auto-aliénation de l'homme […] ■

Essence abstraite
Ce qui n'existe que sous la forme d'idée.

Encyclopédique
Qui touche à toutes les connaissances.

Spiritualiste
Personne pour qui l'esprit est une réalité indépendante et supérieure à la matière.

Réalisation fantasmagorique
Ce qui relève de l'imaginaire et de l'illusion.

Karl MARX, *Critique du droit politique hégélien* (1843), Paris, Éditions Sociales, 1975, p. 197-198.

Karl Marx (1818-1883)

L'influence de ce philosophe et économiste allemand fut déterminante. En collaboration avec F. Engels, homme politique allemand, il analysa et critiqua l'économie (par exemple, la fonction du capital, des travailleurs et travailleuses) et il collabora au regroupement des forces ouvrières (débuts du socialisme). Ses écrits ont servi de fondement à la mise en œuvre du système socialiste pendant tout le 20ᵉ siècle.

Friedrich Hegel (1770-1831)

Philosophe allemand qui s'intéressa à l'histoire religieuse des peuples et au christianisme en particulier. En raison des bouleversements politiques et sociaux de son époque en Europe, a formulé une philosophie dont le but est la liberté réelle et le bonheur de l'être humain.

1 Selon Marx, pourquoi faut-il abolir la religion?

2 Marx a-t-il raison, selon vous, de faire un lien entre détresse humaine et religion?

Psychanalyse
Méthode d'investigation des processus psychiques profonds.

Genèse psychique
Terme qui désigne l'origine mentale d'une chose.

Dogme
Point de doctrine considéré comme fondamental et qui n'a pas à être remis en cause.

Prévalente
Qui prend l'avantage, qui l'emporte.

LE BESOIN DU PÈRE

Pour le grand médecin inventeur de la **psychanalyse**, Sigmund Freud, les croyances religieuses trouveraient leur source dans le besoin de l'être humain d'être protégé, rassuré, par une entité absolue, comme un père rassure un enfant. En fait, ces croyances sont liées aux illusions « qui dérivent des désirs humains ». Freud développe sa pensée dans *L'avenir d'une illusion,* ouvrage paru en 1927.

Sigmund Freud

Je pense que la réponse […] [nous] la trouverons en tournant nos regards vers la **genèse psychique** des idées religieuses. Ces idées, qui professent d'être des **dogmes**, ne sont pas le résidu de l'expérience ou le résultat final de la réflexion : elles sont des illusions, la réalisation des désirs les plus anciens, les plus forts, les plus pressants de l'humanité ; le secret de leur force est la force de ces désirs. Nous le savons déjà : l'impression terrifiante de la détresse infantile avait éveillé le besoin d'être protégé – protégé en étant aimé – besoin auquel le père a satisfait ; la reconnaissance du fait que cette détresse dure toute la vie a fait que l'homme s'est cramponné à un père, à un père cette fois plus puissant. L'angoisse humaine en face des dangers de la vie s'apaise à la pensée du règne bienveillant de la Providence divine, l'institution d'un ordre moral de l'univers assure la réalisation des exigences de la justice, si souvent demeurées irréalisées dans les civilisations humaines, et la prolongation de l'existence terrestre par une vie future fournit les cadres de temps et de lieu où ces désirs se réaliseront. […]

Quand je dis : tout cela, ce sont des illusions, il me faut délimiter le sens de ce terme. Une illusion n'est pas la même chose qu'une erreur, une illusion n'est pas non plus nécessairement une erreur. […] Ce qui caractérise l'illusion, c'est d'être dérivée des désirs humains ; elle se rapproche par là de l'idée délirante en psychiatrie, mais se sépare aussi de celle-ci, même si l'on ne tient pas compte de la structure compliquée de l'idée délirante.

L'idée délirante est essentiellement – nous soulignons ce caractère – en contradiction avec la réalité ; l'illusion n'est pas nécessairement fausse, c'est-à-dire irréalisable ou en contradiction avec la réalité. Une jeune fille de condition modeste peut par exemple se créer l'illusion qu'un prince va venir la chercher pour l'épouser. […] [nous] appelons illusion une croyance quand, dans la motivation de celle-ci la réalisation d'un désir est **prévalente**, et nous ne tenons pas compte, ce faisant, des rapports de cette croyance à la réalité, tout comme l'illusion elle-même renonce à être confirmée par le réel.

Ces explications données, revenons aux doctrines religieuses. Nous le répéterons : les doctrines religieuses sont toutes des illusions, on ne peut les prouver, et personne ne peut être contraint à les tenir pour vraies, à y croire. Quelques-unes d'entre elles sont si invraisemblables, tellement en contradiction avec ce que nous avons appris, avec tant de peine, sur la réalité de l'univers, que l'on peut les comparer – en tenant compte comme il convient des différences psychologiques – aux idées délirantes. […] L'énigme de l'univers ne se dévoile que lentement à notre investigation, il est beaucoup de questions auxquelles la science ne peut pas encore aujourd'hui répondre. Cependant le travail scientifique est le seul chemin qui puisse nous mener à la connaissance de la réalité extérieure. ▆

1 Que pensez-vous de l'analyse de Freud sur les conséquences du besoin de père chez l'être humain ?

2 Quand Freud publie son texte, en 1927, la science moderne a déjà progressé ; comment Freud en tient-il compte ?

Sigmund FREUD, *L'avenir d'une illusion*, Paris, Presses universitaires de France, 1971, p. 43-45.

Sigmund Freud (1856-1939)

Autrichien, inventeur de la psychanalyse ; sa recherche sur les composantes de la personnalité et leur fonctionnement est à l'origine de la psychologie moderne. A exprimé ses idées dans des écrits restés célèbres, tels que *L'interprétation des rêves*, *Introduction à la psychanalyse*, *Moïse et le monothéisme*.

Athéisme
Doctrine qui nie l'existence de toute divinité.

Existentialisme
Doctrine philosophique qui affirme la liberté absolue de l'être humain, qu'il y ait ou non de réalité surnaturelle.

Jean-Paul Sartre (1905-1980)

Philosophe français et écrivain qui développa de façon très rationnelle les différents aspects de la vision existentialiste du monde.

Par quels propos Goetz affirme-t-il qu'il a, en quelque sorte, pris la place de Dieu?

« TU VOIS CE VIDE AU-DESSUS DE NOS TÊTES ? C'EST DIEU ! »

Au milieu du 20e siècle, le philosophe français Jean-Paul Sartre a été la figure de proue de l'**athéisme** en Occident. Dans une œuvre difficile d'accès, il a établi les fondements de l'**existentialisme** athée, pour qui la solitude de l'être humain est absolue, sans aide qui lui viendrait de l'extérieur pour donner un sens à sa vie.

Jean-Paul Sartre

Au 16e siècle, en Allemagne, les paysans pauvres se sont révoltés contre l'Église. Celle-ci est soutenue par Goetz et ses troupes, alors que Heinrich, curé dans la ville, se demande s'il doit sauver d'abord ses amis prêtres, prisonniers des paysans, ou appuyer la révolte de ces derniers. Heinrich rencontre Goetz et lui affirme que le Bien est difficile à réaliser. Par défi, Goetz change de camp ; sa décision entraîne une guerre. Un an plus tard, Heinrich revient vers Goetz pour lui demander de rendre compte de son attitude.

GOETZ [...] Je suppliais, je quémandais un signe, j'envoyais au Ciel des messages : pas de réponse. Le ciel ignore jusqu'à mon nom. Je me demandais à chaque minute ce que je pouvais *être* aux yeux de Dieu. À présent je connais la réponse : rien. Dieu ne me voit pas, Dieu ne m'entend pas, Dieu ne me connaît pas. Tu vois ce vide au-dessus de nos têtes ? C'est Dieu. Tu vois cette brèche dans la porte ? C'est Dieu. Tu vois ce trou dans la terre ? C'est Dieu encore. Le silence, c'est Dieu. L'absence, c'est Dieu. Dieu, c'est la solitude des hommes. Il n'y avait que moi : j'ai décidé seul du Mal ; seul, j'ai inventé le Bien. C'est moi qui ai triché, moi qui ai fait des miracles, c'est moi qui m'accuse aujourd'hui, moi seul qui peux m'absoudre ; moi, l'homme. Si Dieu existe, l'homme est néant ; si l'homme existe... Où cours-tu ?

HEINRICH Je m'en vais ; je n'ai plus rien à faire avec toi.

GOETZ Attends, curé : je vais te faire rire.

HEINRICH Tais-toi !

GOETZ Mais tu ne sais pas encore ce que je vais te dire. (*Il le regarde et brusquement.*) Tu le sais !

HEINRICH, *criant*. Ce n'est pas vrai ! Je ne sais rien, je ne veux rien savoir.

GOETZ Heinrich, je vais te faire connaître une espièglerie considérable. Dieu n'existe pas. (*Heinrich se jette sur lui et le frappe. Goetz sous les coups, rit et crie.*) Il n'existe pas. Joie, pleurs de joie ! Alléluia. Fou ! Ne frappe pas : je nous délivre. Plus de Ciel, plus d'Enfer : rien que la Terre. ■

Jean-Paul SARTRE, *Le Diable et le bon Dieu*, Londres, Methuen Educational Ltd, 1971, p. 138-139.

CARTES POSTALES MYSTIQUES

Influencé par la pensée de Nietzsche, Michel Onfray croit en la valeur de la vie. Selon lui, le bonheur est à vivre maintenant, pas plus tard. D'où une attention extrême portée au réel sous toutes ses formes. Dans cette série d'extraits de son *Traité d'athéologie*, il raconte diverses manifestations du divin dont il fut témoin un peu partout dans le monde et il en tire une signification.

À quoi Michel Onfray ramène-t-il les différentes manifestations du divin ?

Athéologie
Science ou étude méthodique de l'athéisme.

Aristippe
Philosophe grec du 4e siècle av. l'ère chrétienne.

Ganesh
Dieu de la religion hindoue censé écarter les obstacles.

Chaman
Prêtre-sorcier dans les civilisations d'Asie ou d'Amérique.

Lascaux
Grotte célèbre située en France dont les parois sont couvertes de peintures préhistoriques.

Louxor
Site archéologique parmi les plus importants d'Égypte.

Incantation
Paroles magiques pour opérer un charme.

Immanence
Ce qui est compris dans la nature d'un être ou dans le sujet agissant.

Michel Onfray

J'ai souvent vu *Dieu* dans mon existence. Là, dans ce désert mauritanien, sous la lune qui repeignait la nuit avec des couleurs violettes et bleues ; dans des mosquées fraîches de Benghazi ou de Tripoli, en Libye, lors de mon périple vers Cyrène, la patrie d'**Aristippe** ; non loin de Port-Louis, à l'île Maurice, dans un sanctuaire consacré à [**Ganesh**], le dieu coloré à trompe d'éléphant ; dans la synagogue du quartier du ghetto, à Venise, une kippa sur la tête ; dans le chœur d'églises orthodoxes à Moscou, […]

J'ai vu Dieu ailleurs, aussi, et autrement : dans les eaux glacées de l'Arctique, lors de la remontée d'un saumon pêché par un **chaman**, abîmé par le filet, et rituellement remis dans le cosmos d'où on l'avait prélevé […]

J'ai vu également des dieux morts, des dieux fossiles, des dieux hors d'âge : à **Lascaux**, sidéré par les peintures de la grotte, ce ventre du monde dans lequel l'âme vacille sous les couches immenses du temps ; à **Louxor**, dans des chambres royales, situées à des dizaines de mètres sous terre […]

Nulle part je n'ai méprisé celui qui croyait aux esprits, à l'âme immortelle, au souffle des dieux, à la présence des anges, aux effets de la prière, à l'efficacité du rituel, au bien-fondé des **incantations**, […] à la résurrection d'un homme crucifié […] Mais partout j'ai constaté combien les hommes fabulent pour éviter de regarder le réel en face. La création d'arrière-mondes ne serait pas bien grave si elle ne se payait du prix fort : l'oubli du réel, donc la coupable négligence du seul monde qui soit. Quand la croyance fâche avec l'**immanence**, donc soi, l'athéisme réconcilie avec la terre, l'autre nom de la vie. ■

Michel ONFRAY, *Traité d'athéologie physique de la métaphysique*, Paris, Grasset, 2005, p. 21-23.

Michel Onfray

Philosophe français dont l'athéisme argumenté et lucide est implacable contre les religions monothéistes.

141

II LA LIBERTÉ HUMAINE

LIBERTÉ ET DEVENIR DE L'HUMAIN SELON LE JUDAÏSME

Dans un essai sur le monde actuel, le penseur juif Benjamin Gross réagit au **nihilisme** ambiant. Il rappelle que, dans la vision hébraïque, l'être humain est un être en devenir appelé à continuer la création selon la volonté de Dieu. L'auteur précise que, pour se réaliser pleinement, la liberté humaine doit agir dans les limites d'une Loi qui lui permet de s'accomplir dans le cadre d'un projet incomparable, celui de parfaire l'image divine que l'être humain porte en lui.

Nihilisme
Doctrine d'après laquelle rien d'absolu n'existe.

Benjamin Gross

L'humanisme hébraïque refuse d'oublier l'enracinement de l'homme dans une réalité qui le précède, et le place forcément dans l'ombre d'une lumière antérieure. La pensée humaine réagit en réponse à une question qu'elle n'a pas elle-même formulée. Répondre à cette convocation n'implique pas une contestation de la liberté humaine, mais garantit au contraire son déploiement, la promeut et l'affermit. […] Il [l'être humain] ne peut pas être totalement délié d'une histoire qui l'a fait ce qu'il est. Dans ce cadre, il lui incombe de réaliser le projet divin et de parfaire l'œuvre de la création. Cette mission civilisatrice, recommandée explicitement par la Bible hébraïque, invite l'homme à faire en même temps, simultanément, preuve d'initiative et d'audace, mais aussi de patience et de prudence, afin de faire advenir l'humain. Elle lui présente, en effet, un système symbolique qui renvoie l'homme à autre chose qu'à lui-même, un principe universel susceptible de rassembler les êtres humains. […] La liberté ne peut donc s'exercer selon une volonté arbitraire, elle ne peut signifier suppression de toute loi mais création, grâce à la loi et à partir de l'identité originelle, d'une identité nouvelle, que la tradition juive qualifie de messianique. […]

Si le judaïsme n'a pas élaboré une philosophie de l'éducation, c'est qu'il est en lui-même éducation. Sa vision de l'humain lui interdisait en effet de considérer l'homme comme un être accompli […]

C'est à ce dépassement infini que convoque la Torah lorsqu'elle invite l'homme à parfaire son *tsélem*, l'image divine qu'il porte en lui, afin qu'il réussisse à agir en

142

individu libre et responsable. Le développement harmonieux de toutes les virtualités, grâce à l'accomplissement équilibré de l'ensemble des possibilités de la personne, tel semble être le but ultime d'une Loi où l'idéal humain se confond avec l'aspiration vers le divin [...] «Garde Mes règles, Mes ordonnances, que l'homme accomplit afin de vivre en elles, Je suis l'Éternel» (Lévitique 18:5). Nul hiatus entre ce devoir d'obéissance et l'autonomie humaine, car il n'a d'autre but que de réaliser pleinement la liberté à laquelle l'homme est destiné. ■

1 Devoir « réaliser le projet divin et parfaire l'œuvre de création » vous semble-t-il compatible avec la liberté humaine ?

2 Selon l'auteur, le judaïsme n'a pas développé de philosophie de l'éducation, car il « est en lui-même éducation » ? Que pensez-vous de cette affirmation ? En est-il autrement pour les autres religions ?

3 À votre avis, le devoir d'obéissance est-il parfaitement compatible avec l'autonomie humaine ? Peut-on à la fois être contraint ou contrainte d'obéir et être libre ?

Benjamin GROSS, *Un monde inachevé. Pour une liberté responsable*, Paris, Albin Michel, 2007, p. 14-15, 149-150.

Benjamin Gross

Doyen de la Faculté des lettres et des sciences humaines de l'université Bar-Ilan, en Israël. Considéré par de nombreuses personnes comme un maître en spiritualité, il essaie de mieux faire comprendre les valeurs juives au monde contemporain.

LA LIBERTÉ CHRÉTIENNE DANS LES LETTRES DE SAINT PAUL

Le christianisme prend en compte la vision judaïque d'une relation privilégiée entre l'être humain et Dieu. Cependant, pour les chrétiens et chrétiennes , cette relation trouve son expression ultime dans la venue de Jésus de Nazareth appelé le Christ. Selon eux, celui-ci libère la personne en lui procurant une véritable renaissance. Cette croyance est bien exprimée par Paul de Tarse qui affirme l'avoir expérimentée dans sa propre vie.

Statue de l'apôtre Paul devant la basilique Saint-Pierre, Vatican, Rome, Italie

Paulinienne
Relative à saint Paul.

Lapider
Tuer quelqu'un en lui jetant des pierres.

Métamorphose
Changement de forme, de nature ou de structure.

Gentilité
Ensemble des peuples païens, c'est-à-dire n'ayant pas la même foi que les chrétiens.

Jean Lévêque

La notion **paulinienne** de liberté offre le double avantage de nous faire pénétrer d'emblée au cœur de la réflexion théologique de l'Apôtre et de nous mettre de plain-pied avec l'aventure de foi et d'espérance qu'il a vécue ; car Paul ne sépare jamais la théorie de l'expérience, et avant d'élaborer une théologie de « la liberté que nous avons dans le Christ » (Ga 2,4)[1], il a souffert et lutté pour elle.

Il a souffert d'abord pour la rejoindre. Lui qui, trop jeune encore pour tuer, avait gardé les vêtements de ceux qui **lapidaient** Étienne (Ac 7,58), lui qui, durant les premières années de l'expansion chrétienne, « ne respirait encore que menaces et meurtres à l'égard des disciples du Seigneur » (Ac 9,1) et avait pris l'initiative d'amener, enchaînés, à Jérusalem, tous les fidèles du Christ, hommes ou femmes, qu'il découvrirait en Damascène ; lui, Paul, qui emprisonnait au nom de la Loi, allait passer de longues années dans les chaînes « à cause de l'Évangile » (Phm 10.13). Cette **métamorphose** du persécuteur en martyr et cette mutation radicale du serviteur de la Loi en apôtre de l'Évangile supposent une expérience extraordinaire de libération intérieure, dont l'Esprit Saint, sans doute, a pris constamment l'initiative, mais que Paul a dû assumer avec courage, en totale fidélité à la lumière qui l'avait désarçonné sur le chemin de Damas.

La violence que Paul a dû se faire pour triompher de son propre passé explique en partie la fougue avec laquelle il défendra, surtout dans ses grandes épîtres, la liberté nouvelle des chrétiens venus de la **gentilité** […]

La toute première liberté chrétienne consiste donc à oser dire : notre Père ; et cette filiation efface d'emblée entre les croyants toute inégalité radicale, sociale, culturelle

---

1. Voir Annexe à la page 211.

ou conjugale : « car vous êtes tous fils de Dieu par la foi au Christ Jésus ; vous tous, en effet, qui avez été baptisés dans le Christ, c'est le Christ que vous avez revêtu. Il n'y a plus ni Juif ni Grec ; il n'y a plus ni esclave ni homme libre ; il n'y a ni homme ni femme : vous n'êtes tous qu'un dans le Christ Jésus » (Ga 3,26-29). Tout croyant est fils de la « femme libre » (l'alliance nouvelle ou la nouvelle communauté du salut), longtemps stérile, devenue féconde de par la promesse efficace de Dieu, et dont tous les enfants naissent libres et héritiers de plein droit (Ga 4,23-31). Tous, nous sommes, à la manière d'Isaac, des fils de la promesse, des enfants de l'impossible, et pour chacun de nous la naissance (baptismale) à la vraie vie et à la liberté fut une merveille du Dieu de l'alliance.

Cette qualité de fils ou de fille nous permet de nous renouveler sans cesse à l'image du Créateur (Col 3,10) et justifie en nous une fierté, une confiance et une audace toutes spéciales, que Paul appelle la *parrèsia*, c'est-à-dire à la fois la liberté de tout dire (à Dieu), le franc-parler devant les hommes, la hardiesse et l'assurance dans l'action et le témoignage (Ac 4,13). Le dessein éternel que Dieu a conçu et réalisé dans le Christ nous donne d'approcher avec confiance par le chemin de la foi au Christ (Ep 3,12), car c'est un Esprit de fils adoptifs et non un esprit d'esclaves que nous avons reçu au baptême (Rm 8,14-17). Cette aisance filiale, cet enracinement volontaire dans la liberté et la confiance, soutenaient Paul dans ses épreuves de missionnaire : « Maltraités et outragés, nous avons trouvé en notre Dieu assez d'assurance pour vous annoncer l'Évangile au milieu de bien des combats » (1 Th 2,2). […]

L'Esprit Saint veut libérer l'homme de la condamnation (Rm 8,1ss) et de la peur de Dieu (1 Jn 3,19-21). Il donne accès au Père (Ep 2,18), aide chacun des croyants à l'aborder avec des réflexes de fils, et témoigne à l'intime de nous-mêmes que nous sommes ses enfants (Rm 8,16). Il est l'Esprit de vie (Rm 8,2) qui sans cesse fortifie l'homme intérieur (Ep 3,16), le renouvelle, et le transfigure à l'image du Christ (Tt 3,5), c'est lui qui, progressivement, sanctifie (1 Th 4,7ss), inspire la vraie prière (Rm 8,26) et le culte authentique (Ph 3,3) ; c'est lui qui ajuste la conduite du chrétien sur la volonté divine. Le chrétien « spirituel » se laisse ainsi mener, animer par l'Esprit (Ga 5, 16,18) ; vivant par l'Esprit, il s'efforce de suivre l'Esprit (Ga 5,25). ∎

Jean LÉVÊQUE, *Revue Carmel*, février 1970, p. 133-147, [En ligne], 2008.

Jean Lévêque
Carme français et docteur en théologie qui enseigna à l'Institut catholique de Paris.

**Paul de Tarse
(vers 5-15 à 62 ou 64)**
Propagateur du christianisme, principalement auprès des non-juifs ; surtout connu grâce à plusieurs livres du Nouveau Testament, dont les Actes des Apôtres, et ses Épîtres, des lettres qu'il a adressées aux premières communautés chrétiennes.

Étienne
Chef de la première communauté chrétienne de Jérusalem, fut tué par les juifs. Considéré comme le premier martyr chrétien.

Carmes
Religieux qui se consacrent à la prière et à l'annonce de l'Évangile.

1 Existe-t-il une telle chose qu'une liberté spécifique des chrétiens ?

2 D'après ce texte, de quelles contraintes l'Esprit Saint veut-il libérer les chrétiens ?

3 Quelles sont les différences entre la conception de la liberté selon Paul de Tarse et l'acception contemporaine de la liberté ?

Cheikh Bouamrane

Professeur de philosophie
à l'université d'Alger (Algérie)
et président du Haut Conseil
islamique à Alger.

Qur'ânique
Mot qui désigne le renvoi au livre
saint musulman, le Coran.

1 D'après ce texte, l'être humain est-il libre de choisir ? Tous les individus ont-ils la même liberté ?

2 Existe-t-il une liberté spécifique à la foi musulmane ?

3 Que pensez-vous de cette phrase : « Le croyant opte pour le bien et use de la raison, tandis que l'incrédule préfère le mal. » ?

ÉCLAIRAGE MUSULMAN

Dans la tradition judéo-chrétienne, le libre arbitre est donné à l'être humain dès le commencement de son aventure terrestre (Genèse). L'islam partage ce point de vue, tel que le confirment les propos des premiers théologiens musulmans, en particulier les mu'tazilites. Là aussi, très tôt ont eu lieu des débats autour de questions essentielles.

Cheikh Bouamrane

L'homme est-il libre de croire ou de ne pas croire ? Les maîtres mu'tazilites admettent tous que Dieu l'éclaire sur la foi et l'incrédulité et le laisse maître de choisir son credo. Dieu accorde la même liberté au croyant et à l'incrédule. Le croyant opte pour le bien et use de sa raison, tandis que l'incrédule préfère le mal. On peut les comparer à deux individus également menacés de se noyer et auxquels on tend une corde : l'un s'en saisit et échappe au péril, l'autre s'y refuse et se noie. […] Il en est de même en matière de croyance : le croyant choisit la foi et l'incroyant, l'incrédulité, chacun d'eux ayant reçu des bienfaits et des secours égaux.

[…] Nous savons bien que Dieu ne contraint personne à croire, comme l'attestent plusieurs versets **qur'âniques** : « Que celui qui le veut croie donc, et que celui qui le veut soit incrédule » (Q.18/29)[2]. Cela signifie que les hommes sont capables de discernement et qu'il leur appartient d'agir et de se comporter comme ils l'entendent. Ils connaissent ce que Dieu leur a commandé de faire et ce qu'il a interdit. « Nous avons proposé le dépôt de la foi aux cieux, à la terre et aux montagnes ; ils ont refusé de s'en charger et s'en sont effrayés. Seul l'homme s'en est chargé, car il est injuste et ignorant » (Q. 33/72). Il a choisi librement sa foi, en présumant de ses forces. « Je cherche la protection du Seigneur des hommes… contre le mal du tentateur qui se dérobe furtivement » (Q. 114/14). Ce n'est donc pas Dieu qui force l'homme à chercher refuge auprès de lui.

[…] Dieu n'a jamais cherché à contraindre ses serviteurs ; il a voulu qu'ils agissent convenablement, mais selon leur libre détermination.

Ensuite, Dieu met en garde le Prophète : « Est-ce à toi de contraindre les hommes à être croyants ? » (Q.10/99) « Tu n'as aucun pouvoir sur mes serviteurs » (Q.15/42). La liberté de l'homme est incompatible avec la contrainte et Dieu n'est pas responsable du choix de l'incrédule ; celui-ci garde toujours la possibilité de croire. ■

Cheikh BOUAMRANE, *Le problème de la liberté humaine dans la pensée musulmane*, Paris, Librairie philosophique J. Vrin, 1978, p. 217-219.

2. Les renvois au texte du Coran sont indiqués entre parenthèses.

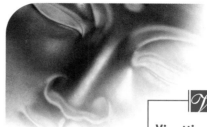

MÉDITATION BOUDDHIQUE

Une courte réflexion bouddhique peut nous faire saisir le lien intime qui unit le développement personnel à la liberté.

Vimutti

Terme pali (une ancienne langue religieuse de l'Inde méridionale) qui désigne la libération, l'émancipation ou la délivrance.

Urgyen Sangharakshita

En tant qu'individu, de quoi avons-nous le plus besoin dans la vie, une fois que les besoins de base (comme nourriture, vêtements, abri, loisir) ont été satisfaits ? Nous avons besoin de la liberté, et il est facile de comprendre pourquoi.

Le vrai sens de la vie humaine se trouve dans la croissance, dans le développement de la prise de conscience de soi, de la positivité émotionnelle, de la créativité, de la prise de responsabilité pour soi-même et pour les autres. Il se trouve, pour parler autrement, dans le développement de nos qualités et de nos caractéristiques les plus humaines, dans le développement en des niveaux de plus en plus élevés de notre être et de notre conscience. Mais on ne peut pas croître si on n'a pas l'espace pour le faire, aussi bien littéralement que métaphoriquement. On ne peut pas se développer si on n'a pas de place. En un mot, on a besoin de liberté. On a besoin d'être libérés de tout ce qui restreint et se confine, non seulement à l'extérieur mais aussi à l'intérieur de soi-même. On a besoin de se libérer du conditionnement, on a besoin même de se libérer du vieux soi. [...]

Émancipation, libération, liberté sont des mots très importants dans le bouddhisme initial. En fait nous avons vu que c'était tout le sujet de l'enseignement du Bouddha. Dans un passage bien connu, le Bouddha lui-même dit :

« Comme le grand océan n'a qu'un goût, celui du sel, mes enseignements n'ont qu'un goût, une saveur : le goût, la saveur de l'émancipation ou **vimutti**. » ■

Urgyen Sangharakshita

Écrivain né à Londres qui s'intéressa tôt aux cultures de l'Orient. Devenu bouddhiste, a effectué de nombreux séjours en Inde pour approfondir sa connaissance de l'hindouisme et des enseignements du Bouddha. Auteur d'une cinquantaine de livres.

1 D'après cette conception, la liberté est-elle la même pour tout le monde ? Autrement dit, est-elle équitablement répartie ?

2 En quoi cette conception de la liberté diffère-t-elle des conceptions de la liberté dans le judaïsme, le christianisme et l'islam ?

Urgyen SANGHARAKSHITA, « La religion et la liberté », Centre Bouddhiste de l'Île-de-France, [En ligne], 2008.

147

Karman ou karma
Tout acte, quel qu'il soit ; selon qu'il est conforme ou non à l'ordre dans l'Univers cosmique, cet acte entraîne des conséquences positives ou négatives dans une existence future.

Théiste
Adepte du théisme, doctrine qui admet l'existence d'un Dieu unique distinct du monde, mais qui agit sur lui.

Samsâra
Dans l'hindouisme, cycle des naissances et des renaissances.

Transmigration
Passage d'une âme dans un autre corps.

Reliquat
Ce qui reste d'une opération antérieure.

1 Comment pouvez-vous expliquer que le karman soit à la fois « déterminisme et liberté » ?

2 Ces deux notions ne sont-elles pas contradictoires ?

COMME UNE ROUE QUI TOURNE SANS CESSE

Louis Renou, grand spécialiste de la civilisation de l'Inde ancienne et de l'hindouisme, explique le déterminisme de ce courant religieux. L'action de l'être humain est balisée strictement ; une seule issue : agir conformément au grand ordre apparu avec l'intervention de Brahma.

Louis Renou

La théorie du **karman**. – Le *karman* ou « acte » est devenu le dogme central de la religion. […] C'est une force « invisible », « inouïe » qui affecte l'âme (ou le corps subtil) et l'oblige à subir une renaissance nouvelle dans une condition humaine ou animale déterminée par la qualité des actes passés. Tout acte, toute intention, inscrit dans la personne un effet qui mûrit, soit dans cette vie, soit, plus souvent, dans une vie future et qui constitue le destin de l'être. Dans les systèmes **théistes**, c'est le Seigneur qui déclenche ou régit le *karman*, lequel, ailleurs, est censé fonctionner automatiquement. La loi du *karman* atteint tous les vivants, y compris les dieux ; elle agit de manière immanquable : l'acte suit l'homme, le trouve sans erreur […] « Nous sommes ce que nous avons fait, nous serons ce que nous faisons ou ferons. » Est-ce une fatalité absolue ? En un sens oui, en tant que le *karman* est le produit des actes passés ; en tant qu'il est un effet à venir, il dépend dans une certaine mesure de l' « effort humain », que bien des écrivains opposent au destin aveugle. Il est à la fois déterminisme et liberté. […]

Le **samsâra**. – Pour donner un support plausible au *karman*, il a fallu instaurer la doctrine de la **transmigration** indéfinie des êtres : l'existence actuelle n'eût pas donné carrière suffisante aux effets illimités du *karman*. Ainsi, dans les croyances populaires, la vie présente, pour un individu donné, est conçue comme l'une des vies qu'il traverse parmi un ensemble indéfini d'existences soumises au *karman* ; c'est une « onde dans le fleuve du *samsâra* », c'est-à-dire de « l'écoulement général » des êtres vivants. La comparaison usuelle est celle d'une roue qui tourne sans cesse ; ou parfois d'une balançoire, d'une succession de vagues. Le mécanisme est simple : l'âme revenant sur terre avec un « **reliquat** » de *karman* qui l'affecte, ce reliquat détermine la condition précise dans laquelle l'être vivant renaîtra. ■

Louis RENOU, *L'hindouisme*, 13e éd., Paris, Presses universitaires de France, 2000, p. 56-58.

LA SENSATION FALLACIEUSE DE LIBERTÉ

Du point de vue de la connaissance, le 20e siècle tranche avec les siècles précédents. La science progressant d'une façon hallucinante, jamais l'être humain n'a été ausculté avec des outils si sophistiqués. Et cette investigation n'en est qu'à ses débuts. Une nouvelle vision de l'être humain et de son « intériorité » est apparue. La liberté y trouve-t-elle son compte ? Voyons ce qu'en pense le professeur Henri Laborit.

Henri Laborit

Au cours des nombreuses conférences que j'ai pu prononcer, les discussions qui ont suivi m'ont montré que la notion la plus choquante comme la plus difficile à admettre par un auditoire, quelle que soit la structure sociale de celui-ci, c'est l'absence de liberté humaine. La notion de liberté est confuse parce que l'on ne précise jamais en quoi consiste la liberté dont on parle, qui n'est alors qu'un concept flou et affectivement abordé. Notion difficile à admettre que l'absence de liberté humaine, car elle aboutit à l'écroulement de tout un monde de jugements de valeur sans lequel la majorité des individus se sentent désemparés. [...] Or, ce que nous *appelons liberté, c'est la possibilité de réaliser les actes qui nous **gratifient**, de réaliser notre projet, sans nous heurter au projet de l'autre. Mais l'acte gratifiant n'est pas libre.* Il est même entièrement déterminé. Pour agir, il faut être motivé et nous savons que cette motivation, le plus souvent inconsciente, résulte soit d'une **pulsion endogène**, soit d'un automatisme acquis et ne cherche que la satisfaction, le maintien de l'équilibre biologique, de la structure organique. L'absence de liberté résulte donc de l'antagonisme de deux **déterminismes** comportementaux et de la domination de l'un sur l'autre. [...]

La sensation **fallacieuse** de liberté s'explique du fait que ce qui conditionne notre action est généralement du domaine de l'inconscient, et que par contre le discours logique est, lui, du domaine du conscient. C'est ce discours qui nous permet de croire au libre choix. [...]

La sensation fallacieuse de liberté vient aussi du fait que le mécanisme de nos comportements sociaux n'est entré que depuis peu dans le domaine de la connaissance scientifique, expérimentale, et ces mécanismes sont d'une telle complexité, les facteurs qu'ils intègrent sont si nombreux dans l'histoire du système nerveux d'un être humain, que leur déterminisme semble inconcevable. Ainsi, le terme de « liberté » ne s'oppose pas à celui de « déterminisme », car le déterminisme auquel on pense est celui du principe de causalité linéaire, telle cause ayant tel effet. [...]

Gratifier
Satisfaire sur le plan psychologique.

Pulsion
Tendance permanente et habituellement inconsciente qui dirige l'activité d'un individu.

Endogène
Qui prend naissance à l'intérieur d'un organisme, qui dépend d'une cause interne.

Déterminisme
Principe scientifique suivant lequel les conditions d'existence d'un phénomène sont fixées de manière à ce qu'il se produise nécessairement.

Fallacieux
Qui est destiné à tromper.

Henri Laborit (1914-1995)
Chirurgien français qui se dirigea vers la recherche fondamentale. S'intéressa grandement à la biologie des comportements qu'il a contribué à faire connaître au grand public.

149

En résumé, la liberté, répétons-le, ne se conçoit que par l'ignorance de ce qui nous fait agir. Elle ne peut exister au niveau conscient que dans l'ignorance de ce qui meuble et anime l'inconscient. Mais l'inconscient lui-même, qui s'apparente au rêve, pourrait faire croire qu'il a découvert la liberté. Malheureusement, les lois qui gouvernent le rêve et l'inconscient sont aussi rigides, mais elles ne peuvent s'exprimer sous la forme du discours logique. Elles expriment la rigueur de la biochimie complexe qui règle depuis notre naissance le fonctionnement de notre système nerveux. ■

Henri LABORIT, *Éloge de la fuite*, Paris, Éditions Robert Laffont, 1976, p. 71-77.

1 Selon Henri Laborit, comment la liberté est-elle généralement comprise ?

2 D'après lui, pour quelles raisons l'être humain est-il privé de liberté ?

3 À votre avis, pourquoi l'idée de l'absence de liberté humaine est-elle choquante ?

4 Que pensez-vous de cette conception de la liberté ?

5 À quelles conditions l'être humain peut-il espérer développer sa liberté ?

L'HOMME EST LIBRE DE SE DÉFINIR

Pendant les 19e et 20e siècles, parallèlement à un processus de libération politique (instauration de la démocratie dans de nombreux pays), de libération des mœurs et de **sécularisation**, la contestation du divin a pris une tournure nettement plus affirmative ; elle culmine au milieu du 20e siècle avec l'**existentialisme**, courant de pensée qui accorde à l'être humain et rien qu'à l'être humain toute la place. Jean-Paul Sartre, Albert Camus et Simone de Beauvoir en sont les éminents représentants. La liberté constitue le pivot de leur pensée.

Sécularisation
Terme désignant un phénomène observé dans plusieurs sociétés occidentales au 20e siècle, soit l'abandon progressif du religieux.

Existentialisme
Doctrine philosophique affirmant la liberté absolue de l'être humain, qu'il y ait ou non de réalité surnaturelle.

Simone de Beauvoir

Et en vérité hors de l'existence il n'y a personne. L'homme existe. Il ne s'agit pas pour lui de se demander si sa présence au monde est utile, si la vie vaut la peine d'être vécue : ce sont là des questions dénuées de sens. Il s'agit de savoir s'il veut vivre et à quelles conditions.

Mais si l'homme est libre de définir lui-même les conditions d'une vie valable à ses propres yeux, ne peut-il pas choisir n'importe quoi, et agir n'importe comment ? […] Cependant, bien loin que l'absence de Dieu autorise toute licence, c'est au contraire parce que l'homme est délaissé sur la terre que ses actes sont des engagements définitifs, absolus ; il porte la responsabilité d'un monde qui n'est pas l'œuvre d'une puissance étrangère, mais de lui-même et où s'inscrivent ses défaites comme ses victoires. […] On ne peut pas dire d'abord que notre destinée terrestre *a* ou n'*a* pas d'importance, car il dépend de nous de lui en donner une. C'est à l'homme de faire qu'il soit important d'être un homme, et lui seul peut éprouver sa réussite ou son échec.

[…] Quoi qu'il en soit, nous croyons quant à nous à la liberté. Est-il vrai que cette croyance doive nous conduire au désespoir ? Faut-il admettre ce curieux paradoxe : que du moment où un homme se reconnaît comme libre, il lui est défendu de rien vouloir ?

Il nous apparaît au contraire que c'est en nous retournant vers cette liberté que nous allons découvrir un principe d'action dont la portée sera universelle. Le propre de toute morale, c'est de considérer la vie humaine comme une partie que l'on peut gagner ou perdre, et d'enseigner à l'homme le moyen de gagner. […] La liberté est la source d'où surgissent toutes les significations et toutes les valeurs ; elle est la condition originelle de toute justification de l'existence ; l'homme qui cherche à justifier sa vie doit vouloir avant tout et absolument la liberté elle-même : en même temps qu'elle exige la réalisation de fins concrètes, de projets singuliers, elle s'exige universellement. ■

Simone de Beauvoir (1908-1986)

Écrivaine française qui enseigna tout d'abord la philosophie. A collaboré avec Jean-Paul Sartre au développement des thèses existentialistes. Ses ouvrages sur la condition de la femme ont marqué le 20e siècle.

1 De quelle liberté parle Simone de Beauvoir ?

2 Cette conception de la liberté humaine est-elle compatible avec les conceptions judaïque, chrétienne, musulmane et bouddhique de la liberté ? En quoi diffèrent-elles ?

3 Simone de Beauvoir et Henri Laborit ont-ils une conception commune de la liberté ? En quoi leurs discours sont-ils ou non compatibles ?

Simone de BEAUVOIR, *Pour une morale de l'ambiguïté*, Paris, Gallimard, 1947, p. 21-22, 31-32.

III LA NATURE HUMAINE

L'ORIGINE DE L'ÊTRE HUMAIN

Dans ce texte explicatif, l'auteur stipule d'abord que le récit biblique de la création doit être lu avec les yeux de la foi, parce que l'approche biblique est complètement différente de l'approche scientifique. Il précise ensuite que, de la part de Dieu, la création est un acte libre qui s'exprime ultimement avec l'apparition de l'être humain.

Gordon J. Wenham

Auteur de nombreuses études sur l'Ancien Testament et conférencier au Trinity College de Bristol, en Angleterre. Il a enseigné l'Ancien Testament à l'Université de Gloucestershire.

LA DOCTRINE BIBLIQUE
Gordon J. Wenham

Elle ne doit pas être confondue avec une théorie scientifique des origines (quelle qu'elle soit). Le but de la doctrine biblique, par opposition à celui de la recherche scientifique, est éthique et religieux. Les références à la doctrine de la création sont nombreuses dans [l'Ancien Testament] et le [Nouveau Testament], et ne se limitent pas aux premiers [chapitres] de la Genèse. On peut citer [par exemple] : [...] Jr 10.12-16 ; Am 4.13 ; Ps 33.6,9 ; [...] Ac 17.24[3] [...]

Hé 11.3 est un bon point de départ pour l'étude de cette doctrine : « C'est par la foi que nous comprenons que le monde a été formé par la parole de Dieu ». La doctrine biblique de la création est donc basée sur une révélation divine et ne peut être comprise que par la foi. L'approche biblique se distingue ainsi nettement de l'approche scientifique. L'œuvre de création, tout autant que le mystère de la rédemption, est cachée à l'homme et ne peut être perçue que par la foi.

[...] La création doit donc être comprise comme un acte libre de Dieu, accompli par sa seule volonté souveraine, et en aucune façon nécessaire. Dieu n'avait pas besoin de créer l'univers (Ac 17.25). Il a choisi de le faire. Il est nécessaire d'établir cette distinction, car c'est seulement ainsi que Dieu peut sans réserve être le Seigneur, l'Être transcendant.

[...] Le premier [chapitre] de la Genèse est une majestueuse introduction à l'ensemble de la Bible. Il présente au lecteur les deux principaux protagonistes du récit biblique, Dieu et l'être humain ([en hébreu] 'ādām), et esquisse les principaux éléments de leur relation. On y rencontre Dieu, le Créateur tout-puissant de tout ce qui existe, mais aussi l'apogée de son œuvre, l'être humain, fait à son image pour gouverner le monde en son nom. Le souci de Dieu pour le bien-être de l'homme apparaît lorsqu'il lui donne les plantes comme nourriture. ■

Gordon J. WENHAM, « La doctrine biblique », « Le récit de la Genèse », dans *Le Grand Dictionnaire de la Bible*, Cléon-d'Andran, Éditions Excelsis, 2004, p. 371-372.

3. Voir Annexe à la page 211.

LA THÉORIE DE L'ÉVOLUTION

De nos jours, pour l'ensemble de la communauté scientifique, l'être humain est le résultat d'un long processus d'évolution et ne serait qu'un des aspects de la matière transformée. Cette conception des choses met à mal la vision créationniste des origines et son idée de l'être humain. La place de celui-ci n'est plus d'être au-dessus de tout, mais plutôt d'être une partie seulement d'un ensemble dont il ne peut mesurer la dimension. L'origine de ce basculement de la pensée se trouve dans les travaux de Charles Darwin, plus particulièrement dans son ouvrage, *L'origine des espèces*.

Martin Godon

Selon la théorie du naturaliste Charles Darwin, tous les êtres vivants qu'on retrouve sur Terre sont le produit d'une longue série de transformations biologiques qu'on appelle évolution. De cette manière, Darwin explique la diversité des espèces vivantes et leur métamorphose en d'autres espèces nouvelles uniquement à partir de causes matérielles. Cette théorie s'oppose radicalement à l'idée selon laquelle c'est Dieu qui aurait directement créé la Terre et tous les êtres qui la peuplent. La place de l'être humain dans l'univers prend donc une toute nouvelle signification à partir de Darwin, car, désormais, il n'est plus le « centre » de la création. L'espèce humaine n'est rien de plus qu'une espèce animale elle-même issue d'autres espèces animales. Bref, on prétend maintenant que l'homme descend de singes ayant vécu il y a quelques millions d'années. Si, aujourd'hui, l'opposition entre la doctrine de l'évolution et celle de la création par Dieu suscite moins d'embarras, Darwin, lui, a manifesté une inquiétude sérieuse à propos de l'opposition qu'on trouve entre sa théorie et la bible.

Par ailleurs, lui-même parlait toujours de sélection naturelle. Il semble que ce soit le philosophe anglais Herbert Spencer qui ait popularisé l'usage de l'expression « théorie de l'évolution » pour désigner la doctrine de Darwin. Au cœur de celle-ci, il y a deux principes importants : la lutte pour l'existence et la sélection naturelle. [...]

La sélection naturelle

Pour nous faire comprendre les principes qui déterminent le processus de l'évolution, le naturaliste anglais va nous rappeler que depuis plusieurs milliers d'années, l'être humain procède lui-même à un travail de sélection envers de multiples espèces végétales et animales. [...] La découverte la plus importante du naturaliste anglais est d'avoir remarqué qu'un processus s'apparentant à cette pratique de sélection artificielle existe dans la nature. [...]

La lutte pour l'existence

Partout, la vie foisonne. En observant comment se déploient les diverses formes vivantes dans leur milieu naturel, Darwin constate que chaque génération tend à se multiplier, ce qui devrait produire une surabondance d'êtres dans la nature. Cependant, l'espace et la nourriture sont limités. Il est donc nécessaire qu'ait lieu une destruction permanente des êtres qui vivent dans la nature. Comme tous ne peuvent survivre, il en résulte une concurrence féroce […] Cette lutte conduit à la survie des individus et des espèces les mieux adaptés à leur milieu. […]

Plusieurs scientifiques ont formulé de nombreuses critiques à l'égard du darwinisme. Pourtant, tous considèrent la théorie de la sélection naturelle comme le noyau de la théorie de l'évolution et elle est maintenant admise par l'univers scientifique au grand complet malgré quelques réticences dans certains milieux religieux plus radicaux.

Par ailleurs, la théorie de l'évolution n'est pas un système de croyance comme la mythologie ou la religion. Il s'agit plutôt du nom que nous avons donné à l'explication la plus vraisemblable que l'humain ait trouvé au sujet de l'apparition de la vie sur Terre et de ses transformations. Charles Darwin ne voyait pas de gouffre infranchissable entre l'humain et l'animal. Ainsi, selon sa théorie, l'être humain est le résultat d'un très long processus de sélection naturelle et de lutte pour la survie. C'est donc à partir de cette explication qu'on affirme désormais que l'être humain provient d'une sorte d'homme-singe aujourd'hui disparu.

Si les diverses créations de l'être humain témoignent de la complexité de notre être biologique, il semble bien que nous n'avons pas été programmés dans la nature. Nous ne sommes pas le but de l'évolution. L'évolution ne va nulle part, elle est sans but. Ce n'est pas une sorte de puissance suprême qui choisirait de manière consciente les espèces qui doivent exister et celles qui doivent disparaître. L'évolution n'obéit pas à une volonté supérieure ou à un projet qui serait inscrit dans les profondeurs de l'être de la nature. Le processus de l'évolution n'est pas une cause. Il s'agit plutôt de la conséquence d'une série d'événements biologiques qui s'organisent autour du phénomène de sélection naturelle et de lutte pour la survie qui affectent tout être vivant sans exception. En outre, l'évolution ne semble pas se diriger inévitablement vers une forme de progrès. Il s'agit plutôt d'un cheminement qui favorise les êtres les mieux adaptés à leur milieu. ∎

Martin GODON, « La théorie de l'évolution », Cégep du Vieux Montréal, [En ligne], 2008.

1 Selon vous, la diffusion des idées de Darwin susciterait-elle aujourd'hui le même débat qu'il y a cent cinquante ans ?

2 Comment expliqueriez-vous la différence entre une théorie scientifique et une croyance ?

Charles Darwin (1809-1882)

Naturaliste anglais dont les théories, basées sur l'observation scientifique, modifièrent radicalement notre vision de l'être humain. Celui-ci ne serait qu'un être vivant parmi d'autres, tous inclus dans un processus d'évolution n'obéissant qu'à ses propres règles en dehors de tout plan divin.

Herbert Spencer (1820-1903)

Philosophe anglais qui tenta d'expliquer l'évolution générale par la théorie de la complexité croissante selon laquelle les êtres passent du simple (homogène) au complexe (hétérogène).

Martin Godon

Professeur de philosophie et de communication au cégep du Vieux Montréal. Rédacteur en chef de l'encyclopédie pédagogique *Syllabus* diffusée dans Internet.

155

L'UNITÉ DE L'ÊTRE HUMAIN

L'être humain est sans doute le produit d'un processus dont l'origine échappe, pour le moment, à notre compréhension. Il n'en reste pas moins que, au-delà du changement, beaucoup d'êtres humains sont à la recherche d'une permanence. Les différentes Églises chrétiennes croient à cette permanence et, s'appuyant sur la Bible, affirment l'unité de l'être humain dans sa diversité : corps, âme et esprit.

Septante
Traduction grecque de la Bible hébraïque, réalisée à Alexandrie aux 3e et 2e siècles av. l'ère chrétienne.

Samuel Rouvillois

La question de l'être humain, de l'unité de l'âme et du corps et du statut de la personne relève pour le chrétien à la fois d'une attention à l'expérience humaine et d'une tentative de compréhension de la révélation biblique.

Ainsi l'âme dans la *Bible* ne désigne pas une partie de l'homme mais l'homme comme vivant, enraciné dans le concret du terrestre et de l'univers, animé d'un souffle (*nefesh*, *neshama* ou *ruah*) de vie qui l'ouvre à la relation à Dieu, comme le met en scène le texte de la Création de l'homme : « Dieu insuffla en ses narines une haleine (*neshama*) de vie, et l'homme devint âme (*nefesh*) vivante » (Genèse 2,7).

[...] Dans un second temps, les écrits en grec et la traduction des **Septante** sont venus introduire des distinctions – sans pour autant opposer ou séparer – sur lesquelles jouent les textes du *Nouveau Testament*. Psyché (*anima* en latin), « âme », désigne l'unité vitale de l'homme et ce qui anime ou fait vivre la matière et la chair. *Pneuma* (*spiritus*), « esprit », sans être séparé de la psyché, en désigne plutôt la fine pointe : c'est par et dans l'esprit que l'homme est docile à Dieu, vit de Lui et inaugure la vie éternelle. *Soma* (*corpus*), « corps » ou *sarx* (*caro*), « chair », qui sont aussi l'homme lui-même, le servent ou le desservent selon leur soumission ou leur rébellion envers l'âme et l'esprit dans l'exercice de la vie morale et spirituelle.

Chapitre 7

EN UN COUP D'ŒIL...

I LES REPRÉSENTATIONS DES RÉCITS

L'ARCHE DE NOÉ

Marcellin Dufour, *L'arche de Noé*, acrylique, 1979

Dans la culture de nombreux peuples de l'Antiquité (au Moyen-Orient, en Iran, en Inde et en Asie du Sud-Est), ainsi que chez les peuples autochtones de la Polynésie, de l'Australie et de l'Amérique se trouve le récit d'un déluge qui aurait anéanti presque tout ce qui était vivant à la surface de la terre. Ce récit tire sans doute ses origines d'une catastrophe naturelle qui aurait causé des dommages inconcevables. Quoi qu'il en soit, c'est dans la Mésopotamie du 3e millénaire avant l'ère chrétienne qu'on trouve les récits de déluge les plus anciens, mais

LES REPRÉSENTATIONS DES RÉCITS

l'arche de Noé

aussi l'histoire d'un homme qui, avec sa femme, sa famille et des animaux, a été sauvé du désastre dans une sorte de vaisseau appelé arche. Les textes bibliques ont repris ce thème, et le personnage principal, devenu Noé, a, comme ses prédécesseurs, sauvé de l'anéantissement sa famille, ainsi que des animaux mâles et femelles de chaque espèce, comme Dieu le lui avait demandé.

Le tableau de Marcellin Dufour représente le moment où l'arche, longue forme grisâtre, s'est posée sur un rocher. Les jours de cauchemar sont terminés, les eaux se sont retirées et la quiétude semble revenir. La lumière d'une ère nouvelle se lève en arrière-scène d'un spectacle de désolation. Des mains de Noé, une colombe s'est envolée et n'est pas revenue, car elle a trouvé où faire son nid. Les portes de l'arche peuvent s'ouvrir : la vie est prête à recommencer.

En Angleterre, la cathédrale de Norwich est célèbre à plus d'un titre : elle est la plus vaste église de style roman du pays, son cloître est aussi le plus grand, et sa flèche, reconstruite en 1480 au-dessus de la croisée du transept, culmine à 96 mètres, ce qui en fait la deuxième plus haute d'Angleterre. Cette cathédrale est également réputée pour une caractéristique bien particulière : dans la nef et dans le cloître adjacent à l'église, les croisées des arcs et des arêtes qui soutiennent les voûtes sont ornées de plus d'un millier de clefs et de bossages sculptés et peints. Comme les chapiteaux historiés, chacun illustre un événement ou un personnage bibliques.

Quelques-unes de ces sculptures se rattachent à l'histoire de Noé dont la représentation de l'arche constitue un formidable raccourci vers la signification de l'événement associée au récit biblique : sur les flots dont elle est entourée, l'arche dérive, emportant des représentants de toutes les espèces animales que Dieu a voulu sauver pour que sa création survive au déluge. Dieu a promis à Noé une alliance nouvelle dont le symbole sera l'arc-en-ciel. À Norwich, l'arche sculptée en **clef de voûte** est à la rencontre de grands arcs, tel le croisement de plusieurs arcs-en-ciel ; elle apparaît comme la sculpture dont la place est peut-être la plus justifiée dans un ensemble de personnages, d'animaux et d'autres éléments représentés. À n'en pas douter, Norwich est un grand livre d'images.

Clef de voûte
Pierre en forme de coin placée à la partie centrale de la voûte pour maintenir les autres pierres.

L'arche de Noé, sculpture de la clef de voûte, cathédrale de Norwich, 11e et 12e siècles, Angleterre

169

LES REPRÉSENTATIONS
DES RÉCITS

l'Annonciation

L'ANNONCIATION

Les plus anciennes représentations de l'Annonciation remontent au 4e siècle. À partir du 10e siècle, un courant d'interprétation fera de Marie une reine assise sur son trône avec l'enfant, ou encore dans de nombreuses versions de l'Annonciation, une femme de famille riche qui reçoit la visite de l'ange dans un décor somptueux. Cependant, on relève quelques constantes dans la plupart des représentations : Marie assise dans un espace intime, parfois en train de lire ; l'ange placé à gauche jusqu'au 16e siècle ; un jardin luxuriant, symbole du paradis perdu, selon la Bible, et dans lequel de nombreux artistes font apparaître Adam et Ève.

Henry Ossawa Tanner, *L'Annonciation*, huile, 1898

On connaît de Fra Angelico environ une quinzaine d'interprétations de l'Annonciation. Dans celle-ci, il s'en tient à un décor dont la sobriété ramène l'attention de l'observateur à l'essentiel, c'est-à-dire la rencontre de l'ange annonciateur et de Marie. Dans cette composition, l'artiste a dépeint Marie dans une attitude humble mise en valeur par le dépouillement du décor et un ange discret.

Nous trouvons des préoccupations similaires à celles de Fra Angelico chez Henry Ossawa Tanner, un artiste afro-américain, fils de pasteur de l'Église méthodiste africaine en Pennsylvanie. Tanner a consacré la seconde moitié de sa carrière à la représentation de sujets religieux. Peinte en 1898, son *Annonciation* évoque l'habitat typique de la Palestine du temps de Marie. Dans la simplicité extrême de son cadre de vie, Marie semble écouter humblement le message qui émane d'une forme étrange dont la

Fra Angelico, *Annonciation*, fresque, vers 1440, couvent de San Marco à Florence, Italie

luminosité révèle la source. En choisissant de représenter l'ange différemment, Tanner montre que l'Annonciation est un événement intérieur. D'ailleurs, les tons chauds de son interprétation évoquent de façon convaincante l'intensité du moment vécu par Marie.

La chapelle Notre-Dame-de-Lourdes de Lac-Bouchette fait partie du complexe de l'Ermitage Saint-Antoine fondé en 1907 et devenu un lieu de pèlerinage bien connu de nombreux Québécois et Québécoises. Construite au milieu du 20ᵉ siècle, son style est résolument moderne : des lignes très nettes dessinent des formes simples et délimitent des volumes clairs. Trois niches en façade contiennent des images sculptées qui, par le traitement des formes, s'intègrent parfaitement à l'ensemble architectural. Dans la niche de gauche est représentée l'Annonciation,

montrée cette fois de manière différente des multiples interprétations habituelles. L'ange est bien à gauche, mais la Vierge lui tourne le dos ; c'est par-dessus son épaule qu'elle écoute le messager de Dieu. La forme des personnages est épurée par une **stylisation** ignorant tout détail superflu. Le mouvement des lignes et la clarté de l'interprétation guident l'attention vers les visages dont le bel ovale présente une image parfaite de la plénitude.

Stylisation
Manière de représenter quelque chose en simplifiant les formes.

Marius Plamondon, L'Annonciation, sculpture, 1951-1952, maquette pour la chapelle Notre-Dame-de-Lourdes, Lac-Bouchette, région du Saguenay–Lac-Saint-Jean

LES REPRÉSENTATIONS
DES RÉCITS

la naissance
du Christ

LA NAISSANCE DU CHRIST

Saint-Jean-Port-Joli a été nommé capitale culturelle du Canada en 2005. De fait, depuis le milieu du 20e siècle, au Québec, le nom de ce village évoque l'artisanat de qualité de ses sculpteurs et sculpteures sur bois. Durant de nombreuses années, ses artisans et artisanes exploitèrent des thèmes reliés à la vie d'autrefois ou à l'art religieux traditionnel ; par la suite, ils en vinrent à produire des œuvres plus contemporaines dans le style et plus audacieuses dans le sujet. À cet égard, la production de Jacques Bourgault est un bel exemple.

Fils de l'un des initiateurs de la sculpture sur bois à Saint-Jean-Port-Joli, il a toujours accordé une place majeure à l'art d'inspiration religieuse. En intégrant le modernisme dans l'expression, il s'est soucié de produire des œuvres expressives et innovantes, telle cette *Vierge de l'Avent*, qui nous paraît très proche. L'imagerie traditionnelle avait relégué Marie dans les sphères d'un idéal lointain, inaccessible. La Vierge enceinte de Bourgault ramène dans la vie cette haute figure de la chrétienté. Plus humaine, Marie s'intègre parfaitement dans l'époque actuelle où la maternité est si valorisée notamment au Québec.

Le thème de Marie, Mère de Dieu, est omniprésent dans l'histoire de l'**iconographie** chrétienne des premiers siècles jusqu'à nos jours, sauf dans les groupes religieux issus de la Réforme protestante au 16e siècle. En effet, ceux-ci ont rejeté le culte à Marie comme il est pratiqué dans les religions catholique et orthodoxe. Apparu dès le 3e siècle dans l'art des **catacombes**, le thème de la Vierge a connu de nombreuses variantes à travers les époques : la Vierge seule, avec l'enfant, entourée ou non de personnages, avec Joseph à la naissance de Jésus, par exemple.

Avent
Période de préparation à la fête de Noël, pour l'Église catholique.

Iconographie
Étude des thèmes, symboles, personnages propres à une période, à une civilisation ou à une religion, tels qu'ils sont représentés dans l'art. Ensemble de ces représentations. (*Le petit Robert*)

Catacombe
Cimetière souterrain dans la Rome antique.

Jacques Bourgault, *Vierge de l'Avent*, sculpture sur bois, 1994, église de Saint-Jean-Port-Joli, au Québec

Ce thème est récurrent durant le Moyen Âge (476-1492) et la Renaissance (15ᵉ et 16ᵉ siècles). On le trouve dans tous les types d'art ; de nombreux artistes l'exploitent, dont Léonard de Vinci. Boltraffio a été élève de Léonard, son meilleur, semble-t-il. Dans son interprétation, Boltraffio a opté pour une variante du thème, la Vierge allaitant, assez souvent représentée. Contrairement aux œuvres médiévales dans lesquelles Marie paraît lointaine, le visage fermé, la Vierge de Boltraffio dégage beaucoup de douceur malgré le caractère classique de sa représentation.

Dans un esprit très différent, des artistes des milieux protestants reprennent le thème de Marie. Cependant, elle n'est plus la reine des cieux comme chez les catholiques, mais simplement la mère de

Giovanni Antonio Boltraffio, *La Vierge et l'enfant,* huile, vers 1490

Rembrandt, *La sainte famille,* huile, 1640

Jésus. On valorise moins la représentation de Marie que celle de la sainte Famille, un thème exploité à plusieurs reprises par Rembrandt dont une bonne partie de l'œuvre est consacrée aux sujets bibliques. Dans cette version, Rembrandt place la scène dans le décor humble de la demeure-atelier d'un charpentier. Bien que les personnages soient vus d'assez loin, l'observateur ou l'observatrice qui a entendu ou lu les récits bibliques reconnaît le sujet. Ici, des visages flous, anonymes même, dans un moment de vie domestique. Rembrandt concentre la lumière sur la mère et l'enfant ; de cette façon, il préserve l'intimité de l'événement : la naissance de l'enfant.

173

LES REPRÉSENTATIONS
DES RÉCITS

le baptême

LE BAPTÊME

Le terme *fonts* vient d'un mot latin qui signifie « fontaine », c'est-à-dire « source » d'où jaillit l'eau nécessaire à la vie. Au cœur du quotidien des peuples qui ont toujours vécu en zones arides, la fontaine demeure associée, dans notre esprit, à la pause fraîcheur, au regain, aux forces vives qui aident à se refaire pour mieux repartir. Cet imaginaire, nous le retrouvons dans la symbolique chrétienne où l'eau du baptême régénère la personne et lui permet de commencer une vie nouvelle. Selon les Évangiles, Jésus de Nazareth s'est fait baptiser avant d'entreprendre sa mission. La scène est représentée sur ce chef-d'œuvre de l'art roman où l'on voit Dieu le Père et l'Esprit (sous forme de colombe) assister Jésus qui reçoit le baptême de Jean et, à droite, des anges servants qui accompagneront Jésus par la suite. Quatre autres scènes complètent cette représentation, toutes liées à ce qui est considéré comme le signe véritable d'appartenance à la chrétienté : le baptême.

Fonts baptismaux, sculpture en laiton, 12e siècle, collégiale Saint-Barthélemy, Liège, Belgique

Au 16e siècle, à l'initiative de Luther et Calvin, la Réforme protestante s'insurge contre l'Église catholique, entre autres pour ses pratiques douteuses et la richesse de ses sanctuaires dans lesquels les images retiennent toute l'attention des fidèles. La Réforme replace au centre de la vie chrétienne le contact avec le texte biblique ; l'image peut appuyer le texte, mais ne le remplace en aucun cas. Dès le début du mouvement réformiste, l'image religieuse, représentation de personnages ou de scènes bibliques, divise les protestants en deux grandes tendances. Alors que les calvinistes sont réfractaires à toute représentation, du moins à l'intérieur du temple (ils resteront sur leur position jusqu'au début du 20e siècle), les luthériens, au contraire, l'utilisent dans un objectif pédagogique. Ils sont les premiers à profiter largement de l'invention de l'imprimerie pour propager leurs idées. D'ailleurs, les textes bibliques traduits par Luther puis imprimés sont accompagnés d'images en noir et blanc produites par des graveurs. Par contre, les luthériens précisent que l'image ne se suffisant pas à elle-même doit être accompagnée de texte pour être comprise sans équivoque.

Au 20e siècle, l'art d'Henri Lindegaard renoue avec les premières images religieuses de la communauté protestante. Une partie de son œuvre abondante, au style résolument moderne, est constituée de compositions à l'encre en noir et blanc sur des thèmes bibliques. En l'absence de détails réalistes, le noir contraste de façon absolue avec le blanc, et les formes stylisées ramènent à l'essentiel. La netteté

Henri Lindegaard, *Le Baptême de Jésus*, encre, seconde partie du 20e siècle

du dessin permet d'obtenir une grande force d'expression. Cependant, pour ce peintre qui était aussi pasteur, la clarté de l'image ne suffisait pas. Il accompagnait ses dessins bibliques de commentaires personnels qui éclairaient le sens de son interprétation picturale. Selon lui, la représentation de sujets bibliques ne pouvait se concevoir que dans le cadre d'un aller-retour en boucle entre la source, c'est-à-dire le texte, son commentaire personnel et l'image produite.

LES REPRÉSENTATIONS
DES RÉCITS

la pietà

LA PIETÀ

Une pietà est une composition, peinte ou sculptée, dans laquelle Marie, seule ou parfois accompagnée d'un ou plusieurs personnages, soutient le corps de son fils mort, Jésus. Apparu au 14e siècle, le thème sera repris par de nombreux artistes dont Michel-Ange, à la fin du 15e siècle, qui en tirera une œuvre célèbre à maints égards.

Issue du **gothique** tardif, la *Pietà* de Bayel tire son originalité du concours de trois obliques : celle du corps penché de Marie, celle du corps rigide de Jésus et celle, enfin, de l'alignement des têtes où nous ramènent les deux autres obliques ; là réside le cœur de l'œuvre, dans le regard maternel mais douloureux de Marie vers le visage de celui qu'on vient tout juste de descendre de la croix. Aucun mouvement dans la composition, rien qui ne pourrait distraire de la gravité du drame.

Gothique
Style d'art répandu en Europe du 12e au 16e siècle, principalement en architecture.

Le Maître de Chaource (école troyenne), *La Vierge de pitié* ou *Pietà*, sculpture, vers 1510, église de Bayel dans l'Aube, France

Jean-Paul Lemieux, *Le témoin,* huile sur toile, 1963

Depuis la seconde partie du 20ᵉ siècle, Jean-Paul Lemieux est considéré comme un des artistes les plus importants en Amérique du Nord. Né en 1904 et décédé en 1990, son œuvre reflète l'évolution du Québec au 20ᵉ siècle, notamment le passage d'une culture rurale à une culture urbaine, et la transformation de l'encadrement religieux qui a marqué la première partie du siècle. Le tableau intitulé *Le témoin* (1963) reprend le thème de la *Pietà* de Bayel. La présence d'un autre personnage (l'apôtre Jean), en rouge, produit une dynamique différente : son regard ébahi et triste même, crée une tension avec le groupe du premier plan et nous ramène à l'extérieur du lien passionné de la femme (Marie ou Marie-Madeleine) avec le crucifié. Ses mains pendantes, inutiles, témoignent de l'impossibilité d'agir dans le drame immense qui se joue à ses pieds. Le rouge de son vêtement n'irradie pas, comme d'ailleurs le blanc du corps de Jésus. Ainsi, au moyen de couleurs sobres et profondes, comme tournées vers elles-mêmes, Lemieux réussit à montrer que le drame de la pietà est surtout intérieur.

II · LA CÉLÉBRATION DU DIVIN : LES MOYENS ET LES FORMES

LA MUSIQUE ET LES CHANTS

Depuis des millénaires, le chant est un moyen privilégié d'expression humaine. Tout être humain est doté d'un instrument de musique : sa voix, qu'il peut utiliser, polir et moduler pour en faire un outil de célébration. Le chant vient du cœur ; son immédiateté est l'expression de l'engagement de la personne dans le moment présent et son souffle est le signe d'une adhésion totale du corps à l'esprit qui l'anime.

Chants religieux dans une île tropicale

Chœur de l'Armée du Salut,
Dresde, Allemagne

Hymnes, supplications ou Actions de grâce, les psaumes bibliques sont les chants religieux par excellence du judaïsme. Ils ont largement inspiré ceux de la chrétienté. Le chant grégorien, le chant liturgique officiel de l'Église depuis le début du 9e siècle, est la source de la musique occidentale, à laquelle il a donné notamment la gamme et ses intervalles harmoniques.

L'inspiration biblique va ensuite se propager plus particulièrement par les cantiques des Églises issues des Réformes protestantes, qui continueront de privilégier le chant des psaumes. Les plus grands compositeurs, tels Bach, Haendel, Buxtehude, sont tributaires de cette tradition.

DIE HEILSARMEE INFORMI

la musique
et les chants

Les derviches tourneurs, en Turquie

Au 16e siècle, l'Occident a créé l'oratorio, un type d'œuvre lyrique apparenté à l'opéra, d'abord chanté en latin, puis repris dans la langue du pays. Le sujet de l'œuvre peut être narratif ou dramatique et prendre la forme d'une cantate ou d'une liturgie élaborée ; il s'inspire surtout d'épisodes bibliques ou de la vie des saints.

Cette inspiration continue d'animer aujourd'hui de nombreux compositeurs et compositrices, de tous les horizons : pensons à l'opéra *Saint François d'Assise* d'Olivier Messiaen (Paris, 1983), à *L'Oratorio de Marie-Madeleine*, de l'Ensemble Nouvelle-France sous la direction de Louise Courville (Québec, 2002), à la comédie musicale *Jesus-Christ Superstar* d'Andrew Lloyd Webber (Broadway, 1971), au *Stabat Mater* de Karl Jenkins (Liverpool, 2008), un musicien britannique du monde du jazz et du rock. Les compositeurs de musique classique et contemporaine ont aussi créé de nombreuses messes de requiem. Citons, parmi les plus célèbres, le *Requiem* de Mozart, ceux de Fauré, Duruflé, Verdi et, parmi les contemporains, Britten, Ligeti, Rutter, Lloyd Webber, par exemple.

Faisant appel à la sensibilité populaire, le romantisme a introduit des airs nouveaux dans la musique religieuse dès le 19e siècle, par exemple, le fameux *Minuit chrétien*.

L'appel à la participation active du public est également très développé dans le gospel, littéralement *god spell* ou « parole de Dieu », qui désigne le chant religieux né dans les communautés et les Églises protestantes noires des États-Unis. Produit à la fois d'hymnes populaires et de mélodies en vogue, le gospel est plus fréquemment le fait d'une personne ou de petits groupes de chanteurs et chanteuses, mais il peut aussi animer un groupe considérable, comme on le voit parfois aux États-Unis pendant des grands rassemblements communautaires. Quoi qu'il en soit, il est l'expression la plus marquée de la spiritualité noire américaine.

Le chant sacré prend parfois des voies plus discrètes, presque secrètes même. Ainsi en est-il de la musique et des chants des derviches tourneurs ou ordre Mevlevi, une confrérie musulmane fondée au 13e siècle en Turquie. Elle appartient au courant soufi, à la fois une mystique et une doctrine ésotérique, dans laquelle la connaissance de Dieu est réservée à des initiés. La musique entraîne le danseur dans un mouvement tournoyant de plus en plus rapide jusqu'à ce qu'il parvienne à une forme de transe dans laquelle la main droite levée recueille la grâce d'Allah, pendant que la gauche la redistribue à la terre. Le derviche tourne ainsi autour de son cœur qui est le siège de l'adhésion à Dieu.

Des moines bouddhistes tibétains, qui psalmodient les paroles du Bouddha, à l'organiste qui exécute une œuvre majeure dans une grande cathédrale d'Occident, la musique et les chants sacrés sont aussi riches et variés que les cultures dont ils sont issus.

Moines bouddhistes tibétains

179

LA CÉLÉBRATION DU DIVIN :
LES MOYENS ET LES FORMES

l'architecture
gothique

L'ARCHITECTURE GOTHIQUE

Apparu en France au milieu du 12e siècle, l'art gothique est contemporain de deux phénomènes majeurs au Moyen Âge : le développement des villes et l'installation d'un pouvoir fort à la tête de l'État. Après avoir atteint plusieurs cités de France, ce courant artistique gagne rapidement presque toute l'Europe, notamment la Bohême, l'Angleterre, l'Allemagne, l'Italie et l'Espagne.

Par rapport au style roman qui l'a précédé, le style gothique axe la conception architecturale sur la verticalité et la luminosité ; celle-ci résulte à la fois de la hauteur vertigineuse des murs et de leur évidement par l'aménagement de nombreuses fenêtres. Célébration de la grandeur divine, les cathédrales gothiques sont au nombre des créations humaines les plus stupéfiantes par l'audace à vouloir

Cathédrale de Wells, 12e et 13e siècles, Angleterre,
vue de la nef principale et de l'arc inversé de la croisée du transept

Cathédrale Saint-Germain, 1854-1859, Rimouski,
vue d'ensemble vers le chœur depuis le revers de la façade

aller toujours plus haut, par l'articulation harmonieuse de volumes aux dimensions hors du commun et par une décoration due à un véritable travail d'orfèvre des artisans. De plus, le gothique a permis l'exécution de grands vitraux qui apparaissent maintenant comme la peinture artistique la plus achevée à l'époque médiévale. Avec de telles caractéristiques, les immenses cathédrales semblent de gigantesques palais imaginaires élevés à l'horizon du rêve. Elles surgissent comme des mirages et, pourtant, elles sont une réalité.

Peut-on se représenter l'état d'esprit de la personne qui découvre la cathédrale de Cologne et ses hautes tours, troisième plus grande église gothique au monde après Séville et Milan ?

En France, un des joyaux de l'art gothique est la cathédrale de Chartres dont la beauté des vitraux est si renommée ; ils forment le plus vaste ensemble de verrières des 12e et 13e siècles que l'on puisse voir. Dans l'immense plaine de cette région française appelée la Beauce, elle apparaît à l'horizon tel un navire splendide et fier de son gréement. Tout autour, comme ses enfants, les maisons de la petite ville sont rassemblées. L'image évoque ceux et celles qui vivaient ici, au Moyen Âge, et qui, de près ou de loin, ont participé à la réalisation de cette œuvre téméraire et exceptionnelle à maints égards : des milliers de personnages sont représentés dans les innombrables sculptures et les 176 verrières. Chartres, telle une nouvelle arche de Noé sur l'océan du monde !

La cathédrale de Cologne, la nuit, 1248-1880, Allemagne

Vue de l'intérieur de la cathédrale de Cologne

La cathédrale de Chartres, bâtie au 13e siècle, France.

LA CÉLÉBRATION DU DIVIN :
LES MOYENS ET LES FORMES
l'architecture
de source byzantine

Abside
Partie arrondie en hémicycle de certaines églises, derrière le chœur. (*Le petit Robert*)

L'ARCHITECTURE
DE SOURCE BYZANTINE

L'architecture et la décoration intérieure d'une église orthodoxe sont sensiblement les mêmes depuis l'époque médiévale où, dans le cadre de l'Empire byzantin (476-1453), il y a eu rupture entre les chrétiens d'Occident et une partie des chrétiens d'Orient qui ont formé l'Église orthodoxe présente notamment en Europe de l'Est. En marge du changement, cette Église perpétue ses convictions, mais aussi les règles qu'elle a établies des siècles auparavant dans la liturgie et dans la décoration des sanctuaires.

Coupole de l'église orthodoxe grecque Saint-Gabriel, Nazareth, Israël

Ainsi, le temple orthodoxe demeure la représentation symbolique du cosmos ; entouré d'anges, le Christ occupe le sommet du dôme, alors qu'un peu plus bas suivent les prophètes, les Pères de l'orthodoxie, les saints, puis des scènes tirées des Évangiles. La Vierge est représentée sur le dôme de l'**abside**, soit à la jonction du ciel (la coupole du Christ) et de la terre (la nef).

À Nazareth, l'église orthodoxe grecque Saint-Gabriel a été construite au-dessus de ce qui était l'unique source du village à l'époque où Joseph, Marie et Jésus y ont vécu. Comme les autres villageoises, Marie serait venue chaque jour y puiser de l'eau. À quelque distance de là, d'autres vestiges du village biblique, entre autres un pressoir à l'huile, ont été découverts au cours de la construction, en 1956, de l'église catholique de l'Annonciation.

Abside de l'église orthodoxe grecque
Saint-Gabriel, Nazareth, Israël

L'actuelle **basilique** de Sainte-Anne-de-Beaupré est de construction récente : elle remplace l'ancienne basilique détruite par le feu en 1922. Les travaux se sont étalés de 1923 à 1977. On a opté pour un style inspiré du roman caractérisé par l'utilisation des **arcs en plein cintre**. La voûte qui coiffe la nef centrale et le transept s'élève à une hauteur vertigineuse grâce à une armature métallique, véritable squelette de l'édifice, bien dissimulée sous le recouvrement en pierre.

La vue de l'ensemble de la nef centrale vers l'abside est impressionnante. De solides piliers et de puissantes colonnes avec **chapiteaux** à figures supportent la voûte entièrement décorée de mosaïques qui, en vingt-six scènes, représentent la vie d'Anne, mère de Marie. Dans une demi-coupole au-dessus du chœur et un peu à la manière d'une église byzantine, une mosaïque de grande dimension représente Jésus de Nazareth avec sa mère Marie et sa grand-mère Anne. Sous l'effet d'un éclairage très étudié, les éléments structuraux de l'édifice et ses mosaïques décoratives prennent un aspect irréel : l'ensemble s'allège comme soulevé par la lumière diffusée par la voûte où brillent des milliers de parcelles dorées.

La symbolique du lieu où convergent des milliers de pèlerins chaque année, la netteté de l'architecture romane, les mosaïques semblables à celles d'églises médiévales célèbres, tous ces éléments se conjuguent pour donner une impression durable.

Basilique Sainte-Anne-de-Beaupré, vue de l'abside à partir de la nef centrale

Basilique
Église catholique jouissant d'un statut privilégié du fait de son importance. En architecture, le mot désigne aussi des constructions inspirées de la basilique romaine à plusieurs nefs parallèles.

Arc en plein cintre
Arc formant un demi-cercle.

Chapiteau
Élément élargi qui forme le sommet d'une colonne ou d'un pilier. (*Le petit Larousse illustré*)

183

LES VITRAUX

Lorsque nous considérons rétrospective-ment les grands courants de l'art, le vitrail apparaît comme la technique artistique la mieux adaptée à un type architectural. C'est à la période gothique qu'il prend toute sa valeur. Jusqu'au 12e siècle envi-ron, l'**art roman** a produit des édifices sobres d'apparence, massifs, plutôt trapus et peu éclairés. Puis, une nouvelle concep-tion de l'architecture ainsi que des tech-niques de construction innovatrices réduisent progressivement la surface des murs des églises et accentuent la vertica-lité. Les murs sont évidés et les fenêtres multipliées ; du coup, l'intérieur de l'édifice, plus aéré, gagne en luminosité. Alors que la surface peinte ou sculptée semblait la plus appropriée à la construction romane, le vitrail s'impose comme le moyen d'expression par excellence dans l'archi-tecture gothique dont il préserve la légèreté. Les églises de ce style deviennent d'immenses vaisseaux de lumière qu'animent les innombrables formes colorées des vitraux.

Art roman
Style caractérisant toutes les formes d'art en Europe, de la fin du 8e au 12e siècle.

Byzantin
Relatif à l'art, l'histoire et la civilisa-tion de l'Empire byzantin (fin du 4e s. -1453).

Vitrail de la cathédrale de Saint-Guy, 1931,
Prague, République tchèque

Sir Edward Burne-Jones, *La fuite en Égypte*, vitrail, 1862,
St. Michael and All Angels Church, Brighton, Angleterre

Les œuvres non figuratives du 20e siècle nous amènent à distinguer deux grandes tendances de l'art du vitrail. La première est de conception médiévale : le vitrail est narratif, c'est-à-dire qu'il raconte ou rappelle une histoire. Prenant le relais des mosaïques **byzantines** et des peintures murales romanes, il s'approprie les récits et les personnages bibliques, les événements les plus significatifs des Évangiles, la vie des saints, celle des rois, par exemple, répétant inlassablement les sujets jusqu'au 20e siècle. Avec leurs formes au dessin plus moderne et aux coloris profonds, les vitraux de la cathédrale Saint-Guy, à Prague, constituent une des dernières manifestations de ce type de conception

laquelle les images s'animent
...remment selon l'heure, le temps
...saison, mais arrêtent aussi le regard
...captivent en lui racontant une
...ire. Les figures évoluent dans un jeu
...neux qui forme une mince cloison
...e le public et l'au-delà.

...c précisément cela que le vitrail non
...atif de notre époque contribue à
...ore. Parce qu'il ne raconte pas une
...ire, parce qu'il laisse libre cours à la
...olution des formes et des parcelles
...rées dans la lumière, il rend plus
...ible l'invisible, il inonde les témoins
...e chute de matière radieuse,
...e leur regard et le
...spose dans

l'irréalité d'une légèreté sans pareille.
La contemplation d'un vitrail devient
alors une expérience de l'esprit, ainsi
que doivent le ressentir les visiteurs et
visiteuses de la basilique Notre-Dame
de la Paix à Yamoussoukro, en Côte
d'Ivoire. Cette église cumule les superlatifs :
elle est le plus vaste édifice religieux
chrétien au monde, son dôme est le plus
haut et l'un de ses vitraux est le plus grand
qui existe. Les dimensions de
ce vitrail sont telles qu'en
le contemplant, les fidèles
doivent se sentir absorbés
dans un univers insolite,
à la fois grandiose et
mystérieux.

Basilique Notre-Dame de la Paix, vitrail,
1986-1989, Yamoussoukro,
Côte d'Ivoire

185

LA CÉLÉBRATION DU DIVIN :
LES MOYENS ET LES FORMES

les fresques

La Fresque de la découverte du cap Rouge,
fresque 2007, Cap-Rouge, Québec

LES FRESQUES

À Cap-Rouge (Québec), durant l'été 2007, des jeunes du secondaire, supervisés par des artistes professionnels, ont réalisé une peinture murale appelée *La Fresque de la découverte du cap Rouge*. Cette œuvre de grandes dimensions (elle couvre le mur complet d'une maison à étages, jusqu'au sommet du pignon) est un condensé de l'histoire du village. Entre fleuve et rivière, dans un environnement de belles demeures anciennes, l'église se dresse, petite, simple mais fière pour rappeler sa longue présence au cœur de la vie des gens. En 2007, les jeunes eurent le plaisir de l'intégrer dans la murale. En réalisant cette peinture, ils renouaient avec une technique d'art ancienne de plusieurs millénaires.

Sans remonter jusqu'aux fresques de la Mésopotamie et de l'Égypte ancienne ou même aux œuvres **pariétales** de la préhistoire, il faut considérer un moment la qualité des fresques romaines produites sous l'Empire, particulièrement celles de

Pompéi (1er siècle) où l'expressivité et l'illusionnisme par la technique du **trompe-l'œil** atteignent des sommets. Un peu plus tard, au 3e siècle, apparaissent dans les catacombes les premières représentations chrétiennes. Celles-ci, dans de nombreux cas, utilisent des motifs, par exemple le baptême, qui témoignent de la préoccupation du salut dans les groupes chrétiens des premiers siècles.

Pariétal
Se dit d'une peinture, gravure ou dessin exécutés sur une paroi rocheuse.

Trompe-l'œil
Type de peinture utilisant des artifices de perspective, pour créer l'illusion d'objets réels en relief ou en perspective.

Scène de baptême, fresque, 3e siècle, catacombe Saint-Calixte, Rome, Italie

Bien que la fresque occupe une place importante dans l'iconographie romane, spécialement en France, c'est à la Renaissance et en Italie qu'elle atteint sa plénitude. Presque tous les grands noms de l'art ont travaillé *a fresco* : Masaccio, Ghirlandaio, Léonard de Vinci, Michel-Ange, par exemple. Dans les églises, les monastères ou les palais, ils nous ont laissé des œuvres très éloquentes sur la vie quotidienne de l'époque, dans les palais ou dans les villes, mais aussi d'innombrables représentations dont les sujets sont puisés dans les récits bibliques ou dans la vie des saints.

À Florence, dans le réfectoire d'un couvent bénédictin, Andrea del Castagno (1419-1457) a peint une cène dont les dimensions (4,70 m x 9,75 m) donnent le sentiment d'assister à l'événement, un peu comme au théâtre, tant les personnages paraissent vivants. À Monte Oliveto Maggiore, au sud de la ville de Sienne en Italie, un grand cloître est orné de trente-six fresques exceptionnelles représentant les épisodes de la vie de Benoît de Nursie.

Dans le cloître du monastère, fresques, 1495-1508, Monte Oliveto Maggiore, Italie

Andrea del Castagno, *La Dernière Cène*, fresque, 1447-1450, Cénacle de Sant'Apollonia, Florence, Italie

Au 16e siècle, la peinture à l'huile éclipse peu à peu la peinture murale. C'est au 20e siècle que celle-ci renaît pour conquérir dans certains pays, comme au Mexique avec les compositions de **Diego Rivera**, une bonne part de l'espace artistique. Dans cette foulée s'inscrit l'initiative récente de jeunes talents, entre autres du Québec, que l'expression dans un cadre surdimensionné ne rebute pas. Également passionnés, d'autres artistes travaillent minutieusement à la sauvegarde d'œuvres produites à une époque où on voyait grand. Ces œuvres font partie du trésor patrimonial de l'humanité.

A fresco
Technique d'art consistant à peindre sur un enduit frais (*fresco*), donc humide, qui sèche avec les couleurs.

Diego Rivera (1886-1957)
Peintre mexicain devenu le plus grand muraliste du pays pour avoir réalisé de très grandes compositions inspirées de l'histoire du Mexique.

Travail de restauration d'une fresque de Masaccio, à Florence en Italie

LA CÉLÉBRATION DU DIVIN : LES LIEUX DE REPRÉSENTATIONS

LE LIEU D'ASSEMBLÉE : LA SYNAGOGUE

Une synagogue est un lieu communautaire où les juifs se rassemblent pour prier, pour entendre lire et commenter les livres saints ou pour les étudier ; on peut y célébrer également des événements relatifs à la vie du groupe. Historiquement, la création de la synagogue remonterait à l'époque d'Esdras, un scribe qui fit énormément pour la restauration du culte yahviste après la captivité des Juifs à Babylone et leur retour en terre d'Israël au 6e siècle avant l'ère chrétienne. Esdras aurait introduit

Synagogue Beth-El, 1959-1964, Mont-Royal, Montréal, vue d'ensemble vers le lieu du culte depuis le revers de la façade

la lecture de la Torah au moment de l'assemblée. De plus, il aurait favorisé la création de lieux réservés à l'étude et au commentaire des livres saints.

La synagogue rappelle symboliquement le grand Temple, plusieurs fois reconstruit, mais détruit définitivement en l'an 70. Sur une section surélevée où se tient l'officiant, une armoire contient les rouleaux de la Torah ; sans eux, la synagogue ne pourrait être ce qu'elle est, un lieu qui met en contact avec la Parole de Dieu et, précisément par ces textes, avec l'histoire du peuple juif. La synagogue est un endroit de remémoration des temps de formation de ce peuple, un lieu où l'on considère que la Parole entendue il y a quelques millénaires continue d'éclairer et de guider la vie d'aujourd'hui. C'est ce qu'exprime la conception architecturale de la synagogue Beth-El.

Theo Lubbers, *Les 12 Tribus d'Israël,* vitrail, 1973, synagogue Congregation Young Israël, Chomedey, Laval

LA CÉLÉBRATION
DU DIVIN : LES LIEUX
DE REPRÉSENTATIONS

le lieu
d'assemblée :
la synagogue

Nouvelle Synagogue, rue Oranienburger, Berlin

Du 12ᵉ au 15ᵉ siècle, les juifs ont été graduellement expulsés des pays d'Europe de l'Ouest, notamment d'Angleterre, de France et d'Espagne. Certains rejoignent des coreligionnaires déjà installés en Europe centrale, particulièrement en Pologne où, depuis le 13ᵉ siècle, les juifs sont bien accueillis ; ils se rendent également en Autriche, en Hongrie, dans quelques territoires allemands (la Prusse) et en ex-URSS. Dans ces régions, les juifs ont constitué, au fil des siècles, des communautés numériquement importantes, aussi bien en ville qu'à la campagne. À la fin du 19ᵉ siècle, par exemple, on dénombrait plus de cinq millions de juifs en ex-URSS, environ six cent mille en Allemagne et en Pologne, et près de deux millions dans les territoires de l'Empire austro-hongrois.

Au 19ᵉ siècle, dans les grands centres urbains, des milliers de synagogues sont construites, dont quelques-unes ont une architecture et des dimensions remarquables. Beaucoup furent détruites ou incendiées au cours de la période de l'extermination des juifs d'Europe par le régime nazi (1933-1945) qui contrôlait la presque totalité de l'Europe centrale et de l'Est pendant la Seconde Guerre mondiale.

Depuis la fin de cette guerre, plusieurs synagogues parmi les plus célèbres ont été restaurées ou reconstruites. L'une des plus grandes d'Europe se trouve à Budapest où la communauté juive était parmi les plus importantes (100 000 personnes à Budapest et plus de 700 000 dans l'ensemble de la Hongrie). La synagogue Dohany, au décor somptueux, a été construite au milieu du 19ᵉ siècle. Très endommagée pendant la guerre, sa reconstruction s'est terminée au milieu des années 1990. Elle peut recevoir plus de 3 000 personnes. Dans une autre ville hongroise, Szeged, on a terminé la restauration, il y a quelques années, de la Nouvelle Synagogue, construite au début du 20ᵉ siècle et renommée en raison de son architecture audacieuse. Malgré de graves problèmes d'entretien, cette synagogue n'a jamais cessé de fonctionner depuis 1945.

Du 19ᵉ siècle également, la Nouvelle Synagogue de Berlin dresse au cœur de la ville sa coupole principale à une hauteur de 50,21 mètres. En partie détruite par un bombardement en 1943, la reconstruction a été achevée en 1993. Sa valeur symbolique est inestimable pour les 12 000 membres de la communauté juive de Berlin et pour les juifs qui, depuis 1989, ont fui les pays ex-communistes pour s'installer en Israël et dans l'Allemagne réunifiée.

Intérieur de la Grande Synagogue,
rue Dohany, Budapest

189

LA CÉLÉBRATION
DU DIVIN : LES LIEUX
DE REPRÉSENTATIONS

le lieu
d'assemblée :
le temple protestant

LE LIEU D'ASSEMBLÉE : LE TEMPLE PROTESTANT

Le temple protestant, surtout dans les confessions protestantes issues du calvinisme, est d'abord un lieu d'assemblée pour les membres d'une communauté. Il comporte habituellement peu de décoration. La disposition des lieux matérialise l'importance de la parole : on écoute la lecture des textes bibliques ainsi que leur commentaire par le pasteur, et on louange Dieu avec des chants qui tiennent généralement une place importante dans le culte.

Le rôle principal est tenu par le pasteur dont la prédication constitue le cœur de la réunion. Il est l'expert des textes bibliques. Il lui revient donc de favoriser et d'orienter positivement la réflexion des participants et participantes.

Église baptiste Lakeside Heights, 1967, Pointe-Claire,
vue d'angle depuis le chœur

Église anglicane Church of the Messiah,
1848, Sainte-Anne-de-Sabrevois,
vue d'angle depuis le chœur

L'architecture et l'aménagement intérieur du temple protestant mettent en relief les aspects que nous venons de développer. À Sainte-Anne-de-Sabrevois, la sobriété de l'intérieur et le lutrin qui fait face à la salle montrent bien le rôle majeur des textes lus et commentés. À Pointe-Claire, la forme de l'église et la disposition des bancs rendent l'image d'une communauté regroupée autour de la Bible et de son message.

Au 16e siècle, la Réforme a attaqué violemment l'Église catholique dont elle a dénoncé certaines pratiques douteuses, son culte des saints et l'intérieur de ses églises, devenues au fil des siècles de gigantesques présentoirs dans lesquels l'image semblait aussi significative que le texte sacré.

Les régions d'appartenance catholique gagnées à la Réforme protestante étaient abondamment pourvues d'édifices religieux. Les réformateurs décidèrent d'en conserver pour l'exercice du culte. Ainsi, on continua d'utiliser des églises existantes, comme celle de Salisbury en Angleterre, tout en reconnaissant que, dans bien des cas, elles n'étaient pas aménagées favorablement selon les nouveaux critères : un espace trop vaste, tout en longueur, dans lequel les rangées de colonnes cachaient le prédicateur aux yeux de nombreux fidèles. Bien que l'absence d'images ou de représentations soit de rigueur, moins chez les luthériens que chez les calvinistes, il fallait songer à la conception d'un type de temple plus adapté. On procéda à des transformations : pour la communion, une table modeste remplaça l'autel, et on rapprocha la chaire ; dans certaines régions, entre autres dans le sud de l'Allemagne et en Suisse, on plaça les fonts baptismaux au centre de l'espace réaménagé.

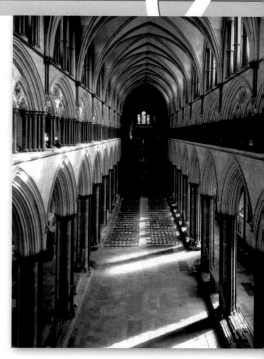

Intérieur de la cathédrale de Salisbury, Angleterre

Des lieux de culte différents apparurent, parfois petits, quelques-uns de forme circulaire, d'autres très vastes ; quelle que soit leur dimension, ces édifices ont été généralement construits selon la conception architecturale dominante de l'époque. On trouve ainsi des temples protestants de style baroque dont l'intérieur sobre contraste vivement avec la décoration exubérante des églises catholiques de la même époque et du même style.

Les divers courants du protestantisme n'ont jamais eu de position commune sur la question des images. Parmi eux, certains n'accordent que très peu d'attention à l'apparence du lieu du culte et à son esthétique. D'ailleurs, dans l'esprit de la Réforme, le temple n'est pas un lieu sacré ; il prend sa pleine signification uniquement au moment du rassemblement des fidèles pour le culte dominical. Sinon, il s'agit d'un espace vide et non accessible, sauf dans le cas d'édifices réputés comme les cathédrales européennes, par exemple, dont la valeur architecturale et iconographique en fait des œuvres d'art d'intérêt général.

Cathédrale de Salisbury, Angleterre

191

LA CÉLÉBRATION
DU DIVIN : LES LIEUX
DE REPRÉSENTATIONS

l'église
du village
ou du quartier

L'ÉGLISE DU VILLAGE OU DU QUARTIER

De la Gaspésie dont il était un grand amoureux, Claude Picher disait qu'il ne fallait pas en représenter quelques aspects seulement, mais « la peindre en entier, car c'est un coin de pays merveilleux ». Ses tableaux sont empreints de l'austérité des paysages gaspésiens, de la rigueur du milieu, mais aussi d'une lumière splendide dans laquelle se déploie l'horizontalité typique de la géographie québécoise. Sur fond d'immensité, des volumes simples organisent des villages où le clocher de l'église pose dans le champ de vision une verticale nette comme un signe. Au Québec, c'est une constante du paysage : le clocher, repère qui capte le regard et rompt l'horizontalité, s'élance bien haut d'un air fier et sûr de soi, à l'image de l'Église, catholique surtout, qui, jusqu'à un passé récent, a encadré la vie des gens d'ici. Un paysage porte la marque de la culture qui s'y développe. Pour les Québécois et Québécoises d'aujourd'hui, le clocher est le symbole de ce qui fut, c'est-à-dire une appartenance religieuse indiscutée.

Dans l'Europe des villes, comme au Québec, la foi chrétienne s'est exprimée par une architecture aux dimensions colossales. À la fin de l'Antiquité, l'église, lieu de l'assemblée des fidèles, prend le relais de la basilique romaine qui était un édifice de taille respectable. Au cours des siècles, l'église devient un monument de plus en plus imposant. Le sommet du gigantisme est atteint avec la cathédrale gothique dont la hauteur vertigineuse devient la marque de nombreux paysages urbains et le symbole d'une foi triomphante. C'est un sujet constant d'étonnement pour qui voyage en Europe, plus particulièrement en Allemagne, en Angleterre et en France, de se retrouver au tournant d'une rue face à l'une de ces constructions gothiques tellement impressionnantes qu'elles laissent sans voix.

Claude Picher, *Fin du jour à Saint-Ulric*, huile, 1989

Lyonel Feininger, *Place du marché et église*, 1920-1930

Cet aspect de la vie urbaine, Lyonel Feininger s'est exercé à le rendre dans plusieurs œuvres, tant il était attaché à la présence emblématique des églises dans les quartiers. Le jeu des lignes entrecroisées et l'interprétation presque abstraite des formes donnent à plusieurs de ses toiles l'aspect de vitraux lumineux. Les personnages représentés, de taille vraiment petite, contrastent de façon saisissante avec l'environnement démesuré. S'agit-il d'admettre que l'être humain se reconnaît dans des créations qui peuvent le dépasser ou, au contraire, de comprendre que l'imposante présence est là pour le rassurer? Il semble bien que cette deuxième interprétation avait la préférence de Feininger.

LA CÉLÉBRATION
DU DIVIN : LES LIEUX
DE REPRÉSENTATIONS

les travaux
et les jours dans
les lieux de culte

LES TRAVAUX ET LES JOURS DANS LES LIEUX DE CULTE

Église, mosquée, pagode ou synagogue, lieu de résidence symbolique de la divinité ou lieu de l'assemblée des fidèles, le temple est l'endroit privilégié où le croyant et la croyante vénèrent Dieu. Son aspect prend parfois la forme d'un gigantesque livre d'images où sont représentés les personnages et les épisodes d'une histoire sacrée. Il arrive aussi qu'on y célèbre la vie, particulièrement dans l'iconographie des grandes églises d'Occident.

Ainsi en est-il de la basilique Sainte-Anne-de-Beaupré où l'ornementation du vestibule est un hommage à la création : les mois, les saisons, la flore et la faune ainsi que le cycle de la vie et de la mort de toutes choses y sont représentés.

Benedetto Antelami, *Juin fauche le blé*, sculpture, début du 13e siècle, baptistère de la cathédrale de Parme, Italie

Émile Brunet et Maurice Lord, *Les bâtisseurs*, sculpture, chapiteau, milieu du 20e siècle, basilique Sainte-Anne-de-Beaupré

Les mosaïques du parquet célèbrent l'activité humaine dans les domaines des arts et des sciences, dans l'agriculture ou le travail en forêt, ainsi que dans plusieurs métiers. Dans la nef principale, de splendides vitraux évoquent les occupations de gens qui, partout en Amérique du Nord, ont depuis longtemps un lien affectif avec sainte Anne. Quelques chapiteaux sculptés rappellent le travail des bâtisseurs du sanctuaire. Nous trouvons parfois ce type d'œuvre artistique dans des églises protestantes. C'est le cas de la cathédrale St. John the Divine, à New York, qui serait la plus vaste au monde : un de ses vitraux représente des sportifs.

194

À l'époque médiévale, il était courant de réserver une partie du programme décoratif des églises à l'évocation de la vie quotidienne, au rythme des saisons, ou à celle des artisans qui, regroupés en corporations, payaient pour la réalisation des œuvres, sculptures ou vitraux, illustrant leurs activités.

Les travaux et les jours, sculpture, 12e siècle, Santa Maria della Pieve, Arezzo, Italie

Les drapiers, vitrail, 13e siècle, collégiale Notre-Dame, Semur-en-Auxois, France

Benedetto Antelami (1150-1230), architecte et sculpteur italien, construisit et décora le baptistère de la cathédrale de Parme, en Italie. Il orna de scènes bibliques les portails et réalisa en haut-relief des sculptures représentant les mois et les activités saisonnières. Ses œuvres sont reconnues pour leur expressivité. Nous trouvons un programme similaire dans de nombreuses églises, entre autres à Santa Maria della Pieve, à Arezzo, en Italie, où de sympathiques petits personnages animent le portail central de leur occupation de chaque mois.

À Semur-en-Auxois, en France, la collégiale Notre-Dame possède plusieurs chapelles aux vitraux remarquables. L'une d'elles est appelée « chapelle des drapiers » parce que ses vitraux évoquent le travail des tisserands et des marchands drapiers au Moyen Âge. D'autres vitraux rendent hommage à la corporation des bouchers.

Ces exemples nous portent à conclure que l'illustration des métiers dans l'édifice le plus sacré est une autre manière de rappeler le récit de la Genèse où il est dit que la création est bonne et qu'elle est au service de l'être humain.

LA CÉLÉBRATION
DU DIVIN : LES LIEUX
DE REPRÉSENTATIONS

l'oratoire

L'ORATOIRE

Un oratoire est une chapelle, parfois minuscule, dédiée à un saint ou une sainte, mais plus souvent à la Vierge dont les attributs sont associés aux différents aspects sous lesquels les fidèles désirent l'honorer : par exemple, Notre-Dame de la Souvenance, Notre-Dame du Chemin, Notre-Dame du Bon Conseil, Notre-Dame de la Garde, Notre-Dame de Pitié. Manifestation importante de la piété populaire, l'oratoire est érigé devant une maison, le long d'une route, près d'un champ ou au carrefour de quelques chemins.

Au Québec, comme le calvaire ou la croix de chemin, l'oratoire appartient surtout au monde rural où, autrefois, nombre de gens vivaient hors du village. Ils venaient à la petite chapelle pour faire une offrande, peut-être un simple bouquet, pour remercier d'une faveur obtenue ou implorer la protection divine dans un moment difficile.

Les oratoires sont très nombreux dans les pays de tradition catholique. Leur présence est souvent inattendue dans des endroits isolés, comme en haute montagne, où des chapelles au charme indicible sont parfois décorées de peintures murales intérieures. Dans les villes italiennes, on trouve de petites niches dans lesquelles règne une statuette honorée de fleurs. Le soir venu, un lampion signale sa présence au passant ou à la passante : au cœur de la nuit comme durant le jour, quelqu'un veille.

Oratoire érigé par l'Association des familles Bouffard à Matane, en 2001.

Chapelle de montagne, Cortina D'Ampezzo, Passo Falzarego, Italie

Dans l'hindouisme, Ganesh est le dieu à tête d'éléphant. Sa représentation est étonnante pour qui ne connaît pas cette religion ; pourtant, il a un visage sympathique tout plein de bonté. Il est probablement la divinité la plus vénérée en Inde, car ses attributs sont nombreux. Patron des lettres et du savoir, il est le dieu de la sagesse. Il est aussi le dieu protecteur des moissons et du foyer. Son image est partout, à la campagne, dans les entreprises et dans les maisons. Il est également le dieu des personnes qui voyagent ou font du commerce. On peut compter sur lui pour lever les obstacles. À cet effet, de petits oratoires à son image sont disséminés çà et là pour permettre aux fidèles de lui offrir des fleurs et de l'encens, ou encore des friandises qu'il apprécie tellement. Ganesh est très célébré au cours de fêtes populaires, car chaque personne sait que sa propre existence tire réconfort et courage du sourire bienveillant de l'image de cette divinité.

Petit oratoire hindou dédié à Ganesh.

Les adeptes du bouddhisme montent de petits autels à la maison ou sur le lieu de travail. Pour ces personnes, il ne s'agit pas de vénérer une divinité, mais plutôt de reconnaître l'aide du Bouddha dans la découverte de soi ; c'est donc une façon de lui rendre hommage. L'autel bouddhique comprend huit offrandes, dont l'eau, la nourriture, les fleurs et l'encens qui doit rappeler le non-attachement à l'existence terrestre.

Autel bouddhique

LE PHÉNOMÈNE RELIGIEUX DANS L'ART ET LA CULTURE

LA CÉLÉBRATION
DU DIVIN : LES LIEUX
DE REPRÉSENTATIONS
    └── les pèlerinages

LES PÈLERINAGES

Un pèlerinage est un voyage effectué pour un motif religieux. Il est accompli dans un esprit de dévotion à un lieu sacré, où s'est produit un phénomène extraordinaire, ou à un personnage sanctifié. Toutes les grandes religions possèdent des lieux de pèlerinage célèbres. Au Québec, la basilique catholique de Sainte-Anne-de-Beaupré attire les pèlerins depuis plus d'un siècle, de même que le sanctuaire Notre-Dame-du-Cap, près de Trois-Rivières, consacré par la piété populaire depuis la fin du 19e siècle. Cette église originale, de construction récente, s'élève sur un plan polygonal qui n'est pas sans rappeler le tipi des Indiens d'Amérique du Nord. Au cœur de Montréal, l'oratoire Saint-Joseph se dresse au-dessus de la ville ; chaque année, des pèlerins du monde entier y affluent.

La fin du chemin (de Saint-Jacques-de-Compostelle), sculpture, Monte del Gozo, Santiago, Espagne

Sanctuaire Notre-Dame-du-Cap, 1955-1964, Cap-de-la-Madeleine, Québec, vue d'ensemble du revers de la façade depuis le chœur

Depuis environ trente ans, dans plusieurs pays de l'Occident chrétien y compris le Canada, le pèlerinage revient au goût du jour. C'est celui de Saint-Jacques-de-Compostelle, en Espagne, qui est en quelque sorte responsable de cet engouement récent pour la longue marche vers un lieu sacré. Fréquenté depuis un millénaire, le chemin de Compostelle est en effet très long : plus de 1400 kilomètres à parcourir selon le point de départ en France (Chartres, Tours, Paris, Vézelay, Le Puy, Arles), avant d'atteindre le Monte del Gozo (mont de la Joie) où, dans un cri d'enthousiasme, les pèlerins (des dizaines sinon des centaines de milliers) découvrent enfin les tours de la cathédrale de Santiago, but du pèlerinage.

À Mexico, la foi populaire s'exprime de façon émotive et très sincère pour la Vierge de Guadalupe dont les apparitions, au 16e siècle, sont attestées par l'Église catholique. Les Mexicains et Mexicaines affluent en nombre à la basilique qui lui est consacrée, surtout au mois de décembre où l'on souligne l'anniversaire des apparitions. Cet endroit est le deuxième monument catholique le plus visité au monde.

Dans le monde musulman, le pèlerinage à La Mecque jouit d'un prestige à nul autre pareil. Le petit pèlerinage peut se faire durant toute l'année, mais c'est le grand pèlerinage qui, durant le mois de ramadan, attire des millions de fidèles. À cette époque, la ferveur religieuse est à son paroxysme et, au-delà des différences ethniques, l'unité du monde musulman s'exprime avec force.

En Inde, les lieux de pèlerinage abondent, et les fêtes religieuses également. À longueur d'année, des milliers de fidèles parcourent les routes dans un sens ou dans l'autre vers le lieu d'un temple renommé ou d'une manifestation attendue. Cependant, la grande

Kumbhamela, qui se produit dans un lieu désigné après un cycle de douze ans, réunit des millions de personnes durant quelques semaines sur les rives du Gange, ce qui en fait le plus grand pèlerinage au monde. Au lieu de rencontre de trois fleuves sacrés, le Yamuna, le Sarasvati et le Gange, les hindous et hindoues s'immergent dans les eaux saintes pour renaître lavés de leurs fautes. De tous les rassemblements religieux ou profanes, en Amérique, en Europe ou en Asie, le pèlerinage demeure, suivant toutes apparences, l'événement qui mobilise le plus grand nombre de gens.

Kumbhamela à Allahabad, Inde

Pèlerins à Mexico, basilique de la Vierge de la Guadalupe

Pèlerinage à La Mecque, Arabie saoudite

LA PROXIMITÉ DU DIVIN ET SES INTERCESSEURS

LES ANGES

Au milieu du 20e siècle, la dévotion aux anges a été fortement remise en question, davantage dans les milieux catholiques que protestants. Les différentes Églises n'ont pas nié l'existence des anges, mais le sujet était relégué dans l'arrière-fond de la croyance populaire. Les anges apparaissaient comme des entités issues d'un univers magico-féérique dont l'existence n'était plus, pour nombre de croyants et croyantes, raisonnablement admissible. Voilà que, depuis quelques décennies, nous assistons à un renversement de tendance : la dévotion aux anges revient en force « non seulement parmi les fidèles catholiques, comme au sein du Renouveau charismatique, mais aussi parmi les tenants de la nouvelle religiosité. Le New Age a en effet remis les anges au goût du jour, et les ouvrages qui leur sont consacrés se multiplient au fil des ans. […] On pourrait aussi parler des nombreux films qui mettent en scène des anges, comme *Les Ailes du désir,* le chef-d'œuvre de Wim Wenders, sans parler des innombrables jeux de cartes de divination, comme le *Tarot angélique,* qui se diffusent dans les rayons "religion/ésotérisme" des librairies[1] ».

Les traditions chrétienne, juive et musulmane admettent l'existence des anges. Semblables à des esprits, ils se tiennent

L'Ange au sourire, sculpture, 13e siècle, cathédrale de Reims, France

devant Dieu pour louanger sa gloire. Très nombreux, des légions, ils sont à son service comme exécuteurs ou messagers, particulièrement les archanges, une catégorie d'anges puissants dont certains sont spécifiquement mentionnés dans la Bible et le Coran : Michel, Gabriel (celui de l'Annonciation) et Raphaël. Ils se voient confier des missions importantes en tant qu'intermédiaires entre le monde divin et celui de l'être humain.

Au Moyen Âge, le motif de l'ange a envahi tous les domaines de la représentation artistique : fresques, sculptures, peintures. La façade de la cathédrale de Reims est ornée d'un groupe de plus de 2300 figures sculptées, plusieurs sont des anges aux ailes ouvertes abrités dans des niches. L'un d'eux, très célèbre, est appelé l'Ange au sourire.

---

1. Frédéric Lenoir, *Les métamorphoses de Dieu,* Paris, Plon, 2003, p. 349.

La peinture médiévale et celle de la Renaissance ont également accordé une grande place à l'illustration du monde des anges, comme en témoigne la fresque de Gaudenzio Ferrari et l'allégresse de ses anges en concert.

De toutes les créatures divines, celle qui est susceptible de provoquer davantage de sympathie chez le croyant ou la croyante est l'ange gardien, celui à qui Dieu a confié la protection de l'être humain. L'ange chemine à côté de l'homme ou de la femme, il les entoure de sa bienveillance de manière que leurs faits et gestes n'entraînent pas leur perdition. La présence de l'ange gardien est indiscernable, mais bien réelle, semble-t-il, ainsi que l'imagine l'artiste contemporaine Sophie Hacker qui, dans plusieurs œuvres de conception très moderne, s'efforce de renouveler la représentation de quelques grandes réalités de la croyance religieuse.

Sophie Hacker, *En marchant avec les anges,* pastel sur papier, 1999, Angleterre

Gaudenzio Ferrari, *Concert des anges,* fresque, 1534-1536, église Santa Maria delle Grazie, Saronno, Italie

Les mystères chrétiens sont parfois mis en scène lors de la Semaine sainte. C'est le cas à Mariana dans l'État du Minas Gerais, au Brésil (photo ci-contre).

Femme brésilienne vêtue comme un ange durant la Semaine sainte, Minas Gerais, Brésil

LA PROXIMITÉ DU DIVIN
ET SES INTERCESSEURS

les icônes

LES ICÔNES

Attirés par la finesse de l'exécution, les touristes ont l'habitude de rapporter des icônes religieuses comme souvenirs d'un séjour en Grèce ou en Russie. Depuis quelques années, des Québécois et Québécoises s'adonnent à la réalisation d'icônes. Ils le font sans doute pour l'esthétique de l'objet, mais davantage pour ce que signifie son exécution. En effet, une icône n'est pas une œuvre d'art au sens courant : elle est une image de la divinité et un moyen de la rencontrer.

En grec, le terme *eikona*, « icône » signifie image, ressemblance. Habituellement peinte sur bois, l'icône est une représentation très fidèle d'un sujet, la coïncidence devant être parfaite entre l'image réalisée et le sujet. Comment cela est-il possible ? Par la foi de la personne qui exécute l'œuvre, car la fonction de l'image sainte est de rendre visible l'invisible, d'ouvrir une fenêtre sur la divinité : l'icône rend tangible ce qui est uniquement accessible à l'esprit. D'où son rôle non décoratif : elle est une image sacrée qu'on vénère et qu'on exécute selon des critères artistiques immuables depuis la fin de l'Antiquité. En effet, selon certaines légendes, les premières icônes auraient été réalisées par l'évangéliste Luc. Voilà pourquoi elles se ressemblent à travers les siècles, car tout changement important de style ou de contenu signifierait un éloignement sinon une perte de l'image idéale révélée au 1er siècle chrétien. Cela dit, l'icône est vivante et exprime des sensibilités spirituelles différentes selon les régions (*ex.* : Grèce, Russie, Balkans, Égypte, Arménie) et les époques (*ex.* : Russie des 15e et 16e siècles).

L'icône est l'objet religieux qui exprime le mieux la foi orthodoxe. Souvent de petites dimensions, donc facilement transportable, on la place près de soi. Elle rapproche la divinité du quotidien, ce qui explique que les croyants et croyantes y soient si attachés.

Icône de la Sainte-Trinité produite à l'Institut Périchorèse de Montréal.

Iconostase, Agios Neofytos, Paphos, Chypre

Iconostase, Santa Maria Assunta, Pollino, Italie

Dans une église de rite orthodoxe, une cloison d'icônes sépare le sanctuaire, où se tient le prêtre célébrant, de la nef, où se rassemblent les fidèles : c'est l'iconostase. Plus ou moins haute, cette clôture délimite deux espaces pour des mondes différents, le monde divin et le monde humain. Généralement en bois, c'est une sorte de grille dont les intervalles ont été comblés en y plaçant des icônes.

L'iconostase est constituée de rangées ou registres d'icônes. Il y a parfois un seul registre, mais l'iconostase classique, assez imposante, en comprend cinq. Suivant un ordre habituellement respecté, on distingue des images du Sauveur, de la Vierge, des évangélistes, des événements du Nouveau Testament, des fêtes spécialement célébrées par l'Église (par exemple, Noël, l'Entrée à Jérusalem), des saints vénérés, des prophètes et des patriarches. En fait, l'iconostase offre un panorama des grandes figures ainsi que des événements marquants selon la foi orthodoxe.

Elle n'est pas un objet d'ornementation, mais plutôt un lieu de recueillement et de vénération. À tout moment de la journée, les fidèles viennent déposer un baiser sur l'icône représentant la personne à qui ils ou elles vouent une affection particulière.

203

l'interrogation
de la foi dans le cinéma

L'INTERROGATION DE LA FOI DANS LE CINÉMA

La neuvaine

Neuvaine
Suite d'exercices de piété et de prières effectués pendant neuf jours consécutifs dans le but d'obtenir une faveur.

Jeanne vient de quitter Montréal. En proie au désespoir le plus profond, elle roule sans but. Le remords la tenaille. Médecin au service des urgences, elle n'a pu empêcher qu'un mari violent vienne tuer son enfant et sa femme parce qu'il ne pouvait accepter la séparation. La femme s'était mise sous la protection de Jeanne. La tête pleine des images de la tuerie, Jeanne s'arrête enfin à Sainte-Anne-de-Beaupré. Près du fleuve qui l'attire parce qu'on peut y plonger et ne plus en revenir, elle fait la connaissance de François dont les paroles simples et touchantes la détournent du gouffre. Croyant, François fait une **neuvaine** à sainte Anne pour obtenir la guérison, si possible, de sa grand-mère. Jeanne se laisse atteindre par l'attitude de François qui veut la retenir à la vie comme il désire que sa grand-mère survive.

Le film met en parallèle deux drames personnels, mais aussi deux mondes différents. Chaque jour, à Montréal, Jeanne est confrontée aux problèmes du corps, ainsi qu'au malaise social qui s'empare souvent des individus pour les mener à la catastrophe. Nous ne savons rien de sa vie personnelle, cependant nous pressentons qu'elle est incroyante. De son côté, François vit dans un village ; il a conservé sa confiance dans une spiritualité qui paraît naïve. Il la partage avec une grand-mère à laquelle il est très attaché. Son attitude directe et ses gestes simples mais sincères réconcilient peu à peu Jeanne avec l'existence. À travers François, la mort de la grand-mère provoque la résurrection de cette femme à deux pas du suicide.

La neuvaine, un film de Bernard Émond, Québec, 2005

Monsieur Ibrahim et les fleurs du Coran

Moïse est un jeune garçon juif de treize ans. Il vit seul à Paris, parce que sa mère est partie depuis longtemps et parce que son père, même s'il est là parfois, est lui aussi bien absent, absorbé dans les drames et les échecs d'un passé qui le rendent dépressif. Moïse ne sourit pas, peut-être un peu avec les putains du quartier qui l'initient à l'amour et quelquefois avec l'épicier musulman, monsieur Ibrahim, un homme âgé et sympathique, qui garde sa boutique toujours ouverte. Monsieur Ibrahim regarde vivre autour de lui et ne juge pas ; son Coran est sage, intériorisé et contemplatif.

En le fréquentant davantage, Moïse verra les choses autrement qu'en gris, car monsieur Ibrahim a le sourire pour tout ce qui heurte sa croyance. Sa tolérance est celle d'une personne qui a bien assimilé la complexité de la vie. Avec un sens de l'ouverture peu commun, il adopte le jeune juif et l'emmène découvrir, au-delà des limites de Paris, la beauté et l'ampleur de l'existence. À ses côtés, Moïse accède lentement à la confiance dans la vie, car monsieur Ibrahim est un homme de paix, attentif à ce qui rassemble les êtres

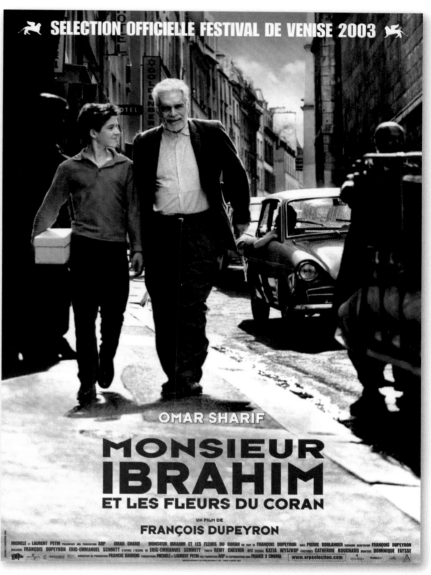

Monsieur Ibrahim et les fleurs du Coran, un film de François Dupeyron, France, 2003

humains plutôt qu'à ce qui les différencie. Durant leur passage en Grèce, il parle à Moïse de ce « pays du bonheur, car les gens se donnent le temps de l'immobilité ». Puis, dans la région qui l'a vu naître, en Turquie, monsieur Ibrahim fait à Moïse sa dernière révélation, celle de la mort heureuse offerte par sa foi **soufie**. De retour à Paris, Moïse, devenu Mohammed, reprend la boutique de monsieur Ibrahim.

Soufie

Adjectif tiré du mot *soufisme* : courant mystique de l'islam mettant l'accent sur l'intériorisation, l'amour et la contemplation de Dieu.

205

QUESTIONS

Les références aux récits : l'arche de Noé

1. Le thème du déluge existe depuis des millénaires. Dans la Bible, il est évoqué dans le récit de l'arche de Noé. Que symbolise ce récit pour les croyants et croyantes ?

2. Quel est le symbolisme religieux de l'arc-en-ciel dans le récit biblique de l'arche de Noé ?

Les références aux récits : l'Annonciation

Qui sont les personnages dans les représentations de l'Annonciation et quels rôles jouent-ils pour les chrétiens ?

Les références aux récits : la naissance du Christ

Plusieurs œuvres d'art représentent la maternité de Marie. Ces œuvres ont-elles la même importance pour tous les chrétiens ?

Les références aux récits : le baptême

Quel est le symbolisme religieux de l'eau dans le baptême chrétien ?

Les références aux récits : la pietà

À quel récit biblique associe-t-on la *Pietà* de Bayel ? Que symbolise cette œuvre ?

Les références aux récits : dans les vitraux

Pour les croyants et croyantes, quel rôle jouent les vitraux non figuratifs présents dans certains lieux de culte ?

Les références aux récits : dans les fresques

Une jeune femme travaille à la restauration d'une œuvre. Quel sens cela a-t-il de vouloir préserver ainsi des œuvres qui datent d'une époque lointaine ?

La célébration du divin : dans la musique et les chants

Quel est le rôle de la musique et des chants dans les rites et les pratiques religieuses ?

La célébration du divin : dans l'art gothique

1. Que symbolisent les cathédrales pour les chrétiens ?

2. Les lieux de culte, tels que les cathédrales, sont des œuvres architecturales qui font référence au religieux. Nommez d'autres édifices jouant un rôle essentiel dans notre société et déterminez ce qu'ils symbolisent.

La proximité du divin : les oratoires

Quelles sont les caractéristiques des oratoires et qu'est-ce qui les distingue des lieux de culte où se rassemblent de nombreux croyants et croyantes ?

La proximité du divin : les icônes

Quel est le point commun entre les oratoires et les icônes ?

La proximité du divin : dans l'église du village ou du quartier

Quelles sont les caractéristiques des œuvres de Picher et de Feininger dans leurs représentations de l'église ?

La proximité du divin : l'interrogation de la foi dans le cinéma

Nommez d'autres œuvres cinématographiques ou littéraires qui font référence au religieux et expliquez-en le symbolisme.

La référence au religieux dans l'art et la culture

1. Quel est le rôle des œuvres d'art religieux ?

2. Parmi les œuvres d'art présentées dans ce chapitre, donnez des exemples de la présence du religieux dans les œuvres d'art profane et déterminez l'expression du religieux qui y est représentée.

Chapitre **7** POUR EN SAVOIR PLUS

Romans, essais

CHEBEL, Malek. *Les symboles de l'islam,* Paris, Éditions Assouline, 1997, 127 p.

BLAIS, Marie-Claire. *Une saison dans la vie d'Emmanuel,* Montréal, Boréal, 1991, 168 p. (Coll. Compact).

SCHMITT, Éric-Emmanuel. *Monsieur Ibrahim et les fleurs du Coran,* Paris, Éditions Albin Michel, 2001, 84 p.

Films (fictions, documentaires)

La coupe, Khyentse Norbu, Australie/Bouthan, Palm Pictures, 1999, DVD, 93 min.
Deux jeunes moines tibétains réfugiés dans un monastère du nord de l'Inde font le mur pour assister en direct à la télédiffusion de la Coupe du monde de football.

Le grand silence, Philip Gröning, Allemagne, Diaphana, 2007, DVD, 162 min.
Voyage initiatique en compagnie des moines chartreux dont la particularité est de vivre dans le silence total.

Atanarjuat, la légende de l'homme rapide, Zacharias Kunuk, Montréal, Alliance Atlantis Vivafilm, 2002, DVD, 172 min.
Un chaman malveillant tourmente une communauté d'Inuits nomades. Haine, jalousie, ambitions personnelles amènent les hommes à s'entre-déchirer et mettent le clan en péril.

GLOSSAIRE

Éthique et culture religieuse

A

A FRESCO ▪ Technique d'art consistant à peindre sur un enduit frais (*fresco*), donc humide, qui sèche avec les couleurs.

ABSIDE ▪ Partie arrondie en hémicycle de certaines églises, derrière le chœur. (*Le petit Robert*)

ABSOLU ▪ Qui est total, parfait.

ABSTRAIT ▪ Qui n'existe que sous forme d'idée.

ÂGE POSTGÉNOMIQUE ▪ Période suivant le séquençage des génomes d'un grand nombre d'espèces. Ces séquences doivent désormais être analysées afin d'avancer dans la compréhension des phénomènes biologiques.

AMÉNITÉ ▪ Dans ce contexte, terme signifiant «agrément».

ARC EN PLEIN CINTRE ▪ Arc formant un demi-cercle.

ART ROMAN ▪ Style caractérisant toutes les formes d'art en Europe, de la fin du 8e au 12e siècle.

ATHÉISME ▪ Doctrine qui nie l'existence de toute divinité.

ATHÉOLOGIE ▪ Science ou étude méthodique de l'athéisme.

AVENT ▪ Période de préparation à la fête de Noël, pour l'Église catholique.

B

BASILIQUE ▪ Église catholique jouissant d'un statut privilégié du fait de son importance. En architecture, le mot désigne aussi des constructions inspirées de la basilique romaine à plusieurs nefs parallèles.

BÉATITUDE ▪ Bonheur parfait.

BOUDDHISME ▪ Doctrine religieuse qui s'est constituée en Inde vers le milieu du 5e siècle av. l'ère chrétienne.

BYZANTIN ▪ Relatif à l'art, l'histoire et la civilisation de l'Empire byzantin (fin du 4e s. –1453).

C

CARMES ▪ Religieux qui se consacrent à la prière et à l'annonce de l'Évangile.

CATACOMBE ▪ Cimetière souterrain dans la Rome antique.

CHAMAN ▪ Prêtre-sorcier dans les civilisations d'Asie ou d'Amérique.

CHAPITEAU ▪ Élément élargi qui forme le sommet d'une colonne ou d'un pilier. (*Le petit Larousse illustré*)

CLEF DE VOÛTE ▪ Pierre en forme de coin placée à la partie centrale de la voûte pour maintenir les autres pierres.

CORINTHIENS ▪ Habitants de la ville de Corinthe, importante cité de la Grèce antique.

CORRÉLAT ▪ Élément en relation avec un autre.

D

DÉRÉLICTION ▪ État d'abandon et de solitude morale complète. (*Le petit Larousse illustré*)

DÉTERMINISME ▪ Principe scientifique suivant lequel les conditions d'existence d'un phénomène sont fixées de telle façon qu'il se produise nécessairement.

DOGME ▪ Point de doctrine considéré comme fondamental et qui n'a pas à être remis en cause.

E

ENCYCLOPÉDIQUE ▪ Qui touche à toutes les connaissances.

ENDOGÈNE ▪ Qui prend naissance à l'intérieur d'un organisme, qui dépend d'une cause interne.

ESSENCE ABSTRAITE ▪ Ce qui n'existe que sous la forme d'idée.

ÉTAT MÉTAPHYSIQUE ▪ Recherche d'une explication humaine par l'étude de la nature des choses : matière, esprit, vérité, par exemple.

ÉTAT THÉOLOGIQUE ■ Explication par l'être humain des choses à l'aide de causes surnaturelles.

EXISTENTIALISME ■ Doctrine philosophique qui affirme la liberté absolue de l'être humain, qu'il y ait ou non une réalité surnaturelle.

F

FALLACIEUX ■ Qui est destiné à tromper.

G

GALATES ■ Habitants de la Galatie, région faisant partie aujourd'hui de la Turquie.

GANESH ■ Dieu de la religion hindoue censé écarter les obstacles.

GENÈSE PSYCHIQUE ■ Terme qui désigne l'origine mentale d'une chose.

GENTILITÉ ■ Ensemble des peuples païens, c'est-à-dire n'ayant pas la même foi que les chrétiens.

GLOSSOLALIE ■ Don surnaturel de parler spontanément une langue étrangère. (*Littré*)

GOTHIQUE ■ Style d'art répandu en Europe du 12e au 16e siècle, principalement en architecture.

GRATIFIER ■ Satisfaire sur le plan psychologique.

H

HUMANISTE ■ Savant de la Renaissance qui aide à la redécouverte des philosophes de l'Antiquité et affirme la valeur de l'être humain et de son savoir.

I

ICONOGRAPHIE ■ Étude des thèmes, symboles, personnages propres à une période, à une civilisation ou à une religion, tels qu'ils sont représentés dans l'art.

Ensemble de ces représentations. (*Le petit Robert*)

IMMANENCE ■ Ce qui est compris dans la nature d'un être ou dans le sujet agissant.

INCANTATION ■ Paroles magiques pour opérer un charme.

INDIGÈNE ■ Dans ce contexte, terme désignant l'appartenance à un groupe ethnique d'un pays avant sa colonisation.

IRRÉFRAGABLE ■ Se dit d'un argument qu'on ne peut récuser.

K

KARMAN ou **KARMA** ■ Dans l'hindouisme, tout acte, quel qu'il soit ; selon qu'il est conforme ou non à l'ordre dans l'Univers cosmique, cet acte entraîne des conséquences positives ou négatives dans une existence future.

L

LAPIDER ■ Tuer quelqu'un en lui jetant des pierres.

LASCAUX ■ Grotte célèbre située en France dont les parois sont couvertes de peintures préhistoriques.

LOI ■ Loi juive qui régissait la vie de tous les jours.

LOUXOR ■ Site archéologique parmi les plus importants d'Égypte.

M

MACHIAVÉLISME ■ Doctrine de l'homme politique italien Machiavel ; attitude d'une personne qui emploie la ruse et la mauvaise foi pour parvenir à ses fins. Une manœuvre ou un procédé machiavélique.

MÉTAMORPHOSE ■ Changement de forme, de nature ou de structure.

MONOTHÉISTE ■ En lien avec le monothéisme, qui désigne la croyance en un Dieu unique.

GLOSSAIRE

NEUVAINE ■ Suite d'exercices de piété et de prières effectués pendant neuf jours consécutifs dans le but d'obtenir une faveur.

NIHILISME ■ Doctrine d'après laquelle rien d'absolu n'existe.

P

PARIÉTAL ■ Se dit d'une peinture, gravure ou dessin exécutés sur une paroi rocheuse.

PAULINIENNE ■ Relative à saint Paul.

PHILOSOPHIE ■ Science de la connaissance par la raison.

PHILOSOPHIE POSITIVE ■ Compréhension de la réalité par l'observation des phénomènes naturels sans en chercher les causes premières.

PRÉVALENTE ■ Qui prend l'avantage, qui l'emporte.

PSYCHANALYSE ■ Méthode d'investigation des processus psychiques profonds.

PULSION ■ Tendance permanente et habituellement inconsciente qui dirige l'activité d'un individu.

Q

QUR'ÂNIQUE ■ Mot qui désigne le renvoi au livre saint musulman, le Coran.

R

RÉALISATION FANTASMAGORIQUE ■ Ce qui relève de l'imaginaire et de l'illusion.

RELIQUAT ■ Ce qui reste d'une opération antérieure.

RÉMINISCENCE ■ Chose, expression dont on se souvient sans avoir conscience de son origine : souvenir imprécis. (*Le petit Larousse illustré*)

ROUE-MÉDECINE ■ Chez les Amérindiens, cercle au centre duquel se trouve l'énergie sacrée et représentant symboliquement le monde.

S

SAMSÂRA ■ Dans l'hindouisme, cycle des naissances et des renaissances.

SÉCULARISATION ■ Terme désignant un phénomène observé dans plusieurs sociétés occidentales au 20e siècle, soit l'abandon progressif du religieux.

SEPTANTE ■ Traduction grecque de la Bible hébraïque, réalisée à Alexandrie aux 3e et 2e siècles av. l'ère chrétienne.

SOUFIE ■ Adjectif tiré du mot *soufisme* : courant mystique de l'islam mettant l'accent sur l'intériorisation, l'amour et la contemplation de Dieu.

SPIRITUALISTE ■ Personne pour qui l'esprit est une réalité indépendante et supérieure à la matière.

STYLISATION ■ Manière de représenter quelque chose en simplifiant les formes.

SYMBOLE DE NICÉE ■ Dans le christianisme, appellation désignant un regroupement d'affirmations qui constituent la profession de foi.

T

THÉISTE ■ Adepte du théisme, doctrine qui admet l'existence d'un Dieu unique distinct du monde, mais qui agit sur lui.

TRANSMIGRATION ■ Passage d'une âme dans un autre corps.

TROMPE-L'ŒIL ■ Type de peinture utilisant des artifices de perspective, pour créer l'illusion d'objets réels en relief ou en perspective.

V

VIMUTTI ■ Terme pali (une ancienne langue religieuse de l'Inde méridionale) qui désigne la libération, l'émancipation ou la délivrance.

Éthique et culture religieuse

ANNEXE

Abréviations par ordre alphabétique des livres bibliques

Ab	Abdias		Lc	Luc (Évangile selon)
Ac	Actes des Apôtres		Lm	Lamentations
Ag	Aggée		Lv	Lévitique
Am	Amos		1M	Maccabées (1er Livre des)
Ap	Apocalypse		2M	Maccabées (2e Livre des)
Ba	Baruch		Mc	Marc (Évangile selon)
1 Ch	Chroniques (1er Livre)		Mi	Michée
2 Ch	Chroniques (2e Livre)		Ml	Malachie
1 Co	Corinthiens (1re Épître aux)		Mt	Matthieu (Évangile selon)
2 Co	Corinthiens (2e Épître aux)		Na	Nahum
Col	Colossiens (épître aux)		Nb	Nombres
Ct	Cantique des cantiques		Ne	Néhémie
Dn	Daniel		Os	Osée
Dt	Deutéronome		1P	Pierre (1re Épître de)
Ep	Éphésiens (Épître aux)		2P	Pierre (2e Épître de)
Esd	Esdras		Ph	Philippiens (Épître aux)
Est	Esther		Phm	Philémon (Épître à)
Ex	Exode		Pr	Proverbes
Ez	Ézéchiel		Ps	Psaumes
Ga	Galates (Épître aux)		Qo	Qohéleth
Gn	Genèse		1R	Rois (1er Livre des)
Ha	Habaquq		2R	Rois (2e Livre des)
He	Hébreux (Épître aux)		Rm	Romains (Épître aux)
Is	Isaïe		Rt	Ruth
Jb	Job		1S	Samuel (1er Livre de)
Jc	Jacques (Épître de)		2S	Samuel (2e Livre de)
Jdt	Judith		Sg	Sagesse
Jg	Juges		Si	Ecclésiastique (Siracide)
Jl	Joël		So	Sophonie
Jn	Jean (Évangile selon)		Tb	Tobie
1 Jn	Jean (1re Épître)		1 Th	Thessaloniciens (1re Épître aux)
2 Jn	Jean (2e Épître)		2 Th	Thessaloniciens (2e Épître aux)
3 Jn	Jean (3e Épître)		1 Tm	Timothée (1re Épître à)
Jon	Jonas		2 Tm	Timothée (2e Épître à)
Jos	Josué		Tt	Tite (Épître à)
Jr	Jérémie		Za	Zacharie
Jude	Jude (Épître de)			

*Exemple*s :
Is 7,14 renvoie au livre d'Isaïe, chapitre 7, verset 14 ;
Is 7,14.16 renvoie aux versets 14 et 16 ;
Is 7, 14-21 renvoie aux versets 14 à 21.

BIBLIOGRAPHIE

BESSETTE, Sylvie. *Grands textes de l'humanité*, Montréal, Fides, 2008, 213 p.

BIARDEAU, Madeleine. *L'hindouisme. Anthropologie d'une civilisation*, Paris, Flammarion, 1981, 312 p.

BIBEAU, Gilles. *Le Québec transgénique*, Montréal, Boréal, 2004, 453 p.

BIBLE DE JÉRUSALEM, Paris, Les Éditions du Cerf, 2001, 2559 p.

BOUAMRANE, Cheikh. *Le problème de la liberté humaine dans la pensée musulmane*, Paris, Librairie philosophique J. Vrin, 1978, 377 p.

BOUCHARD, Gérard, et Charles TAYLOR. *Rapport de la Commission de consultation sur les pratiques d'accommodement reliées aux différences culturelles*, « Fonder l'avenir. Le temps de la conciliation », Gouvernement du Québec, 2008, 307 p.

BOUGEROL, Jacques Guy. Dans Jean-Yves Lacoste (dir.), *Dictionnaire critique de théologie*, Paris, Presses universitaires de France, 2002, 1314 p.

BRISSET, Claire. « Les droits de l'enfant dans le monde : un combat inachevé », *Questions internationales*, n° 34, novembre-décembre 2008, p. 99-107.

CAMUS, Albert. *La chute,* Paris, Gallimard, 1956, 152 p. (Coll. Folio).

CHOMSKY, Noam. « Le lavage de cerveaux en liberté », *Le Monde diplomatique*, août 2007, [En ligne], 2007.

DE BEAUVOIR, Simone. *Pour une morale de l'ambiguïté*, Paris, Gallimard, 1947, 223 p.

DE NAUROIS, Louis. « De l'État confessionnel à l'État non confessionnel », *Encyclopédie Universalis*, [En ligne], 2008.

DESSAULLES, Louis-Antoine. *Discours sur la tolérance*, Montréal, XYZ éditeur, 2002, 103 p. (Coll. Documents).

DUMAS, André. « Objecteurs de conscience », *Encyclopédie Universalis*, [En ligne], 2009.

DURAND, Guy. *Introduction générale à la bioéthique*, Montréal, Fides, 2005, 565 p.

FREUD, Sigmund. *L'avenir d'une illusion*, Paris, Presses universitaires de France, 1971, 100 p.

GABUS, Jean. « Vie et coutumes des Esquimaux Caribous », dans Benjamin Péret, *Anthologie des mythes, légendes et contes populaires d'Amérique*, Paris, Albin Michel, 1960, 412 p.

GODON, Martin. « La théorie de l'évolution », Cégep du Vieux Montréal, [En ligne], 2008.

GRESH, Alain. « De l'esclavage et de l'universalisme européen », *Le Monde diplomatique*, avril 2008, [En ligne], 2008.

GROSS, Benjamin. *Un monde inachevé. Pour une liberté responsable*, Paris, Albin Michel, 2007, 275 p.

GUILLEBAUD, Jean-Claude. *Le principe d'humanité*, Paris, Éditions du Seuil, 2001, 379 p.

HUXLEY, Aldous. *Le meilleur des mondes*, Paris, éditions Pocket, 1977, 285 p.

JACQUARD, Albert. *Mon utopie*, Paris, Éditions Stock, 2006, 193 p.

JACQUARD, Albert. *La légende de demain*, Paris, Flammarion, 1997, 261 p.

KAHN, Axel. *Raisonnable et humain ?*, Paris, Éditions Nil, 2004, 316 p.

LABORIT, Henri. *Éloge de la fuite*, Paris, Éditions Robert Laffont, 1976, 233 p.

LÉPINE, Jean-François, et Georges AMAR. Société Radio-Canada, « Le commerce des enfants », *Zone libre*, février 2003, [En ligne], 2009.

LESAGE, Gilles. « Fernand Dumont, de l'angoisse à l'espérance », *Le Devoir*, 15 novembre 1997, [En ligne], 1997.

LEVENSON, Claude B. *Le bouddhisme,* 2e éd., Paris, Presses universitaires de France, 2007, 127 p.

LEVÊQUE, Jean. « La liberté chrétienne dans les lettres de saint Paul », [En ligne], 2008.

LOCKE, John. *Lettre sur la tolérance,* cité dans Julie Saada-Gendron, *La tolérance,* Paris, Flammarion, 1999, 237 p.

MALHERBE, Jean-François. *Technique et humanisme,* Sherbrooke, CGC Éditions, 2000, 37 p. (Coll. Essais et conférences).

MARX, Karl. *Critique du droit politique hégélien* (1843), Paris, Éditions Sociales, 1975, 222 p.

MAYOR, Federico. « Bâtir et imaginer le 21e siècle », *Le Courrier de l'UNESCO,* [En ligne], novembre 1998.

MILOT, Micheline. « Tolérance, réciprocité et civisme : les exigences des sociétés pluralistes », dans Fernand Ouellet (dir.), *Quelle formation pour l'éducation à la religion ?,* Québec, Presses de l'Université Laval, 2005, 293 p.

MORALES-GÓMEZ, Daniel A. « Le dilemme des besoins sociaux », *Le CRDI Explore,* vol. 21, no 4, janvier 1994, [En ligne], 2009.

MORE, Thomas. *L'Utopie,* traduction française de Victor Stouvenel, 1842, édition électronique par Jean-Marie Tremblay, Bibliothèque Paul-Émile-Boulet de l'Université du Québec à Chicoutimi, 2002, p. 49, 51, 64-65, 85-86, 94 (Coll. Les classiques des sciences sociales).

NEW SCIENTIST, « En 2020, quand le monde sera enfin écolo », repris et traduit par *Courrier international,* no 945, du 11 au 17 décembre 2008.

OBAMA, Barack. Département d'État des États-Unis, « America.gov – Les États-Unis dans le monde aujourd'hui », 10 décembre 2009, [En ligne], mars 2010.

ONFRAY, Michel. *Traité d'athéologie. Physique de la métaphysique,* Paris, Grasset, 2005, 281 p.

POURTOIS, Hervé. « Pertinence et limites du principe d'égalité des chances en matière d'éducation scolaire », Groupe interdisciplinaire de recherche sur la socialisation, l'éducation et la formation (GIRSEF), [En ligne], 2009.

RENOU, Louis. *L'hindouisme,* 13e éd., Paris, Presses universitaires de France, 2000, 127 p.

REVEL, Jean-François, et Matthieu RICARD. *Le moine et le philosophe,* Paris, Nil Éditions, 1997, 415 p.

RIMBERT, Pierre. « L'injustice sociale tue », *Le Monde diplomatique,* septembre 2008, [En ligne], 2009.

ROUVILLOIS, Samuel, dans Frédéric Lenoir et Ysé Tardan-Masquelier (dir.), *Encyclopédie des religions,* tome II (thèmes), Paris, Éditions Bayard, 2000, 2512 p.

SADOUL, Georges. *Charlie Chaplin,* Paris, Bibliopoche, 1991, 271 p. (Coll. Ramsay Poche Cinéma).

SANGHARAKSHITA, Urgyen. « La religion et la liberté », Centre bouddhiste de l'Île-de-France, [En ligne], 2008.

SARTRE, Jean-Paul. *Le Diable et le bon Dieu,* Londres, Methuen Educational Ltd, 1971, 256 p.

SHAH, Sonia. « Médicaments du Nord testés sur les pauvres du Sud », *Le Monde diplomatique,* mai 2007, [En ligne], 2009.

THONNARD, F. J. « Synthèse d'Auguste Comte », *Extraits des grands philosophes,* Paris, Desclée & Cie, 1963, 845 p.

VERNETTE, Jean. *Le New Age,* Paris, Presses universitaires de France, 1993, 127 p.

VIAN, Boris. *Le déserteur,* 1954, [En ligne], 2009.

WENHAM, Gordon J. « La doctrine biblique », « Le récit de la Genèse », dans *Le Grand Dictionnaire de la Bible,* Cléon-d'Andran, Éditions Excelsis, 2004, 1777 p.

YWAHOO, Dhyani. *Sagesse amérindienne,* Montréal, Le Jour Éditeur, 1994, 286 p.

RÉFÉRENCES ICONOGRAPHIQUES

Légende – d : droite, g : gauche, h : haut, b : bas, c : centre, e : extrême

CHAPITRE 1 : page 11h : © P Deliss / Godong / Corbis • page 26 : © Eric Fougere / Corbis • page 27 : Neil Emmerson / Robert Harding • page 28 : John Miller / Robert Harding • page 29c : Jochen Schlenker / Robert Harding • page 32 : Photos12.com – Collection Cinéma • page 33hg : Archives du 7e Art – Photo12 • page 33bd : © Rainer Holz / Corbis.

CHAPITRE 2 : page 34 : © Solus-Veer / Corbis • page 37 : © Renée Méthot • page 38hg : © Bettmann / Corbis • page 39 : © Dennis Galante / Corbis • page 40 : © John Foley / Opale • page 44 : © JP Laffont / Sygma / Corbis • page 45 : © Austrian Archives / Corbis • page 46 : Science Photo Library / Publiphoto • page 47 : © Eric Robert / VIP Production / Corbis • page 48 : © Pierre Fournier / Sygma / Corbis • page 49 : © Shawn Thew / epa / Corbis.

CHAPITRE 3 : page 52 : © Blutgruppe / zefa / Corbis • page 55 : The Granger Collection, New York • page 58g : © Bettmann / Corbis • page 60g : © CinemaPhoto / Corbis • page 60d : © Bettmann / Corbis • page 62h : © Eric Fougere / VIP Images / Corbis • page 64h : © Frans Lanting / Corbis • page 64b : © Paul Hardy / Corbis • page 65 : © Stocktrek / Corbis • page 66 : © Christie's Images / Corbis • page 68b : © Peter Beck / Corbis • page 69h : The Granger Collection, New York • page 70h : © The Gallery Collection / Corbis • page 70c : © Sophie Bassouls / Corbis Sygma • page 71 : © Tetra Images / Corbis • page 72g et c : © Vo Trung Dung / Corbis Sygma • page 72b : Bernard Lambert, Université de Montréal • page 74g : © Catherine Cabrol / Kipa / Corbis • page 75h : © Tom Grill / Corbis • page 75b : © Fancy / Veer / Corbis.

CHAPITRE 4 : page 79 : © Bettmann / Corbis • page 80 : © Tetra Images / Corbis • page 82 : © The Gallery Collection/Corbis • page 83 : © David Lees / Corbis • page 84 : © P Deliss / Godong / Corbis • page 86 : Centre d'histoire de Saint-Hyacinthe • page 88 : © La Presse • page 89h : UQAC • page 89b : © Karen Marshall • page 90g : © Denis Bernier • page 92 : © So Hing-Keung / Corbis.

CHAPITRE 5 : page 93egh : © Paul Seheult / Eye Ubiquitous/Corbis • page 93hc : Sylvain Grandadam / Robert Harding • page 93hd : © Burstein Collection / Corbis • page 93bd : © CCNQ, Paul Dionne • page 93ed : CuboImages / Robert Harding • page 94 : © Massimo Ripani/ Grand Tour / Corbis • page 97 : Michael Jenner / Robert Harding • page 99 : © Benjamin Rondel / Corbis • page 100 : © Ken Seet / Corbis • page 101 : © Burstein Collection / Corbis • page 102 : Occidor Ltd / Robert Harding • page 103 : Gavin Hellier / Robert Harding • page 106 : © Paul Seheult / Eye Ubiquitous / Corbis • page 107 : R H Productions / Robert Harding • page 110 : Bruno Morandi / Robert Harding • page 112 : Upperhall / Robert Harding • page 115 : © Dewitt Jones / Corbis • page 118 : © Cultura / Corbis • page 119 : © RCWW, Inc. / Corbis • page 120 : © George Steinmetz / Corbis • page 122 : © Creasource / Corbis • page 123 : © Andrew Wallace / Reuters / Corbis • page 125 : de 'Histoire Authentique de la Société Théosophique' par Olcott, publié en 1908 / Bibliothèque nationale, Paris, France / Archives Charmet / The Bridgeman Art Library International • page 128 : © Patrick Robert /Sygma / Corbis • page 129 : © Elder Neville / Corbis Sygma • page 130 : Fred Friberg / Robert Harding.

CHAPITRE 6 : page 132g : © The Gallery Collection / Corbis • page 135 : The Granger Collection, New York • page 137bg et d : The Granger Collection, New York • page 139b : The Granger Collection, New York • page 140 : The Granger Collection, New York • page 141 : © Eric Fougere / VIP Images / Corbis • page 145 : The Granger Collection, New York • page 147g : © Mukunda Bogati / Zuma /Corbis • page 147d : © clear-vision.org • page 148 b : © Chris Rainier / Corbis • page 149 : © Sophie Bassouls / Sygma / Corbis • page 151 : © Françoise Duc Pages / Kipa / Corbis • page 154gc : The Granger Collection, New York • page 154gb : Runge, Philipp Otto (1777-1810) / Hamburger Kunsthalle, Hamburg, Allemagne / The Bridgeman Art Library International • page 157h : © James W. Porter / Corbis • page 157c (Darwin) : © Stapleton Collection / Corbis • page 157bg (Spencer) : © Hulton-Deutsch Collection / CORBIS • page 162gc (Gabus) : © MEN (Musée d'ethnographie, Neuchâtel) Photo P. Treuthardt, Neuchâtel, Suisse • page 162bc (Biardeau) : © Hannah / Opale • page 163 : © Elisa Lazo de Valdez / Corbis • page 164 : © Rob Howard / Corbis.

CHAPITRE 7 : page 166 : © Edward Holub / Corbis • page 169 : The Granger Collection, New York • page 170h : © Philadelphia Museum of Art / Corbis • page 170b : The Granger Collection, New York • page 171h et b : © Musée national des beaux-arts du Québec • page 172 : © Conrad Toussaint • page 173h : The Granger Collection, New York • page 173b : © Francis G. Mayer / Corbis • page 174 : Michael Jenner / Robert Harding • page 175 : © Reproduit avec l'autorisation de la succession de Henri Lindegaard • page 176 : photos12.com – Anne Joudiou • page 177 : © Musée national des beaux-arts du Québec, reproduit avec l'autorisation de Gestion A.S.L. inc. • page 178 : Michael Jenner / Robert Harding • page 179h : © Reza / Webistan / Corbis • page 179b : © Sheldan Collins / Corbis • page 180hd : © Quentin Bargate /Loop Images / Corbis • page 180bg : © Conseil du patrimoine religieux du Québec, 2003 • page 181hd : © Jim Zuckerman / Corbis • page 181c : © Roland Scheidemann / dpa / Corbis • page 181b : © Jose Fuste Raga / Corbis • page 182hd et bg : Eye Ubiquitous / Robert Harding • page 183 : Les photographes KEDL • page 184hd : Sylvain Grandadam / Robert Harding • page 184bg : Burne-Jones, Sir Edward (1833-98) / St. Michael and All Angels Church, Brighton, Sussex, RU / Martyn O'Kelly Photography / The Bridgeman Art Library International • page 185b : © Patrick Robert / Sygma / Corbis • page 186hd : © CCNQ, Paul Dionne • page 186bg : Catacombs of San Calixto, Rome, Italie / Index / The Bridgeman Art Library International • page 187g : CuboImages / Robert Harding • page 187c : Castagno, Andrea del (1423-57) / Convent of Sant' Apollonia, Florence, Italie / Alinari / The Bridgeman Art Library International • page 187d : CuboImages / Robert Harding • page 188h : © Conseil du patrimoine religieux du Québec, 2003 • page 189g : © Hugh Rooney/ Eye Ubiquitous / Corbis • page 189d : © Dave Bartruff / Corbis • page 190g et d : © Conseil du patrimoine religieux du Québec, 2003 • page 191g : © Richard Bryant / Arcaid / Corbis • page 191d : © Arcaid / Corbis • page 192 : Les photographes KEDL • page 193 : Feininger, Lyonel (1871-1956) / Bayerische Staatsgemaldesamm-lungen, Munich, Allemagne / © DACS / The Bridgeman Art Library International • page 194g : Les photographes KEDL • page 194d : © David Lees / Corbis • page 195d : Notre Dame, Semur-en-Auxois, France / Lauros / Giraudon / The Bridgeman Art Library International • page 196g : Georgy Bouffard © Le Québec en images, CCDMD • page 196d : © Grand Tour / Corbis • page 197h : R H Productions / Robert Harding • page 197b : © Fred de Noyelle / Godong / Corbis • page 198g : © Conseil du patrimoine religieux du Québec, 2003 • page 198d : Ken Gillham / Robert Harding • page 199h : © Frédéric Soltan / Sygma / Corbis • page 199c : © Danny Lehman / Corbis • page 199b : © Kazuyoshi Nomachi / Corbis • page 200 : photos12.com – Anne Joudiou • page 201g : Ferrari, Gaudenzio (1474/80-1546) / Sanctuary of Santa Maria delle Grazie, Saronno, Italie / The Bridgeman Art Library International • page 201hc : Hacker, Sophie (Contemporary Artist) / Private Collection / The Bridgeman Art Library International • page 201d : © Peter.M.Wilson / Corbis • page 202 : Institut Périchorèse – Atelier d'iconographie (Montréal) 2006 • page 203g et d : CuboImages / Robert Harding • page 204 © Pierre Dury, photographe • page 205 : © ARP France 3 cinéma 2003 • page 207 : © ARP France 3 cinéma 2003.